Dieter Klein
Gemeinsame Sicherheit – trotz alledem

Dieter Klein, Prof. Dr. rer. oec. habil., Ökonom, war bis Ende 2012 Mitglied des Vorstandes der Rosa-Luxemburg-Stiftung. Er ist Fellow (mit dem Schwerpunkt Transformationstheorie) im Institut für Gesellschaftswissenschaften der Stiftung. Bis zu seiner Emeritierung 1997 hatte er den Lehrstuhl Ökonomische Grundlagen der Politik am Institut für Sozialwissenschaften der Humboldt-Universität inne. Er gehörte zum Projekt »Moderne Sozialismustheorie«, das sich schon vor dem Ende der DDR 1989 für alternative Entwicklungswege einsetzte. 2022 erschien von ihm bei VSA: »Regulation in einer solidarischen Gesellschaft. Wie eine sozial-ökologische Transformation funktionieren könnte«.

Dieter Klein

Gemeinsame Sicherheit – trotz alledem

Überlegungen für zeitgemäße linke Strategien

Eine Veröffentlichung
der Rosa-Luxemburg-Stiftung

VSA: Verlag Hamburg

www.vsa-verlag.de

www.rosalux.de

Druck- und Buchbindearbeiten: CPI books GmbH, Leck
ISBN 978-3-96488-213-4

Inhalt

Prolog: Aufstieg oder Niedergang der Zivilisation

Was für ein Jahrhundertbeginn! Wissenschaft und Technik so glanzvoll fortgeschritten, dass mit ihrer Hilfe die Zerstörung der natürlichen planetarischen Lebensgrundlagen gerade noch abwendbar erscheint. Aber die politischen Kräfteverhältnisse und das geistige Klima so beschaffen, dass eine Kumulation von Katastrophen herannaht – bis zur Möglichkeit eines ökologischen Suizids und eines großen nuklearen Krieges. Das Jahrhundert hat zwei Gesichter. Welches davon wird bestimmend sein?

Dass vor den Augen der Welt im zivilisiert geglaubten Europa ein Volk mit den Grausamkeiten eines Krieges überzogen wird, bietet allen Anlass, über die Gefährdung des Menschlichen im Menschen in unserer Zeit nachzudenken, nicht allein über die Verbrechen an der Bevölkerung in der Ukraine. Dieser Krieg ist, wie der im Nahen Osten, in den Kampf um Aufstieg oder Abstieg der Zivilisation einzuordnen.

In der römischen Mythologie galt der Gott Janus als Verkörperung der Zwiespältigkeiten in der Welt. Er erscheint in literarischen und bildnerischen Darstellungen als doppelgesichtig. Dialektisches Denken kann in seiner Gestalt eine Metapher für den Zustand einer zerrissenen Menschheit in der Gegenwart erkennen. Welche Blickrichtung wird sich durchsetzen? Die in die Vergangenheit gerichtete, in der der Fortschritt mit der Zerstörung der Umwelt bezahlt wurde und in der von Kriegen die Lösung von Problemen erwartet wurde? Oder ein Blick in eine Zukunft der Verantwortung für die Bewahrung von Natur, Frieden und sozialer Gerechtigkeit?

Der Ukrainekrieg: Alarmsignal in einer Scheidewegkonstellation

Norbert Elias hat die Geschichte der Menschheit, vor allem die letzten Jahrhunderte seit der Renaissance, als Bewegung zivilisatorischen Aufstiegs beschrieben: »Man sieht, wie sich durch die Jahrhunderte hin bei immer gleichen Gelegenheiten ganz allmählich der Standard des menschlichen Verhaltens [...] in einer bestimmten Richtung verschiebt [...]. Langsam wandelt sich die Art, wie der Einzelne sich verhält und empfindet; sie wandelt sich im Sinne einer allmählichen ›Zivilisation‹« (Elias 1976: LXXIII). Rainer

Mausfeld verbindet Hoffnung und Befürchtung: »Die menschliche Zivilisationsvorstellung ist durch die kollektive Einsicht gekennzeichnet, dass Gewalt und Macht, wenn sie sich selbst überlassen bleiben, eine Gesellschaft zu zerstören drohen.« (Mausfeld 2023: 16)

Die Erklärung der Bürger- und Menschenrechte von 1789, die UN-Menschenrechtscharta von 1948 und die im Jahr 2000 durch die UN-Vollversammlung verabschiedeten Millenniumsziele markierten eine progressive Tendenz des Zivilisationsprozesses. Die Herausbildung eines sozialstaatlich regulierten Kapitalismus mit dem New Deal in den USA, die nordeuropäischen Wohlfahrtsstaaten, das Jahrzehnt der Rüstungskontrolle und Abrüstung seit Mitte der 1980er-Jahre sowie die historisch einmalig schnelle Befreiung von hunderten Millionen Chinesen aus der Armut dürfen als reale große Schübe der Zivilisation betrachtet werden.

Peter Zudeik schrieb über eine Grundtendenz seit der Renaissance, allmählich habe sich die Vorstellung entwickelt, dass die Menschheit als Subjekt und Objekt fortlaufender Vervollkommnung zu betrachten sei: »Der Fortschrittsbegriff umfasst schließlich auch Moral und Gesellschaft, die Verbesserung der Lebensbedingungen, der politisch-sozialen Verhältnisse, der Rechtsverhältnisse, von Kultur und Zivilisation, Zunahme von Humanität, von Freiheit, die sittlich-moralische Vervollkommnung der Menschheit insgesamt.« (Zudeik 2012: 133)

Aber zugleich verweist Zudeik auf die Phalanx von großen Denkern, die den Zivilisationsprozess stets mit einem Antiprozess der Dezivilisierung verbunden sahen, auf Hegel, Marx, Adorno, Horkheimer, Bloch und Benjamin. Elias selbst charakterisierte in seiner »Studie über die Deutschen« den Nationalsozialismus als »akuten Zusammenbruch« zivilisatorischer Kontrollen und als »Barbarisierungsschub« (Elias 2005: 45).

Marx stellte fest: »In unseren Tagen scheint jedes Ding mit seinem Gegenteil [...] schwanger zu gehen. Die neuen Quellen des Reichtums verwandeln sich durch einen seltsamen Zauberbann in Quellen der Not. Die Siege der Wissenschaft scheinen erkauft durch Verlust an Charakter. In dem Maße, wie die Menschheit die Natur bezwingt, scheint der Mensch durch andre Menschen oder gar durch seine eigene Niedertracht unterjocht zu werden. Selbst das reine Licht der Wissenschaft scheint nur auf dem dunklen Hintergrund der Unwissenheit leuchten zu können« (Marx 1961, MEW, Bd. 12: 3f.)

In der »Dialektik der Aufklärung« argumentierten Theodor Adorno und Max Horkheimer, dass die Emanzipation des Menschen von der Natur in deren blinde und zerstörende Beherrschung umschlägt und die Entwicklung der Beziehungen zwischen den Menschen zu Macht- und Herrschaftsbeziehungen geraten.

Walter Benjamin hat, charakteristisch für seine Geschichtsphilosophie, Paul Klees Bild Angelus Novus als Darstellung des Engels der Geschichte interpretiert, der mit ausgespannten Flügeln von einem Sturm in die Zukunft getrieben wird, sein Antlitz aber der Vergangenheit zuwendet: »Da sieht er eine einzige Katastrophe, die unablässig Trümmer auf Trümmer häuft und sie ihm vor die Füße schleudert. Er möchte wohl verweilen, die Toten wecken und das Zerschlagene zusammenfügen.« Aber der Sturm »treibt ihn unaufhaltsam in die Zukunft, während der Trümmerhaufen vor ihm zum Himmel wächst. Das, was wir Fortschritt nennen, ist *dieser* Sturm.« (Benjamin 1984: 161)

Ernst Bloch schlussfolgerte aus Prozessen der Gegenzivilisation die Unverzichtbarkeit von Kämpfen gegen Dezivilisierung und für eine menschenwürdige Zukunft. Er schrieb verallgemeinernd über die Weise zivilisatorischen Fortgangs: »Geschichte ist keineswegs [...] ein festes Epos [...] des Fortschritts [...], sondern harte, gefährdete Fahrt, ein Leiden, Wandern, Irren, Suchen nach der verborgenen Heimat; voll tragischer Durchstörung, kochend, geborsten von Sprüngen, Ausbrüchen, einsamen Versprechungen, diskontinuierlich geladen mit dem Gewissen des Lichts.« (Bloch 1969, Gesamtausgabe, Bd. 2: 14f) Aber dieses Licht könne in heftigsten Kämpfen zur Geltung gebracht werden. So wie Marx die Geschichte als eine Geschichte der Klassenkämpfe verstand. Nur erfordere dies ein zielgerichtetes Handeln humanistischer Akteure: »Der Begriff Freiheit impliziert ein Wohin und Wozu, und zwar ein zu wollendes, also gutes Wozu und ein zu erkämpfendes, aber noch nicht erreicht-vorhandenes. Ohne Wohin und Wozu ist der Fortschritt überhaupt nicht denkbar, an keinem Punkt messbar, vor allem auch als Sache selber gar nicht vorhanden.« (Bloch 1970, Gesamtausgabe, Bd. 14: 143)

In solchen Zusammenhängen betrachtet sind die Kriege in der Ukraine und zwischen Israel und der Hamas schreckliche Ereignisse, jedoch solche, die sich in eine endlose Kette anderer Schrecken einreihen. Sie sind keineswegs – wie das Verdrängen etwa des Vietnamkrieges, der Kriege im Irak, in Afghanistan und im Jemen im gegenwärtigen Mainstreamdiskurs nahezulegen scheinen – singuläre Verbrechen. Natürlich ist die russländische Führung als Aggressor anzuklagen. Aber zugleich ist der Ukrainekrieg ein jüngster Ausdruck viel umfassenderer antizivilisatorischer Abstiegsprozesse. Er ist ein jüngster Ausdruck globaler imperialer Machtkämpfe. Er fordert Verurteilung der russischen Führung heraus – und ebenso heftigsten Widerstand gegen alle jene Mächte und Verhältnisse, die in der Welt imperiale Vormachtkämpfe, Kriege, Umweltzerstörung, soziale Klüfte, Armut und autoritäre Regime hervorbringen und sich keineswegs auf Russland beschränken.

Der Ukraine gebührt Unterstützung und Solidarität in ihrer Verteidigung gegen den Aggressor. Aber die Herausforderungen sind viel weiter gespannt. Die Verbrechen an der Ukraine drohen die anderen großen Katastrophen aus dem öffentlichen Bewusstsein zu verdrängen. Weltkriege und Kolonialkriege, die Shoah, die Opfer des Stalinismus und der chinesischen Kulturrevolution, Völkermorde wie in Ruanda und andernorts, atomare Hochrüstung, Klima und Umweltkrisen verkörpern einen antizivilisatorischen Abstiegsprozess, dem nun mit dem Ukrainekrieg und dem Krieg im Gazastreifen eine weitere »tragische Durchstörung«, eine neue »unablässige Häufung von Trümmern« hinzugefügt wird.

Auf seinem bisherigen Höhepunkt angelangt führt der Zivilisationsprozess an Kipppunkte zur Entzivilisierung der Menschheit heran. Die Kriege in der Ukraine und im Gazastreifen sind dafür jüngste Alarmsignale. Sie sind eine Mahnung, dass ein andauernder zivilisatorischer Aufstieg keineswegs ein für alle Mal gesichert ist.

Ernst Bloch war hoffnungsvoll überzeugt: »Dieses Licht von 1789 steht durchweg, es kann gleich der dem Citoyen so nahe verwandten neunten Symphonie nicht mehr zurückgenommen werden.« (Bloch 1977: 81) Aber gefeit gegen einen Rückfall hinter alle Zivilisation ist die Menschheit nicht.

»An sich« – mit Blick auf unser heute umfassendes Wissen um globale Gefahren und Wege ihrer Überwindung, auf wissenschaftliche und ökonomische Gestaltungspotenziale der reichen Staaten in der Welt, auf Fortschritte der Geschlechtergleichstellung, auf völkerrechtliche Standards, auf moralische Ansprüche in der demokratischen Zivilgesellschaft – sind die Bedingungen für das bonum humanum so günstig wie nie zuvor. Und zugleich ist die Menschheit akut und umfassend bedroht. Dieser Widerspruch fordert die Gesamtheit demokratischer Kräfte zu äußerstem Engagement für Menschlichkeit in allen Sphären des Lebens heraus. Die größten Gefahren unserer Zeit – Kriege, Umweltzerstörung, Armut, Autoritarismus – sind immer gegen den Menschen gerichtet. Unmenschlichkeit ist ihr gemeinsamer Nenner.

Die Doppelgesichtigkeit des Gottes Janus mag als Metapher für die Situation zwischen Aufstieg und Niedergang der Zivilisation verstanden werden. Der Blick des Janus lenkt unsere eigene Wahrnehmung ähnlich wie der des Angelus Novus auf die endlosen Schrecken von Entzivilisierung. Der Blick seines zweiten Gesichts verweist auf die zukunftsverheißende Kette zivilisatorischer Fortschritte, die es fortzusetzen gilt.

Welche Blickrichtung des Janus wird sich in den kommenden Jahrzehnten durchsetzen? Werden die Lehren der Geschichte aufgenommen werden? Der Krieg in der Ukraine ist das Ergebnis dessen, dass in seinem Vorfeld die Zeichen für sein Heraufziehen sträflich missachtet wurden. Der verbrecherische Überfall der Hamas auf Israel ist nicht entschuldbar durch die jahrzehntelange Missachtung palästinensischer Interessen, hat aber auch darin seine Vorgeschichte. Nach 1990 hat der Westen die historische Chance verpasst, den Osten Europas in eine neue kollektive Sicherheitsstruktur einzubinden. Später haben die USA und ihre Verbündeten alle Warnungen aus Moskau davor ignoriert, die Sicherheits- und andere Interessen Russlands zu missachten.

In der Geschichte gibt es viele Beispiele für Katastrophen als Folge zu später Reaktionen auf längst erkannte Probleme und Defizite. Kwame Anthony Appiah – aufgewachsen in Ghana, Direktor des amerikanischen PEN-Zentrums – hatte Professuren in Yale, Cornell, Harvard und Princeton inne und lehrt an der New York University. In seinem Buch »Eine Frage der Ehre. Oder wie es zu moralischen Revolutionen kommt« hat er mit seinem Plädoyer für eine moralische Revolution unserer Zeit drei historische Felder des Kampfes zwischen Verletzung menschengerechten Daseins und menschlichen Zivilisationsfortschritt beschrieben, die nur auf den ersten Blick der gegenwärtigen Problemlage fern zu sein scheinen.

Vom Ende des 15. bis zur Mitte des 19. Jahrhunderts gehörte zum Verhaltenskodex in den europäischen oberen Gesellschaftsschichten, besonders im Adel, sich im Namen der Ehre zu duellieren. Jahrhunderte hindurch dezimierte sich der Adel vieltausendfach selbst durch diese barbarische »Möglichkeit, mit einem Mord buchstäblich ungeschoren davonzukommen.« (Appiah 2011: 39)

Fast tausend Jahre hindurch galt in China bis zum Ende des 19. Jahrhunderts das Einschnüren der Füße von Frauen als Zeichen einer gehobenen sozialen Stellung und besonderer Schönheit. Die schmerzhafte Verkrüppelung der weiblichen Füße diente zugleich der Domestizierung der in ihrer Bewegungsfreiheit eingeschränkten Mädchen und Frauen. Lange Zeit hindurch beklagten chinesische Reformer vergeblich, dass diese Praxis China in den Augen des aufgeklärten Auslands als entzivilisiert erscheinen lasse.

Jahrhunderte hindurch bis zum Beginn des 19. Jahrhunderts war die Sklaverei ein Ausdruck unmenschlicher Verhältnisse. Die Sklaverei in den Südstaaten der USA und die Versklavung von Nichteuropäern durch Europäer war zu einer tragenden Säule der abendländischen Ökonomie geworden, ehe sie gesetzlich abgeschafft wurde. Aber dieser antizivilisatorische Zustand voll des Leides ungezählter Generationen von Sklaven ist so tief eingelassen in die Verfasstheit der Moderne, dass er auch gegenwärtig noch Millionen Menschen betrifft. Die australische Walk Free Foundation schätzte in ihrem Global Slavery Index von 2018 die Zahl der versklavten Männer, Frauen und Kinder auf 40,3 Millionen.

Appiah belegt mit seiner Beschreibung der Überwindung dieser drei Phänomene den überaus langsamen Fortgang von Zivilisationsprozessen. Er hebt in seiner vergleichenden Untersuchung der drei gegen menschengerechte Verhältnisse gerichteten geschichtlichen Zustände eine Gemeinsamkeit hervor. Sie wurden schon lange Zeit vor ihrer weitgehenden Überwindung als unmoralisch und widermenschlich erkannt. Aber qualvoll lange dauerte es trotz aller progressiven Einsichten jeweils, bis diese Verhältnisse abgeschafft wurden.

Diese Zeit hat die Menschheit heute nicht. Die globalen Gefahren erlauben keinen Aufschub zivilisatorischen Handelns. Der Klimakatastrophe muss im gegenwärtigen Jahrzehnt entgegengewirkt werden, JETZT und nicht irgendwann. Oder es wird für Hunderte Millionen Menschen zu spät sein. Aber die Verflechtung von Zivilisationsverläufen und grundgefährlichen Gegenprozessen dauert an.

Ein Beispiel dafür ist die Unterscheidung von Flüchtlingen, denen Aufnahme und Unterstützung gewährt wird, und »anderen« Flüchtlingen, die am besten verrecken sollen. Sogar im Flüchtlingsstrom aus der Ukraine werden Menschen aussortiert, die nicht die passende Hautfarbe und Herkunft haben. Der Krieg in der Ukraine hat eine große Welle menschlicher Solidarität ausgelöst. Doch während Flüchtlinge aus der Ukraine in Deutschland und anderen EU-Ländern willkommen geheißen werden, ertrinken nichteuropäische Flüchtlinge, die ähnlichem Leid wie die Ukrainer ausgesetzt sind, vor den abgeriegelten Küsten Europas. Die Verweigerung regulärer Einreisewege und Prüfverfahren für Migrantinnen und Migranten seitens der EU hat nach Statista-Angaben von 2014 bis zum 16. Januar 2022 mehr als 23.360 Flüchtlinge das Leben gekostet – ertrunken im Mittelmeer. Die Amadeus Antonio Stiftung und Pro Asyl haben seit 2015 mehr als 11.000 Angriffe gegen Flüchtlinge erfasst, davon 284 Brandanschläge und 1981 Körperverletzungen. Viele anerkannte Asylberechtigte warten trotz Rechtsanspruchs acht und mehr Jahre auf einen Nachzug von Ehepartnern und Kindern. Menschlichkeit im 21. Jahrhundert?

Hans Jonas hat die Sorge für Kinder als den elementarsten und am meisten anerkannten Fall urmenschlicher Verantwortung bezeichnet: »Es ist dies die einzige von der Natur gelieferte Klasse völlig selbstlosen Verhaltens.« (Jonas 2003: 85) Umso schwerer wiegt, wenn solches Verhalten missachtet wird. Kindern der Wohlhabenden in den reichen Ländern fehlt es nur an Wenigem – selbst die Luft ist in ihren Wohngegenden besser als in ärmeren Stadtvierteln. Aber 452 Millionen Kinder leben nach Schätzungen in der Studie »Save the Children«, die in Zusammenarbeit mit dem Peace Research Institute Oslo entstand, in Konfliktgebieten, davon 193 Millionen »unter gefährlichen Umständen«.

Das betrifft jedes sechste Kind auf Erden. Ihre Kindheit verläuft oft inmitten von Minenfeldern, sie lernen zu hassen und zu töten. Viele werden Opfer von sexueller Gewalt. In 39 Ländern werden Kinder als Soldaten rekrutiert. In den USA befindet sich einer von neun jüngeren Schwarzen in Haft. Nachdem alle ausländischen Truppen fluchtartig Afghanistan verlassen hatten, blieb von ihrer humanitären Mission, dass die Bundesregierung alle finanziellen Hilfen einfror und erst nach langem Hin und Her nur teilweise freigab – 4 Millionen Kinder sind von akuter Unterernährung bedroht. In der Ukraine sterben Kinder durch Bomben und Raketen. 70% der im Gazastreifen im ersten halben Jahr des Krieges durch die israelische Armee Getöteten sind Kinder und Frauen.

Ihr Tod mahnt Solidarität mit den Menschen in der Ukraine und mit den Palästinensern an. Darüber hinaus ist er ein Weckruf an die humanistischen Kräfte weltweit, sich allen Exponenten unterschiedlichster Entzivilisierungsprozesse in den Weg und ihre Macht infrage zu stellen. Das kollidiert allerdings mit dem genialen Coup der westlichen Machteliten und ihrer Medien, ihr System als den reinen Gegenpol zum autoritären Aggressor, als die bereits realisierte Verkörperung der Menschenrechte, als wünschenswerte Ordnung der Zivilisation schlechthin darzustellen.

Trügerische Selbstdarstellung des Westens

Die Machteliten der USA und ihrer Verbündeten bedienen sich in der Darstellung des Ukrainekrieges einer ebenso einfachen wie täuschenden Denkfigur. Sie lautet: Wer dem Bösen widersteht, ist selbst das Gute. Und was bereits gut ist, bedarf keiner Transformation mehr, allenfalls einer zeitgemäßen grünen Modernisierung. Wer im Zusammenhang mit dem Ukraine Krieg auf die Fehlleistungen des Westens im Vorfeld des Krieges, auf imperiale Interessen der USA verweist, auf die Gefahr, dass die Lieferung schwerer und offensiver Waffensysteme an die Ukraine in einen Nuklearkrieg münden könnte, auf die Erosion westlicher Demokratie, auf ihre Erkrankung an Rechtsradikalismus und Rechtspopulismus und auf allerlei andere Gebrechen, der läuft Gefahr, des Verrats an »unseren Werten« bezichtigt zu werden, als »Putinversteher« gebrandmarkt und in den sozialen Medien als »Lumpenpazifist« an den Pranger gestellt zu werden. »Wir sind die Guten, und keine Widerrede!«

Gefahren rund um die Erde

Es ist tragisch – aber die menschlichen Katastrophen gehen weit über den Krieg in der Ukraine hinaus, der gegenwärtig im Zentrum öffentlicher Aufmerksamkeit steht. Die Hauptbedrohungen für Humanität im 21. Jahrhundert sind die Klima- und Umweltkrise samt der Gefahr von Pandemien, Kriege und Bürgerkriege in vielen Ländern, Rüstung, Machtpolitik und Terrorismus, Armut, Autoritarismus und Diktaturen sowie Missbrauch der Digitalisierung zu verborgener Lenkung des Verhaltens von Milliarden Menschen.

Im Bericht des Weltklimarats von 2021, für den rund 34.000 wissenschaftliche Studien ausgewertet wurden, werden 3 bis 3,6 Milliarden Menschen als »hochgradig gefährdet« durch den Klimawandel bezeichnet. Eine Milliarde Menschen ist durch den Anstieg der Meeresspiegel infolge der globalen Erderwärmung in Gefahr. Dürren und Überschwemmungen, Erwärmung, Versauerung und verringerter Sauerstoffgehalt der Meere tragen bereits gegenwärtig erheblich zu Hunger und Unterernährung von rund 800 Millionen Menschen bei. 780 Millionen bis zu einer Milliarde Menschen haben keinen Zugang zu sauberem Wasser, zwei Milliarden Menschen leiden unter chronischer Wasserknappheit.

Der Weltbiodiversitätsrat sieht in seinem Bericht von 2022 zur Artenvielfalt etwa eine Million Arten von acht Millionen als bedroht an. In jedem Jahr sterben mehrere Tausend Arten aus. Bedroht vom Aussterben sind nach Schätzungen der Tropenwaldstiftung Ordo Verde 10% des Insektenvolumens, ein Drittel der maritimen Säugetiere sowie der riffbildenden Korallen und 40% der Amphibien. Die Folgen für das ökologische Gleichgewicht der Erde und für die Ernährung von hunderten Millionen Menschen sind gravierend.

Die beiden Weltkriege kosteten das Leben von rund 100 Millionen Menschen. Der Koreakrieg (1950–1953) forderte 1,7 Millionen Tote. Der Vietnamkrieg (1955–1975) 1,47 Millionen Menschenleben. Im zweiten Kongokrieg (1998–2003) starben 3,6 Millionen Menschen, im Afghanistankrieg (1978–2021)1,25 bis 2 Millionen. Im Somalischen Bürgerkrieg, im Irakkrieg und im syrischen Bürgerkrieg (jeweils 2004 bis heute) waren 300.000 bis 500.000, bis zu 500.000 und etwa 470.000 Tote zu beklagen. Der Global Think Tank Diplomatic Council schätzt für den Durchschnitt der letzten Jahre die Zahl der Kriegstoten auf jährlich 182.000. Kriege zerstören die Umwelt und machen Millionen Menschen arm. Nach US-Angaben wurden im Ukrainekrieg bis Ende 2023 auf russischer Seite 315.000 tote und verwundete Soldaten gezählt (Frankfurter Rundschau vom 27.2.2024). Für die Verluste der ukrainischen Armee sind keine verlässlichen Angaben bekannt. Nach Zählungen des UN-Hochkommissariats für Menschenrechte sind bis zum 29. Februar 2024 mindestens 10.675 zivile ukrainische Tote zu beklagen. Im Gazastreifen wurden nach Statista-Angaben im ersten Kriegshalbjahr 32.623 Menschen getötet und 75.092 verletzt.

Würden – so gibt Maja Göpel zu bedenken – je nach den verschiedenen nationalen Bedingungen 7,4 bis 15 Dollar Einkommen pro Tag und Kopf als Mindestbedingung für ein menschengerechtes Leben angesehen, lebten 2019 4,2 Milliarden Menschen unter der Armutsgrenze. Selbst in der Bundesrepublik stieg die Armutsquote (bei einem Einkommen unter zwei Drittel des Durchschnittsverdienstes) laut »Armutsbericht 2024« von 11% in den 1990er-Jahren auf 16,8% im Jahr 2022. Das sind 14,2 Millionen betroffene Menschen. 21,8% der Kinder in Deutschland leben in Armutsverhältnissen, das heißt mehr als jedes fünfte Kind.

Autoritäre Regime beschränken elementare individuelle und politische Freiheitsrechte. Beschneidung der Informationsfreiheit, der öffentlichen Meinungsbildung und der Organisationsfreiheit münden in die Unterdrückung der subjektiven Voraussetzungen progressiver Entwicklung. Eine moralische Revolution als Bedingung für die Lösung der großen Menschheitsfragen unseres Jahrhunderts wird niedergehalten.

Angriff auf den »inneren Menschen«

Die Verhältnisse, in denen die Menschlichkeit auf der Strecke bleibt, haben eine Vielzahl von Gesichtern. Oft ist das Unmenschliche in ihnen nicht so offenkundig wie in Kriegen oder dort, wo Lebensbedingungen infolge von Umweltkatastrophen vernichtet werden, etwa in Hungersnöten und bei Entzug elementarer Persönlichkeitsrechte unter antidemokratischer Herrschaft. Im Verlauf der Digitalisierung kommt die Enthumanisierung der Verhältnisse sogar im Mantel der Dienste am Menschen daher. In der Digitalisierung von Wirtschaft und Gesellschaft wirkt der Widerspruch zwischen Zivilisationsfortschritt und seiner Umkehr in das Gegenteil als schleichender Tiefenprozess. Einerseits birgt die digitale Revolution wie kaum eine andere technologische Umwälzung enorme Produktivitäts- und Effizienzpotenziale zur Vermehrung gesellschaftlichen Reichtums. Sie vervielfacht die für das Durchschauen gesellschaftlicher Vorgänge verfügbare Informationsmenge. Sie stellt der gesellschaftlichen Planung und Lenkung unschätzbare Potenzen zur Verfügung. Sie eröffnet neue Dimensionen der Kommunikation. Andererseits liefert sie ein Manipulierungs- und Herrschaftsinstrumentarium par excellence.

Ein erdumspannender, bei Google, Microsoft, Meta/Facebook, Amazon und anderen IT-Giganten monopolisierter Apparat von riesigen Datenzentren, Forschungsinstituten, in Algorithmen geronnener Künstlicher Intelligenz und vernetzten Servern verleiht den digitalen Konzernen die Macht, geheimste Empfindungen, Wünsche, Ängste, Emotionen, Gewohnheiten und Bewegungsmuster von Milliarden Nutzerinnen und Nutzern ihrer Dienste nicht nur weitgehend unbemerkt von diesen zu erfassen und als Big Data zu speichern, sondern aktiv zu beeinflussen und in bestimmte Richtungen zu lenken. Während Milliarden Menschen täglich die Dienste der IT-Konzerne in Anspruch nehmen, hinterlassen sie digitale Spuren, die von den Anbietern der Dienste zu Persönlichkeitsprofilen von Hunderten Millionen Nutzern und zu Verhaltensvorhersagen verdichtet werden. Diese werden als immaterielle Waren an Produzenten, Marketingfirmen, Finanzanleger, Versicherer, Stadtplaner, Handelsketten, Staatsapparate, politische Parteien und Geheimdienste verkauft und verwandeln sich in Riesenprofite von IT-Unternehmen.

Ein Überwachungskapitalismus ist dabei, sich herauszubilden (vgl. Zuboff 2018). Reguliert werden nicht allein Volkswirtschaftsproportionen. Reguliert wird der Mensch selbst und sein Inneres. Burhuss Frederic Skinner, einflussreicher Verhaltenswissenschaftler der Harvard University, schrieb unverhohlen: »Was im Begriff ist, abgeschafft zu werden, ist der ›autonome Mensch‹ – der innere Mensch [...], der von der Literatur der Freiheit und Würde verteidigt wird [...]. Wir können froh sein, wenn wir uns von diesem Menschen im Menschen befreit haben. Nur wenn wir ihn seiner Rechte entsetzen, können wir vom Unzulänglichen zum Beeinflussbaren« gelangen (Skinner 1973: 205f.).

Dagegen gilt als Herausforderung für alle Humanisten noch immer der Gedanke Johannes R. Bechers: »Das noch nicht restlos ausgetilgte Gefühl, ein Mensch zu sein, wehrt sich gegen die Verdinglichung und Selbstentfremdung des Menschen, das noch nicht völlig zum Verschwinden gebrachte ›Menschliche‹ im Menschen steht auf im Menschen gegen sich selbst, gegen den Menschen, der all das Verächtliche und [...] Niederträchtige mitmacht [...] gegen dieses ›Es ist nun einmal so‹ steht der Mensch im Menschen gegen sich selber auf – mit dem Ruf: Es kann so nicht bleiben, wie es ist, ich will nicht so weiterleben wie bisher, es muss anders werden – ich will ein anderer werden.« (Becher 1983: 117)

Skinner hatte die IT-Gilde aufgefordert, nicht der Selbstsuggestion zu unterliegen, Dienstleister der Menschheit zu sein, sondern das Steuerungspotenzial der Digitalisierung zur herrschaftssichernden Lenkung von Denk- und Verhaltensweisen der einzelnen und der ganzen Bevölkerung einzusetzen. Damit befand er sich auf der Linie führender Strategen der USA. George Kennan schrieb bereits in der unter seiner Leitung verfassten State Department Policy Planning Study vom 24. Februar 1948, die USA würden »alle Sentimentalitäten und Tagträume aufgeben müssen; und wir werden unsere Aufmerksamkeit überall auf unsere nationalen Ziele konzentrieren müssen. Wir dürfen uns keine Illusionen machen, so als ob wir uns den Luxus des Altruismus und der Weltbeglückung leisten könnten [...] Wir sollten aufhören, über vage und [...] unrealistische Ziele wie Menschenrechte, das Anheben des Lebensstandards und Demokratisierung zu reden. Der Tag ist nicht fern, an dem wir geradeaus in den Begriffen der Macht sprechen müssen.« (zitiert nach Duchrow 1994: 101)

Robert Kagan, einer der führenden konservativen Strategen der USA, knüpfte in seinen Büchern »Macht und Ohnmacht« (Kagan 2003) und »Die Demokratie und ihre Feinde« (Kagan 2008) an Kennans Überlegungen an. Das 21. Jahrhundert sei durch die Rückkehr von Machtpolitik und imperialer Konkurrenz gekennzeichnet, bestimmt durch den Kampf zwischen westlicher Demokratie und Autokratie vor allem in China und Russland. In dieser Auseinandersetzung seien die USA »Zur Supermacht verdammt« (Kagan 2021). »Ihre einzigartige Machtfülle versetzt sie nun einmal in eine einzigartige Rolle« (ebd.: 70), nämlich mit allen verfügbaren Mitteln »eine Welt der Machtvakuen, geprägt von Chaos, Konflikten und Fehlkalkulationen« zu verhindern (ebd.: 71). Völkerrechtswidrige Interventionskriege wie der Irakkrieg sind nach dieser Konzeption gerechtfertigt durch die Berufung der USA, eine von ihnen geprägte Weltordnung durchzusetzen.

Die Verurteilung des imperialen russischen Krieges gegen die Ukraine darf den imperialen Charakter der Außen- und Sicherheitspolitik der Vereinigten Staaten und der mit ihnen verbundenen Mächte nicht aus der Analyse der internationalen Lage und aus dem öffentlichen Bewusstsein verdrängen. Die Charakterisierung des Hamasüberfalls auf Menschen in Israel als mörderischer Terrorakt löscht nicht aus, was die israelische Regierungspolitik seit Jahrzehnten den Palästinensern antut und damit politischen Sprengstoff auflädt. Dies zu betonen, ist kein Ablenken vom Protest gegen Putins Machtpolitik, kein Zeichen schleunigst zu korrigierender Russlandfreundlichkeit und kein Versuch, die Hamas reinzuwaschen.

Nicht: Entweder Verurteilung der russischen Aggression oder Kritik jener westlichen Strategien, die die Chancen für eine bessere Weltordnung auf friedlichen Wegen verspielt haben. Sondern: Alle Kraft der Welt gegen imperiale Politik in West und Ost, Widerstand gegen alle Mächte, die die Lösung globaler Menschheitsprobleme verhindern.

Der Abschied vom humanum ist schon längst – wenn auch in der Regel nicht offen erklärt – in die Strategien des konservativen Teils der Machteliten in der westlichen Welt eingedrungen.

Im Krieg in der Ukraine, so lautet die westliche Lesart, gehe es um die Verteidigung der in der westlichen Welt bereits verwirklichten Werte. Ja, das ist der eine Teil der Wahrheit. Denn tatsächlich bilden die USA und ihre Verbündeten den Gegenpol zu Russland, das Freiheit, Demokratie und Frieden in den Staub tritt. Die USA und die NATO bieten Polen, den baltischen und anderen Nachbarstaaten Russlands gegenwärtig in der Tat die von Ihnen erhoffte Sicherheit vor weiteren militärischen Angriffen der Russischen Föderation. Auch die plurale Linke hat diese Realität in ihren sicherheitspolitischen Vorstellungen zu verarbeiten.

Der andere Teil der Wahrheit ist, dass die USA und ihre Verbündeten dabei nach wie vor ihre eigenen machtpolitischen Ziele verfolgen, dass der Westen 1990 und danach die Chance eines »gemeinsamen Hauses Europa« ausgeschlagen hat. Das Versprechen, die NATO nicht gen Osten auszudehnen und auf solche Weise russischen Bedrohungswahrnehmungen Rechnung zu tragen, wurde gebrochen – wenn auch in Übereinstimmung mit den Regierungen östlicher Staaten in russischer Nachbarschaft (siehe dazu Funke 2023: 19f; von Westphalen 2019; von Dohnanyi 2022). Verträge über Rüstungsbegrenzungen wurden von den USA einseitig aufgekündigt. Putins Fehlkalkulation, durch einen Angriff auf die Ukraine einer russischen Machtausweitung ohne zu große Verluste näherzukommen, hat dem Supermachtstreben der USA ungewollt in die Hände gespielt. Je länger der Krieg dauert, desto mehr wird Russland geschwächt. Teile der US-Machteliten hoffen darauf, sich desto konfrontativer auf die Rivalität mit China konzentrieren zu können. Im Namen moralischer Werte, die das westliche Bündnis für sich reklamiert.

> Zur Wahrheit gehört, dass *Menschlichkeit* als das Übergreifende und Verbindende aller Werte der Aufklärung im globalen Maßstab keineswegs bereits das Bestimmende, sondern erst noch die große Jahrhundertaufgabe ist.

Sie ist das in den Zentren des Kapitalismus zwar in Ansätzen als »Vor-Schein« Vorhandene, aber eben »Noch-nicht Gewordene« (Ernst Bloch). Sie ist die Vision und Motivation der progressiven Kräfte, die von den Mächtigen strukturell bedingt unterdrückt oder in ihre Herrschaftsformen integriert und damit entleert wird.

Denn zum einen, so der Moralphilosoph Gerhard Schweppenhäuser, steht Menschlichkeit »für *humanitas* – die Wesensbestimmung des Menschen überhaupt – und zum anderen für *Humanität*, den Vorgriff auf ein Potenzial, dass erst eine zu sich selbst gekommene Gattung verwirklichen könnte, also für eine Menschheit, die sich von der Vernunft leiten lässt und solidarisch handelt. Letzteres ist die Idee des ›Menschseins‹ und der ›Inbegriff [...] aller Menschen‹, wie Theodor W. Adorno formulierte.« (Schweppenhäuser 2021: 98)

Der Ukrainekrieg als jüngster Höhepunkt globaler Militarisierung und Anlass zu neuen Rüstungsschüben, das ideologische Getöse rund um den Krieg, das Nahen von ökologischen Kipppunkten und die verborgenen Schattenseiten der Digitalisierung sind verschiedene Facetten dessen, dass sich der Antagonismus zwischen Zivilisationsprozess und Enthumanisierung auf einen neuen Höhepunkt zubewegt.

Professor Karl-Heinz Paqué, Mitglied der neoliberalen Friedrich von Hayek-Gesellschaft und Botschafter der Initiative Neue Soziale Marktwirtschaft, bejubelte die Reaktion der Bundesregierung auf den Krieg in der Ukraine unter dem Titel »Das Ende des Pazifismus«. Dies sei »Eine historische Wende«. Lange Zeit hätte der »moral high ground« bei den Pazifisten gelegen. Zur ersten großen Aufweichung des Pazifismus sei es dank des grünen Außenministers Joschka Fischer mit der deutschen Beteiligung am (völkerrechtswidrigen – D.K.) Kosovokrieg gekommen. Nun aber müsse dauerhaft gelten: »Der Pazifismus darf nicht wieder auferstehen« (Paqué 2022). Paqué hat nicht nur keine Skrupel, wenn es um einen neuen Aufrüstungsschub besteht. Vorbei an allen wissenschaftlichen Einsichten in die äußerste Dringlichkeit einer klimapolitischen Wende schrieb er: »Da jeder zusätzliche Ausstoß von Kohlendioxid in der Erdatmosphäre eine sehr lange Verweildauer hat, ist es tatsächlich für die langfristige Wirkung nur von begrenzter Bedeutung, ob die Verringerung des Ausstoßes ›heute‹ oder ›morgen‹ (sagen wir, in 30 Jahren) erfolgt.« (Paqué 2010: 104)

Solcher Bellizismus, solche umweltpolitische Verantwortungslosigkeit und generell die globalen Gefahren für die Menschheit erfordern als Antwort die Betonung des moralischen Elements progressiver Transformationsprozesse. Erscheinungen der Dehumanisierung verweisen mit größter Dringlichkeit auf die Bedeutung des Gegengewichts verantwortungsvollen Denkens und Handelns nach humanistischen Maßstäben.

Hans Jonas argumentierte, wenn die modernen Technologien die Menschheit und die gesamte Biosphäre des Planeten bedrohen, »dann muss Moralität in die Sphäre des Herstellens (in die Wirtschaft D.K.) eindringen, von der sie sich vorher ferngehalten hat, und sie muss dies in der Form öffentlicher Politik tun.« (Jonas 2005: 32) Ernst Bloch hielt »das wichtigste Kennzeichen menschlichen Seins, nämlich Moralisches« (Bloch 1985a: 1373), für den Grundgehalt aller sozialistischen Politik.

Der in der jüngeren Zeit verstärkte Diskurs zur gesellschaftlichen Rolle der Moral ist ermutigend, weil in ihm humanistische Antworten auf die Gefahren unseres Jahrhunderts mit Nachdruck vertreten werden und die Politik beeinflussen. Aber er hat auch eine irreführende Seite dergestalt, dass seine Mainstreamvariante die Auffassung stärkt, der progressive Wandel von Werten und Normen sei schon weit fortgeschritten und würde die großen ungelösten Probleme unserer Zeit ohne tiefe Veränderungen der Eigentums- und Machtstrukturen aus der Welt schaffen können. Darauf wird im Kapitel 3 zurückzukommen sein.

> Der Krieg in der Ukraine fordert eine Vergewisserung über den gegenwärtigen Stand des Zivilisationsprozesses und über den Einfluss einer humanistischen Moral heraus:

- Der erreichte Stand der Zivilisation ist äußerst brüchig. Entzivilisierung unterhöhlt ihn. Dass in Europa das ukrainische Volk mit Krieg überzogen werden kann, verweist darauf, wie gefährlich die Lage in der Welt ist. Der neue Krieg im Nahen Osten ist ein Schock für das israelische und grauenhaft für das palästinensische Volk.
- Die Kriege in der Ukraine und in Nahost sind in den globalen Kampf zwischen Entzivilisierung und Fortschreiten des Zivilisationsprozesses einzuordnen. Sie sind ein schreckliches Signal dafür, dass es genau darum geht.
- Die russische Führung ist in der Ukraine der Aggressor. Gegen sie sind Verurteilung, Empörung und Abwehr zu richten. Der Überfall der Hamas am 7. Oktober 2023 auf die Bevölkerung in den Grenzgebieten Israels war ein barbarischer Akt.
- Völkerrechtswidrige Aggressionen und Interventionen finden jedoch seit Jahrzehnten statt. Vor allem die USA und wiederholt die NATO betrachten solchen Völkerrechtsbruch von ihrer Seite als legitimiert durch ihre »Mission«, für einen Regimechange nach amerikanischem Vorbild zu sorgen und bei dieser Gelegenheit die eigenen Einflusssphären auszuweiten. Nicht erst der Angriff gegen die Ukraine ist ein Bruch mit Menschenrecht und Völkerrecht. Dieser Bruch findet seit Jahrzehnten permanent statt.

- Noch ist nicht entschieden, ob das 21. Jahrhundert vom Aufstieg oder vom Niedergang der Zivilisation bestimmt sein wird. Die wiederholt genannten globalen Gefahren – Klima- und Umweltkrisen, Kriege, Armut, Patriarchat, Pandemien, Autoritarismus, digitale Lenkung des Menschen – sind allemal Enthumanisierungsprozesse.
- Ein moralischer Aufbruch auf der Höhe der damit verbundenen Herausforderungen ist auf die Agenda gerückt. Weil alles Handeln von Menschen Zielen unterworfen ist, die sie sich selbst setzen, von progressiven Werten geleitet oder von destruktiven Vorhaben (siehe 3. Kapitel).
- Im Aufschrei gegen Putins Aggressionskrieg fehlt in den meinungsbestimmenden Medien ein ebenso lauter Aufschrei gegen die lange Kette imperialer Kriege und bewaffneter Interventionen der USA und anderer westlicher Mächte und gegen das System, das zu Umweltzerstörung und Armut in der Welt führt. Die Regierungen des Westens verurteilen den russischen Aggressionsakt und den der Hamas. Die gesellschaftliche Linke teilt diese Verurteilung zu Recht. Aber die Anklage gegen Entzivilisierungsprozesse in der westlichen kapitalistischen Welt bleibt vorwiegend ihre Aufgabe im Bündnis mit anderen demokratischen Kräften. Solange Eigentums- und Machtstrukturen der Moral Grenzen setzen, fällt es vor allem der gesellschaftlichen Linken zu, für alternative Strukturen einzutreten, die einer humanistischen Moral dominierenden Einfluss sichern können.
- Humanistische Politik zielt auf die Durchsetzung von individuellen, politischen, sozialen und Umweltrechten für alle Menschen rund um die Erde. Einhaltung des Völkerrechts ist ihr Rahmen. Unverträglich ist sie mit rechtsextremen, rechtspopulistischen und neofaschistischen Weltbildern. Moralische Erneuerung muss daher gegen die Neue Rechte gerichtet sein, gegen völkisches Denken, Nationalismus, Rassismus und Antisemitismus, Gewalt und Menschenverachtung in jeglicher Form.

Menschlichkeit als Maß des Handelns

Gerechtigkeit und Gleichheit, Freiheit und Selbstbestimmung, Solidarität und Nachhaltigkeit in einer Friedensordnung sind Säulen humanistischer Politik. Sie bezeichnen entscheidende Dimensionen des Zivilisationsprozesses. Ist es dann noch ein konzeptioneller oder begrifflicher Gewinn, stärker denn gewohnt das Menschliche im Menschen als übergreifender Maßstab des Fortschritts zu betonen und auf Menschlichkeit progressiven Handelns zu bestehen?

Mit Ernst Bloch formuliert ergibt sich, dass die gesellschaftliche Linke bei vielen Gelegenheiten einer entschieden engeren Verbindung zwischen dem »Kältestrom« rationalen Denkens und dem »Wärmestrom« des Herzens als emotionaler Komponente der Wechselwirkung von beidem bedarf. Der Begriff Menschlichkeit und die Orientierung progressiver Politik an ihm nimmt beide Momente auf. Menschlichkeit ist Resultat von Vernunft und Gefühl zugleich. Bloch schrieb über die Bedeutung des Begriffs für Erkenntnis und Politik: »Kein Verändern geschieht ohne Begriff, dieser ist der Generalstab gerade der Umwälzung und also der möglichen Ankunft, damit sie nicht anders ankomme als in dem Meinen des Rechten gemeint.« (Bloch 2016: 239)

Marx habe, so betonte Bloch, sein gesamtes Werk hervorgebracht »mit einem realen Humanismus im Sinn, um deswillen doch die ganze spätere ökonomisch grundierende Arbeit geschah.« (Bloch 1985b: 214) Denn: »Dem Marxismus gilt das Humanum als Ziel« (ebd.: 219). Politik sei dort »sozialistisch, wo expressis verbis der wirkliche, nämlich der zu befreiende und zu erfüllende Mensch im Mittelpunkt steht« (ebd.: 12). Und über die Freiheit, die zu erstreben ist, schrieb Bloch: »Nur derart hat ihr Wozu Spielraum, auf dem Weg in den *Inhalt* der Freiheit: das unentfremdete Humanum.« (ebd.: 186)

In einem bemerkenswerten Buch über einen not-wendigen Bruch strategischen Denkens im Angesicht des Ukrainekrieges schrieb Albrecht von Müller, mit der Besinnung auf das Menschsein gewinne »das gesamte Geschehen eine völlig neue Qualität und Dignität – und zwar in jedem einzelnen Menschen.« (von Müller 2022: 84) Über eine alternative Perspektive für Europa formuliert er: »Im Kern geht es darum, im Wettbewerb mit anderen Weltregionen eine Pionierrolle in der bestmöglichen Entfaltung des Potenzials des Menschseins wahrzunehmen. Unser spezifischer Denkansatz ist dabei die Idee der Menschenwürde, umgesetzt in der [...] immer wieder neu auszutarierenden Balance zwischen der Freiheit des Einzelnen und seiner Verantwortung für seine Mitmenschen.« (Ebd.: 95)

Papst Franziskus betrachtet ein Mindestmaß an Menschlichkeit als Voraussetzung für ein Ende des Ukrainekrieges: »Während ich den Ausdruck meiner tiefen Zuneigung zu dem gemarterten ukrainischen Volk erneure und für alle bete, insbesondere für die vielen unschuldigen Opfer, flehe ich um die Wiederherstellung jenes Mindestmaßes an Menschlichkeit, das die Voraussetzung für eine diplomatische Lösung auf der Suche nach einem gerechten und dauerhaften Frieden schafft.« (Franziskus 2024)

In einer Welt, in der der Mensch von Gefahren umstellt ist, wird Menschlichkeit zum zentralen Maß progressiver, also nicht zuletzt sozialistischer

Politik. Dies zu betonen ist deshalb ein konzeptioneller Gewinn, weil auf diese Weise der gemeinsame innerste Kern aller progressiven Politik deutlich gemacht wird: *Der Mensch selbst wird unmittelbar zum Maß seines eigenen Handelns*. Jede wichtige politische Entscheidung ist daran zu messen, was sie für die betroffenen Menschen bedeutet, welche Folgen sie vor allem für die Benachteiligten in der Gesellschaft hat.

Alle wichtigen Prozesse in unserer Welt sind durch die Brille ihrer Wirkungen auf die Menschen zu betrachten. Krieg bringt Soldaten und Zivilisten den Tod. Er zerstört die Wohnung von Frauen und Männern und Kindern. Kranke verlieren durch Bomben ihre Kliniken, Kinder ihre Kindergärten. Menschen in armen Ländern verhungern, wenn der Krieg Getreide- und Düngemittelexporte einschränkt und wenn Spekulanten dies für Preissteigerungen auf den Weltmärkten nutzen. »Kognitive Kriegsführung« vernebelt die Köpfe von Millionen Bürgerinnen und Bürger in den beteiligten Staaten. Krieg ist antihuman.

Menschlichkeit in großen und kleinen Fragen zum Kriterium individueller und kollektiver Entscheidungen zu machen – das ist das dringliche Gebot unserer Zeit. Das spricht und schreibt sich leicht. Aber es bedeutet, perspektivisch mit dem gegenwärtig dominierenden Maß des Profits, der Herrschaftssicherung und der imperialen Ausweitung von Machtsphären brechen zu müssen und den Weg dahin schon heute zu bahnen.

Zunächst bedeutet das auch für die plurale Linke, Prinzipien eigenen Handelns darauf zu überprüfen, ob sie dem Maß der Menschlichkeit entsprechen oder mit ihm häufig erst dringlich in Übereinstimmung gebracht werden müssen. Entsprechen Entscheidungen jeweils der Würde und dem Wohl der von ihnen betroffenen Menschen?

Ein Beispiel: Als im Deutschen Bundestag über den Einsatz von Bundeswehrflugzeugen zur Rettung von afghanischen Hilfskräften der ausländischen Truppen entschieden wurde, stimmte nur ein Teil der Parlamentsfraktion der LINKEN dem Einsatz zu. Der größere Teil enthielt sich der Stimme, und einige Abgeordneten lehnten ihn ab. Im Resultat war ihnen das Prinzip, Bundeswehreinsätze im Ausland grundsätzlich abzulehnen, wichtiger als das Leben der bedrohten Menschen.

Dass der Mensch das Maß aller Entscheidungen sein muss, entzog sich in dieser Frage ihrem Blick. Die grundsätzlich richtige Überzeugung, dass kein Problem militärisch zu lösen ist, kollidierte mit dem moralischen Gebot, bedrohten Menschen beizustehen, womöglich sogar ihr Leben zu retten. In solchen Fällen, die beispielsweise auch friedenssichernden Blauhelmeinsätzen zugrunde liegen, muss das Prinzip menschengerecht verstanden und angewendet werden. Es gibt kein davon abgespaltenes abstraktes Prinzip.

Ein umstrittenes Beispiel für die Kompliziertheit von Abwägungen, wenn es um Grundprinzipien und menschengerechtes Handeln geht, ist die Haltung zu Waffenlieferungen an die Ukraine. Im Verteidigungskrieg gegen den russischen Aggressor gebührt der ukrainischen Bevölkerung weitgehende Solidarität. Auch Unterstützung durch Waffenlieferungen fordert die Ukraine ein. Aber wenn die Waffenhilfe dazu beiträgt, statt einen Verhandlungsfrieden einen Siegfrieden erkämpfen zu wollen, wenn sie statt zu Kompromissangeboten zur Kriegseskalation beiträgt und die Zahl der Menschenopfer in grauenhafte Höhe treibt, schlägt das Prinzip der Solidarität in eine nicht verantwortbare Verletzung des Gebots der Menschlichkeit um.

Zum ureigenen Profil linker Kräfte gehört, die Abhängigkeit human orientierter Politik von den ökonomischen Eigentums- und Machtverhältnissen deutlich zu machen. Im Mainstreamdenken ist die Ansicht verbreitet, dass die Moral von Unternehmern und Managern bereits entscheidend für den sozialen und ökologischen Wandel der Gesellschaft sei (siehe Kapitel 3.7). Dieser subjektive Faktor hat in der Tat eine enorme Bedeutung. Wo die organisierte politische Linke überhaupt gesellschaftliches Gewicht hat, sollte ihre Bündnispolitik offen bis in problembewusste Teile der Machteliten sein (Klein 2019). Aber selbst eine subjektiv philanthropische Einstellung von Führungspersönlichkeiten in Großbanken und Industriekonzernen löst sie nicht aus den Zwängen weltwirtschaftlicher Verdrängungskonkurrenz heraus, befreit sie nicht aus dem Handlungsdruck auf den internationalen Finanzmärkten, nicht aus deren kurzfristigem Diktat – selbst wenn Einsichten in langfristige Prozesse dagegen stehen. Die Eigentums- und Machtstrukturen bestimmen das Handeln der in sie Eingebundenen.

Wiederum gilt allerdings: So einfach sind die Verhältnisse nicht. Sie sind geprägt von Widersprüchen. Wenn die Grundstrukturen des Kapitalismus selbst auf dem Spiel stehen, wenn sogar die Menschheit selbst und mit ihr der Kapitalismus gefährdet sind, wenn zumindest die Verwertung des Kapitals akut bedroht ist, können weitsichtige Reformfraktionen im herrschenden Block einen systeminternen Wandel durchsetzen. So geschah es, als die USA unter Präsident Roosevelt auf die Weltwirtschaftskrise 1929/32 mit dem Übergang von einem privaten Raubtierkapitalismus zu einem – in begrenztem Maße – sozialstaatlich regulierten Kapitalismus reagierten. Als durch den Faschismus in Deutschland und anderen Staaten die menschliche Zivilisation selbst in Gefahr war, entschied sich die Elitenfraktion um Roosevelt sogar für eine Allianz mit der ihr verhassten Sowjetunion gegen Hitler. Als in den 1980er-Jahren die Welt an den Rand eines Atomkrieges geraten war, setzten sich innerhalb der US-Machteliten die »Tauben« gegen die »Falken« durch, und es kam zu Rüstungskontroll- und Abrüstungsverträgen. Allerdings geschah dies beim Übergang zum New Deal unter dem Druck militanter Teile der Arbeiterschaft und der aufbegehrenden verzweifelten Arbeitslosen. Zu den Ost-West Friedensverhandlungen von der Mitte der achtziger bis zur Mitte der Neunzigerjahre trug der Druck der Friedensbewegung bei. Heute sind die alternativen Kräfte in der Defensive.

Gegenwärtig überlagert die Konfrontation mit Putins Regime die Differenzen innerhalb des kapitalistischen Marktblocks und die Klassengegensätze in der westlichen Welt. Aber die globalen Gefahren, die die Menschheit und ihre kapitalistische Daseinsweise bedrohen, wirken weiter. Umweltkrisen, Folgen globaler militärisch untersetzter Geopolitik, das in der Armut wurzelnde Empörungspotenzial und die Aushöhlung der Demokratie auch in den Metropolen des Kapitals werden zur Mobilisierung von Gegenakteuren führen. Dann könnten unter ihrem Druck erneut progressive Transformationsprozesse in Gang geraten.

Das Politikmuster imperialer Machtkämpfe bis hin zu Kriegen muss umgekehrt werden. Auf die Agenda der Vernunft gerät mit erneuter äußerster Dringlichkeit die Herausforderung, die schon in den 1970er und 1980er-Jahren virulent war, »dass an die Stelle der Doktrin von gegenseitiger Abschreckung etwas anderes tritt. Unsere Alternative lautet: gemeinsame Sicherheit. [...] Beide Seiten müssen Sicherheit erlangen nicht vor dem Gegner, sondern gemeinsam mit ihm.« So wurde im Palme-Bericht von 1982 formuliert (Palme-Kommission 1982: 12).

Der alle Vernunft übertönende Sound der Zeit klingt leider anders. Er ist die ideologische Begleitmusik zu einer großen Begräbniszeremonie, die mit dem Ukrainekrieg einhergeht. Alle Reste der Vorstellung von Gemeinsamer Sicherheit als Überlebenskonzept für die Menschheit sollen begraben werden – wenn es nach den bestimmenden Meinungsmachern ginge.

Deshalb betonten die Unterzeichneten eines von Alice Schwarzer initiierten offenen Briefes an Bundeskanzler Scholz zwei Grenzlinien, die nicht überschritten werden dürften. Die erste Grenzlinie: »Die Lieferung großer Mengen schwerer Waffen allerdings könnte Deutschland selbst zur Kriegspartei machen. Und ein russischer Gegenschlag könnte so dann den Beistandsfall nach dem NATO-Vertrag und damit die unmittelbare Gefahr eines Weltkrieges auslösen. Die zweite Grenzlinie ist das Maß der Zerstörung und menschlichen Leids unter der ukrainischen Zivilbevölkerung. Selbst der berechtigte Widerstand gegen einen Aggressor steht dazu in einem unerträglichen Missverhältnis.« (www.emma.de/thema/der-offene-brief-kanzler-scholz-339507)

In den letzten Jahrzehnten des vergangenen Jahrhunderts hatte sich der Zivilisationsprozess solcher Art Einsichten erheblich angenähert, als die Idee Gemeinsamer Sicherheit entstand und Einzug in die Realpolitik zu halten begann. Von der Dringlichkeit einer Wiedererweckung der Politik Gemeinsamer Sicherheit handelt das folgende Kapitel.

Kapitel 1
Für eine Renaissance Gemeinsamer Sicherheit!

1.1 Gemeinsame Sicherheit gegen Ende des vergangenen Jahrhunderts. Fragen im Heute

Die Kluft zu damals

Bis an den Rand eines Weltkrieges hatten die Berlin-Krise 1961 und die Kuba-Krise 1962 geführt. Als die Sowjetunion auf die Stationierung von amerikanischen nuklearen Mittelstreckenraketen in Großbritannien, Süditalien und der Türkei mit der Dislozierung atomarer Mittelstreckenraketen auf Kuba antwortete, wurden im Beraterstab Präsident Kennedys, im Executive Committee, in Erwartung eines möglichen sowjetischen Angriffs ein atomarer Schlag gegen Kuba, zumindest eine Seeblockade und ein Luftangriff auf die Insel erwogen. Am 27. Oktober war die Welt um Stunden von einem Nuklearkrieg entfernt. In letzter Minute konnte ein Kompromiss gefunden werden. Die sowjetischen Raketen wurden abgezogen, die USA gaben ein Nichtangriffsversprechen gegenüber Kuba ab und verpflichteten sich zum Abbau ihrer Jupiter-Raketen in der Türkei. Dieser Schritt der USA wurde geheim gehalten, um ihn für Kennedy zu erleichtern. Die Diplomatie siegte für einen historischen Moment über Waffen und öffentliches Medienspektakel.

Aber in der Folgezeit wechselten Entspannungsschritte (Atomteststopp-Abkommen 1963, Eröffnung der SALT-Gespräche 1969, Beginn des KSZE-Prozesses) und Verstärkung des Kalten Krieges (Krieg der USA gegen Vietnam 1965–1973, sowjetischer Einmarsch in Afghanistan 1979, qualitative Entwicklung der Kernwaffen, NATO-Beschluss über Stationierung von Mittelstreckenraketen in Westeuropa 1979). Mit seiner Star-Wars-Rede am 23. März 1983 startete US-Präsident Reagan offiziell die Strategische Verteidigungsinitiative (SDI/Strategic Defense Initiative). SDI wurde in der Kombination mit weltraumgestützten Offensivwaffen als Abwehrschirm gegen sowjetische Interkontinentalraketen vorgesehen. Aber die Verwirklichung des SDI-Programms hätte mit der Beseitigung einer wechselseitig gesicherten Zweitschlagsfähigkeit das seit Jahrzehnten existierende Gleichgewicht des Schreckens aufgehoben. Die Sowjetunion wäre versucht gewesen, durch einen eigenen atomaren Erstschlag der Einsatzfähigkeit von SDI zuvorzukommen.

Worauf es hier ankommt: Jahrzehnte hindurch war im Kalten Krieg die Gefahr eines Nuklearkrieges gewachsen. Reagan hatte in seiner ersten

Amtsperiode den »Krieg gegen das Reich des Bösen« ausgerufen. Die Verschärfung des Ost-West-Konflikts erreichte immer neue Höhepunkte. Aber mitten in dieser dramatischen Gefahrenlage fanden verantwortungsvolle Politiker*innen und Wissenschaftler*innen die Kraft, gegen die vorherrschenden bellizistischen Anschauungen und Praxen ein »Neues Denken« hervorzubringen und ihm Einfluss in der Politik zu verleihen. Als mit der Infragestellung des Gleichgewichts des Schreckens sogar die Angst vor dem Krieg zu versagen drohte, schrieben Egon Bahr und Dieter S. Lutz: »Man kann Angst haben, ob die Angst weiterreicht. [...] Gemeinsame Sicherheit versteht sich als politisches Denken des atomaren Zeitalters in der Einsteinschen Dimension.« (Bahr/Lutz 1986: 15) Mit dem Konzept der Gemeinsamen Sicherheit trat die einzig mögliche Alternative zum Denken in Kategorien der Hochrüstung, Kriegsdrohung und Kriegsführung in die Welt. Bahr schrieb: »Es ist ein politischer, fast philosophischer Vorgang, eine Veränderung des Denkens, die in den Abkommen von Wladiwostok zwischen Nixon und Breschnew schon einmal den historisch richtigen Ansatzpunkt gefunden hatte. Rücksicht, Mäßigung und Kooperation waren und bleiben dafür Stichworte.« (Ebd.: 23) Was für eine Kluft zwischen solcher kritischen Vernunft und der gegenwärtigen Unsicherheitspolitik nach dem Muster »Sieg auf dem Schlachtfeld und keine Widerworte!« Denn genau dies ist das dominante Credo auf beiden Seiten des Krieges in der Ukraine.

In einem Band mit dem programmatischen Titel »Perspektiven nach dem Ukraine- Krieg« haben prominente Autoren eine »strategische Ratlosigkeit« (Weidenfeld 2022: 99) in der Bundesrepublik konstatiert. »Keine strategische Kultur« zu haben, beklagt Ex-Brigadegeneral Erich Vad (Vad 2022: 73). Henry Kissinger, früherer Außenminister der USA, Präsidentenberater und Stratege des Kalten Krieges, mahnte in einem Interview für das Wall Street Journal vom 15. August 2022: »Wir stehen am Rande eines Krieges mit Russland und China in Fragen, die wir zum Teil selbst verursacht haben; ohne eine Vorstellung davon, wie das Ganze enden wird und wozu es führen soll.«

Im Juni 2023 hat die Bundesregierung jedoch eine »Nationale Sicherheitsstrategie« beschlossen (Deutscher Bundestag 2023). Sie soll »zur Weiterentwicklung der strategischen Kultur in Deutschland beitragen und Ausgangspunkt für eine gesellschaftliche Debatte sein.« So wird dort proklamiert. Die Friedensbewegung und als ihr Teil die plurale Linke sollten ihren Hut in die Arena der Kämpfe um Strategien gegen die globalen Gefahren im 21. Jahrhundert werfen.

Im Konzept der Bundesregierung »Integrierte Sicherheit für Deutschland« wird Sicherheit umfassend verstanden. Als Schutz vor Kriegen, als innere Sicherheit zur Verteidigung »unserer Interessen und Werte« und als

Bewahrung unserer natürlichen Lebensgrundlagen. Ob »unsere Interessen« gleichermaßen die des Kapitals und der 14,2 Millionen in Armut oder von Armut bedroht Lebenden in Deutschland sind, mag bezweifelt werden. Solche Fragen werden in der Nationalen Sicherheitsstrategie nicht gestellt. Aber dass im Angesicht von tiefen Mehrfachkrisen menschliche Sicherheit Umfassende Sicherheit sein muss, ist richtig. Das hatten Egon Bahr und Dieter S. Lutz, Olof Palme, Willy Brandt und Gro Harlem Brundtland schon in den 1980er-Jahren gewusst und in praktische Politik umgesetzt.

Ist die neue »Nationale Sicherheitsstrategie« für Deutschland also die überfällige, der Größe der Gefahren für die Menschheit angemessene Korrektur der Strategiedefizite deutscher Regierungspolitik? Trotz ihrer komplexen Anlage, trotz einzelner sinnvoller Reformansätze: Sie ist es nicht! Sie geht im Kern fälschlich davon aus, dass die »freiheitlich-demokratische Grundordnung« im Westen die Lösung der Menschheitsprobleme bereits verkörpert. Die Bedrohung des Friedens und der Sicherheit durch Russland wird nicht als Teil erbitterten Kampfes um die Weltordnung verstanden, in dem Russland um die Wiedergewinnung imperialer Macht ringt und die USA an ihrem unipolaren Vormachtanspruch festhalten. Die Vereinigten Staaten verfolgen im Ukrainekrieg das Ziel, Russland dauerhaft als geostrategische Macht auszuschalten. Sie wollen den Rücken dafür frei bekommen, China an einem Aufstieg zu Augenhöhe mit den USA zu hindern. Dazu ist in der neuen Sicherheitsstrategie nichts zu finden.

Vor allem aber, die neue Sicherheitsstrategie bleibt vorrangig »glaubhafter nuklearer Abschreckungsfähigkeit« verhaftet. Als Eckpunkte werden genannt: »nukleare Teilhabe Deutschlands« auch weiterhin und Bereitstellung von Trägerflugzeugen für Atombomben, »militärische Präsenz gezielt im Bündnisgebiet in Einklang mit den NATO-Planungen ausbauen«, »als logistische Drehscheibe im Zentrum der Allianz« funktionieren, »besondere Verantwortung für die Aufstellung der schnell verlegbaren Einsatzkräfte der EU übernehmen«, »in unsere Wehrhaftigkeit investieren«. Und das Ganze nicht zu bescheiden: »Global bleibt auch der Indopazifik für Deutschland und Europa von besonderer Bedeutung.«

Diplomatische Lösungen, vertrauensbildende Maßnahmen, Anerkennung gegnerischer Interessen, Kompromisssuche in Verhandlungen, Respektierung roter Linien, Vermeidung von Anlässen zu Fehlwahrnehmungen auf der anderen Seite bestimmen nicht den Geist der Neuen Sicherheitsstrategie der Bundesregierung.

In dieser Lage bietet sich den für Waffenstillstand und Friedensverhandlungen engagierten Kräften an, sich auf die in den 1980er-Jahren entwickelte politische Konzeption Gemeinsamer Sicherheit zu besinnen.

Gemeinsame Sicherheit war im letzten Viertel des vergangenen Jahrhunderts nicht allein eine orientierende Losung, sie war eine Doktrin mit ausgearbeiteten Strukturelementen und praktischer Wirkung. Sie hat die Potenz einer Jahrhundertstrategie.

Der doppelgesichtige Gott Janus galt in der römischen Mythologie als Wächter der Himmelspforte, der die Angeln des Weltalls bewegen konnte. Der Sage nach war er für das Aufschließen des Himmels und für das Schließen des Tores zum Himmel zuständig. In verschiedenen Darstellungen in den bildenden Künsten erscheint er daher mit einem Schlüssel in der Hand. Als Schlüssel zum Frieden darf heute die Renaissance der Doktrin Gemeinsamer Sicherheit angesehen werden. Die mit ihr eröffneten Chancen der Friedensstiftung auszuschlagen, käme der Schließung des Tors zum Frieden gleich. Janus war der Gott der Dualität. Zeitgemäß interpretiert geht es um Eröffnung oder Verspielen von Friedenschancen. Die Gefahr ist groß, dass die Herrschenden von heute vorrangig das Zuschlagen von Toren zu Gemeinsamer Sicherheit im Sinn haben. Der Doppelgesichtige hatte dagegen Alternativen im Angebot.

Im herrschenden gegenwärtigen Diskurs lauten dagegen die Stichworte: Mehr Feindbilder, mehr Rüstung, mehr Waffenlieferungen, mehr diplomatische Abstinenz, mehr Verdächtigung aller, die zur Mäßigung aufrufen. Von einem Sicherheitskonzept, in dem der damalige Stand der Arbeit an Gemeinsamer Sicherheit den veränderten Bedingungen gemäß aufgehoben wäre, kann keine Rede sein. Kritische Intellektuelle sind zurzeit fern von einer Verständigung über ein solches Projekt. Mobilisierende Gewerkschaften und soziale Bewegungen – bei allem Respekt für die Friedensbewegung – weit zurück im Vergleich zu jener eine Million Amerikanerinnen und Amerikaner, die am 12. Juni 1982 unter der Losung »No Nukes Rally« auf die Straße gingen, zu den rund 400.000 Demonstranten im Bonner Hofgarten und den 50.000 Protestierenden in Berlin zur gleichen Zeit gegen die Stationierung von Mittelstreckenraketen in West- und Ostdeutschland.

Hier wird die Auffassung vertreten, dass Gemeinsame Sicherheit noch immer die einzige Alternative zu imperialen Machtkämpfen, zum Rüstungswettlauf und auch zum Krieg in der Ukraine ist. Deshalb wird dieses Konzept, das aus der gegenwärtigen öffentlichen Diskussion weitgehend verdrängt worden ist, in Erinnerung gerufen. Ihm erneut Geltung in der Politik zu verschaffen, ist eine erstrangige politische, geistige und kulturelle Herausforderung für alle humanistischen Kräfte.

Gemeinsame Sicherheit und Zivilisationsprozess

In den gegenwärtigen Diskursen erscheint Gemeinsame Sicherheit bestenfalls als eine kurze Episode innerhalb permanenter gemeinsamer Unsicherheit. Allerdings werden Gegenstimmen vernehmbarer. Michael Müller, Peter Brandt und Reiner Braun haben ihrem Buch über Ukrainekrieg und Klimakrise den Titel »Selbstvernichtung oder Gemeinsame Sicherheit« gegeben (Müller/Brandt/Braun 2022). Albrecht von Müller knüpft in seinem Beitrag »Strukturelle Stabilität für Europa« ausdrücklich an dem »alten neuen Denkansatz« struktureller Nichtangriffsfähigkeit an, einer der Leitideen im Konzept Gemeinsamer Sicherheit (von Müller 2022: 86–92). Erhard Crome schrieb ein Buch über »Die ungeliebte Alternative. Rückbesinnung auf friedliche Koexistenz« (Crome 2021). Walter Baier und andere sehen in ihrem Buch »Krieg bis zur Erschöpfung« Gemeinsame Sicherheit als einzig möglichen Ausweg aus der Sackgasse des Krieges (Baier/Brandt/Henken/Majd-Amin/Wahl 2023). Hajo Funke gab seinem Ukrainebuch den Titel: »Verhandeln ist der einzige Weg zum Frieden« (Funke 2023). Der von Peter Brandt, Reiner Braun, Reiner Hoffmann und Michael Müller initiierte »Aufruf Frieden schaffen«, der ausdrücklich an der Idee der Gemeinsamen Sicherheit anknüpft, wurde von führenden Gewerkschaftsfunktionären, von bekannten Wissenschaftlerinnen und Wissenschaftlern, früheren Ministerinnen und Ministern und Hunderten weiteren Persönlichkeiten unterzeichnet (Berliner Zeitung 1. August 2023). Doch im herrschenden Diskurs wird Gemeinsame Sicherheit seit dem russischen Angriffskrieg gegen die Ukraine bestenfalls als eine Illusion hoffnungslos weltferner Pazifisten dargestellt.

Eine historisch fundierte Einordnung dieses Konzepts und entsprechender Politik wurde in den Diskussionen der 1980er-Jahre über Gemeinsame Sicherheit formuliert. Damals wurde ein Bezug dieses Konzepts zur Verteidigung menschlicher Zivilisation gegen ihren Niedergang hergestellt. Hanne-Margret Birkenbach beispielsweise schrieb in dem von Egon Bahr und Dieter S. Lutz herausgegebenen Band »Gemeinsame Sicherheit. Dimension und Disziplinen«: »Etwa zur gleichen Zeit wie Sigmund Freud entwickelte Norbert Elias seine Theorie über den Wandel der Affekte und die Möglichkeiten einer humanistischen Affekttransformation [...] Weil derjenige in seiner Existenz bedroht wäre, der spontanen Affekten nachgibt, und derjenige im Vorteil, der seine Affekte zu dämpfen vermag, wird jeder Einzelne von klein auf dazu gedrängt, die Wirkungen seiner Handlungen oder die Wirkung der Handlungen von anderen über eine ganze Reihe von Kettengliedern hinweg zu bedenken. Die Heranwachsenden [...] bilden eine Kompetenz heraus, dass der Gebrauch physischer Gewalt unterbleiben kann.« (Birkenbach 1987: 250)

Die zivilisationstheoretischen Arbeiten von Norbert Elias und die tiefenpsychologischen Ansätze Sigmund Freuds können so verstanden werden, dass die Chancen für eine Politik Gemeinsamer Sicherheit mit dem progressiven Wandel sozialer Verhältnisse wachsen – nicht zuletzt in Wechselwirkung mit der Disposition der Individuen zu friedfertigem Verhalten. Der starke Einfluss bellizistischer Kräfte auf das öffentliche Bewusstsein verweist aber auch auf Gegendispositionen. Also darauf, dass Gemeinsame Sicherheit geistige und moralische Kämpfe um die mentale Verfasstheit der Individuen und um die Gestaltung der gesellschaftlichen Verhältnisse, die das Handeln der Einzelnen beeinflussen, einschließt. Zu diesem Prozess gehört das Engagement dafür, politische Entscheidungen zunehmend an der Menschlichkeit ihres Gehalts zu orientieren: Dient eine Entscheidung dem Erhalt des Lebens, der Persönlichkeitsentfaltung der Menschen, ihrer Menschenwürde? Oder geht ein solches Maß in Gewaltexzessen bis zu Kriegen und in der Zerstörung der Umwelt unter? Hier im Prolog lautete der Befund:

> Der Krieg in der Ukraine und der Gazakrieg sind zusammen mit der Klimakrise ein Signal dafür, dass sich die Menschheit erneut in einer Entscheidungssituation befindet: Aufstieg oder Niedergang der Zivilisation.

Das Plädoyer zur Wiedergewinnung des Rahmens Gemeinsamer Sicherheit für die Sicherheitspolitik heute steht in totalem Widerspruch zur herrschenden Diktion im öffentlichen Diskurs: dass Putin nur durch kompromisslose Härte und Waffengewalt in die Knie gezwungen werden kann, nur durch militärischen Sieg, nur auf einem Weg, den Millionen Menschen durch Tod, Verletzungen und Verlust elementarer Lebensbedingungen als unmenschlich erfahren. Die hier vertretene Besinnung auf Gemeinsame Sicherheit bedarf angesichts solcher Polarisierung von Standpunkten sorgfältiger Neubegründung unter Beachtung der gegenwärtigen Bedingungen für Friedens- und Sicherheitspolitik.

> Hier erfolgt deshalb eine Rekonstruktion des Diskurses zu Gemeinsamer Sicherheit im letzten Viertel des vergangenen Jahrhunderts, verbunden mit der Fragestellung, ob dieses Konzept auch unter den seitdem weitgehend veränderten Konditionen Gültigkeit behalten kann.

Als Egon Bahr, sein Stellvertreter am Hamburger Institut für Friedens und Konfliktforschung Dieter S. Lutz und andere Hamburger Friedensforscher und Friedensforscherinnen gestützt auf vergangene Überlegungen vor allem in der SPD in den 1980er-Jahren eine von der Palme-Kommission aufgegriffene Strategie der Gemeinsamen Sicherheit entwickelten, geschah dies im Angesicht akuter Atomkriegsgefahr. Die beiden atomaren Supermächte hatten die Fähigkeit zu wechselseitiger Vernichtung entwickelt.

Abkehr von dieser gemeinsamen Gefahr für die ganze Menschheit sahen Bahr und die mit ihm verbundenen Friedensforscher in der Situation äußerster Zuspitzung der Blockkonfrontation darin, den potenziellen Gegner als Partner anzuerkennen. Aber ist das nach dem Aggressionskrieg Putins noch denkbar? Gilt denn noch: »Sicherheit ist nicht mehr gegen- sondern nur noch miteinander zu haben«, wie Lutz schrieb (Lutz 1986: 32). Kann noch gelten: »In der Logik Gemeinsamer Sicherheit liegt die Betonung des ›Miteinander‹«, wenn ukrainische Städte erbarmungslos zerschossen werden, wenn auf den barbarischen Überfall der Hamas auf Israelis mit einem Blutmeer im Gazastreifen geantwortet wird? Ist es realistisch, eine Politik Gemeinsamer Sicherheit sowohl von der NATO als auch von Russland zu fordern – angesichts der rücksichtslosen und unberechenbaren russischen Aggression und im Wissen über vorangegangene imperiale Kriege der USA und ihrer Verbündeten und um die Kündigung von Rüstungskontroll- und Abrüstungsverträgen? Beide Seiten wollen Sieg gegeneinander, zu erzwingen mit Waffen. Außenministerin Baerbock erklärte in der Talkshow von Markus Lanz am 1. Juni 2022: »Die Ukraine muss den Krieg gewinnen.« Pentagonchef Lloyd Austin proklamierte auf dem Treffen der NATO-Verteidigungsminister vom 26. April 2023 in Ramstein, Rheinland-Pfalz, als strategisches Ziel in der Ukraine deren militärischen Sieg mit westlicher Hilfe.

Kurz, mit der wortbrüchigen russischen Führung könne es keine Politik Gemeinsamer Sicherheit geben. Solche Überlegung ist nicht neu. Schon Ronald Reagan hatte die damalige Sowjetunion als »Reich des Bösen« ausgemacht, gegen das es nur eine Chance gebe: überlegene Waffen und atomare Abschreckung. Schon damals wurde diese Haltung von kritischen Friedensforscherinnen und Friedensforschern beschrieben und hinterfragt: »Wie soll – salopp formuliert – das selbst ernannte ›Reich des Lichts‹ mit dem ›Satan‹ eine Politik Gemeinsamer Sicherheit treiben? Mit Luzifer paktiert man nicht; man sorgt für seinen ›Höllensturz‹ « (Müller 1986: 167). Verwiesen wurde darauf, dass trotz dieser im Kalten Krieg vorherrschenden Anschauung auf westlicher Seite und trotz der sowjetischen Annahme grundsätzlicher Aggressivität des Imperialismus Rüstungskontroll- und Abrüstungsverhandlungen im Vertrauen auf die Rationalität der anderen Seite geführt wurden und wichtige Ergebnisse hervorbrachten. Sogar Ronald Reagan ließ sich in seiner zweiten Amtszeit als US-Präsident auf Abrüstungsverhandlungen mit der Führung der Sowjetunion ein.

Heute jedoch sind Rüstungskontrolle oder gar Abrüstung in weite Ferne gerückt. Heute wird Sicherheit von mehr Rüstung und mehr Abschreckung erwartet. Die Irrationalität Putins schließe alles andere aus. Jedoch: Egon Bahr hatte argumentiert, dass selbst die atomare Abschreckung auf der Annahme beruht, der Gegner werde in letzter Instanz rational handeln. »Abschreckung besagt nämlich: der Gegner, so böse er auch immer sein mag, ist vernünftig. Er lässt sich abschrecken.« (Bahr/Lutz 1986: 18)

> Selbst noch in der Abschreckungsstrategie steckt, der Gegenseite Rationalität zuzubilligen. Sonst hätte sie keinen Sinn.

Wenn dies aber zutrifft, folgt daraus, dass solche rationalen Elemente der Abschreckung Berührung zur Rationalität Gemeinsamer Sicherheit haben. Gemeinsame Sicherheit wird zu einer Option gegenwärtiger Politik, obwohl es bis zu ihrer Durchsetzung ein weiter Weg sein wird. Die in ihr vorausgesetzte Rationalität des Gegners wird auch in der Abschreckungsdoktrin angenommen, ist also nicht allein der Idee Gemeinsamer Sicherheit zuzuschreiben. Die Unsicherheit über das Maß von Rationalität und Irrationalität beim Gegner ist eine Schwachstelle beider Doktrinen, sowohl der Gemeinsamen Sicherheit als auch der Abschreckung. Sie liefert keinen logischen Grund für die Ablehnung gerade von Gemeinsamer Sicherheit mit der Begründung, nur sie sei eine Illusion.

Gründe für Gemeinsame Sicherheit damals und heute

Zunächst, der Urgrund für die Entstehung des Konzepts Gemeinsamer Sicherheit war die Drohung eines atomaren Krieges. Nicht auszuschließen war die Möglichkeit, dass konventionelle Kriege in einen Nuklearkrieg einmünden könnten.

> Die gemeinsame Bedrohung war entscheidend für die Idee und die Politik Gemeinsamer Sicherheit. Der Grundbefund, der auch heute für die Rückbesinnung auf Sicherheit mit dem Gegner statt gegen ihn spricht, lautet, dass die Gemeinsamkeit der Bedrohung nach wie vor und seit der Implosion des Staatssozialismus mehr denn je existiert.

Aus dem Unten der Gesellschaft betrachtet: Entscheidungen für Gemeinsame Sicherheit bedeuten, dass Millionen Frauen, Kinder und Männer davor bewahrt werden, ihr Leben, ihre Gesundheit und alle ihre persönlichen Hoffnungen zu verlieren. Es geht nicht um ein abstraktes Prinzip, es geht um das individuelle Schicksal von unzähligen einzelnen Menschen.

Damals, in den 1980er-Jahren, schrieb Egon Bahr über eine zweite auch heute überzeugende, mit der nuklearen Gefahr zusammenhängende Begründung für Gemeinsame Sicherheit: »Niemand kann mehr wie bisher in der Geschichte auf den Sieg hoffen, das heißt man kann nicht mehr vor dem Gegner, sondern nur noch mit dem Gegner Sicherheit erreichen.« (Bahr/Lutz 1986.: 18) Diese Einschätzung trifft auch für die Gegenwart zu. Daniela Dahn gab einem ihrer jüngsten Bücher daher den Titel: »Im Krieg verlieren auch die Sieger.« (Dahn 2022) Seit dem Vietnamkrieg haben die USA in keinem der von ihnen geführten Kriege dauerhaft gesiegt. Für die Sowjetunion wurde der Krieg in Afghanistan zu einem Menetekel ihres Niedergangs. Wer auch immer im Ukrainekrieg sich schließlich selbst den Sieg zuschreiben wird – schon heute steht fest, dass beide Seiten Verlierer sein werden. Schon allein, wenn die verheerenden Wirkungen des Krieges auf die Umwelt und auf die Psyche der Menschen in Rechnung gesetzt werden.

Russland hat Sanktionen des Westens provoziert, die seine überfällige wirtschaftlich-technische Modernisierung zunehmend erschweren und die russische Bevölkerung sozial für lange Zeit schwer belasten werden. Russlands geostrategisches Gewicht wird durch das – wenn auch widersprüchliche – Zusammenrücken der EU- und der NATO-Staaten, durch deren Erweiterung und durch eine internationale – wenn auch begrenzte – Isolierung Russlands erheblich geschwächt. Russland ist weit abhängiger von Technologieimporten als der Westen von russischen Energie- und anderen Rohstofflieferungen und bekommt dies gegenwärtig zu spüren. Nach dem Befund des ifo Instituts München ist »Russland eindeutig von der EU als Zulieferant und als Abnehmer abhängig, während Russland für die EU eine untergeordnete Rolle spielt« (ifo Institut 2021; zitiert nach: nd DIE WOCHE v. 5./6.2.2022). Der Krieg hat innenpolitisch autoritäre Herrschaftsformen verstärkt, die das kreative Potenzial des Landes beschneiden.

In der Ukraine sind große Teile der Wirtschaft und der Infrastruktur zerstört. Viele der Millionen Flüchtlinge werden wahrscheinlich im Ausland bleiben. Die ohnehin schwachen rechtsstaatlichen Ansätze, die Sozialgesetzgebung und das Arbeitsrecht wurden im Krieg stark geschwächt, rechte und nationalistische Kräfte dagegen gestärkt.

Die USA festigen im Krieg ihre Vormachtstellung in der westlichen Welt. Aber der Krieg verstärkt in großen Regionen der Erde, in denen die Mehrheit der Weltbevölkerung lebt, die Besinnung auf eigene Interessen an einer multipolaren Weltordnung ohne amerikanische Hegemonie.

Je länger der Krieg dauert, desto größer sind die Verluste aller Beteiligten und desto deutlicher wird, dass nur gemeinsame Friedenssuche einen

Ausweg eröffnet. Wer nicht nachhaltig siegen kann, muss sich irgendwann auf die Suche nach Interessenkompromissen einlassen.

Von unten betrachtet: Nicht nur kein Staat wird ohne schwere Verluste dastehen. Millionen einzelne Menschen werden die Verantwortlichen fragen, warum viele ihrer Lieben sterben und sie selbst leiden mussten, wenn niemand im Krieg gewinnen konnte – außer verantwortungslosen Machtpolitikern und Rüstungsprofiteuren.

Ein dritter Grund für Gemeinsame Sicherheit war gegen Ende des vergangenen Jahrhunderts bereits gravierend und ist es heute noch weit mehr: dass außer einem möglichen nuklearen Inferno andere globale Gefahren die Menschheit bedrohen, deren Charakter kategorisch grenzüberschreitende Kooperation erfordert. Gemeinsame Lösungen der globalen Probleme der Menschheit sind unumgehbar für ihr Überleben.

In seiner Begründung einer Politik Gemeinsamer Sicherheit mit Verweis auf die Atomkriegsgefahr hob Egon Bahr hervor, dass »daneben eine Umweltbombe tickt« (Bahr/Lutz 1986: 16). Die Klimakrise bedroht alle Völker der Welt, gleich unter welchen Verhältnissen sie leben. Kriege und Rüstung, Umweltkrisen, Armut und Hunger, Autoritarismus und Patriarchat, Pandemien und Terrorismus verstärken sich wechselseitig und werden nur durch gemeinsame kooperative Antworten zurückzudrängen sein. Deshalb war bereits in den 1980er-Jahren und ist erst recht heute eine Umfassende Gemeinsame Sicherheit das Gebot. Michael Müller, Peter Brandt und Reiner Braun verweisen daher wohlbegründet auf den engen Zusammenhang des Berichts der Palme-Kommission »Gemeinsame Sicherheit« von 1982 mit dem Nord-Süd-Bericht unter der Leitung Willy Brandts aus dem Jahre 1980 und mit dem Bericht zu Umwelt und Entwicklung »Unsere Gemeinsame Zukunft« von 1987 in der Verantwortung von Gro Harlem Brundtland.

Von unten betrachtet: Entscheidungen für Gemeinsame Sicherheit bedeuten, Hunderte Millionen einzelne Erdbewohner*innen vor der Unbewohnbarkeit ihrer Heimat, vor dem Verlust ihrer Habe durch Überschwemmungen und Feuersbrünste, vor Krankheiten aus Mangel an sauberem Wasser, vor Hunger durch Verluste an Tier- und Pflanzenarten zu retten.

Ein vierter Grund für Gemeinsame Sicherheit war – wie eben wiederholt betont – in den letzten Dekaden des vergangenen Jahrhunderts und ist heute noch weit mehr als damals, dass Krieg und Umweltkrisen die soziale Lage der Menschen verschlechtern. Das war zu allen Zeiten so. Heute jedoch führen veränderte Bedingungen dazu, dass dieser Zusammenhang noch schlimmere Wirkungen als seinerzeit hat. Der Übergang zur neoliberalen Gestalt des Kapitalismus kündigte sich in den 1980er-Jahren zwar bereits mit einem beginnenden Abbau von Sozialleistungen an, versprach aber noch neue Manövrierspielräume. Heute befindet sich der neoliberale Kapitalismus in einer tiefen Krise, die die Herrschenden zulasten der Bevölkerungsmehrheit überwinden wollen.

Weit fortgeschritten ist die Globalisierung, die internationale wirtschaftliche Verflechtung wird ausgeprägter, die Lieferketten komplexer. Die Folge ist, dass Störungen durch Kriege und Umweltkatastrophen umfassender und empfindlicher auf die Lage der Betroffenen durchschlagen – selbst in Ländern, die nicht unmittelbar am Krieg beteiligt sind. Der Krieg in der Ukraine mit der Folge des Ausfalls von Getreide- und Düngemittelexporten verstärkt den Hunger in einer Reihe afrikanischer Staaten.

Im Bundeshaushalt für 2024 wurde das Budget des Bundesministeriums für wirtschaftliche Zusammenarbeit und Entwicklung (BMZ) um 940 Millionen Euro auf 11,22 Milliarden gekürzt, die humanitäre Hilfe im Haushalt des Auswärtigen Amtes um rund 500 Millionen auf 2,23 Milliarden Euro. In den Jahren 2023 und 2024 wurden insgesamt für Entwicklungspolitik und humanitäre Hilfe 3,5 Milliarden Euro gestrichen. Das wird das Elend der Hungernden, Kranken und Flüchtlinge im Globalen Süden vergrößern. Krieg wird zu extremer Belastung der Staatshaushalte in den Krieg führenden Ländern, aber auch in Staaten, die durch Waffenlieferungen, Kriegskredite und andere Transfers in Kriege verwickelt sind. Sparprogramme und Kürzungen von Sozialleistungen für die eigene Bevölkerung sind die Antwort der Machteliten.

Für die Bevölkerung in Deutschland gehört zu den Kehrseiten der explodierenden Rüstungsausgaben, dass die Kindergrundsicherung von ursprünglich vorgesehenen 12 Milliarden Euro und nach Expertenschätzungen erforderlichen 24 Milliarden auf 2,4 Milliarden zusammengekürzt wird. Die durch den Ukrainekrieg angeheizte Inflation führte nach Angaben des Statistischen Bundesamtes im Jahr 2022 zu einer Senkung der Reallöhne in Deutschland um 4% im Vergleich zum Vorjahr. Die Klima- und Umweltkrise erfordert einen ökologischen Umbau, dessen Kosten die Machteliten ebenfalls auf die Mehrheit abzuwälzen versuchen. Die am Widerstand der Bevölkerung gescheiterte Absicht der Regierung, die energetische Gebäudesanierung mit einem Heizungsgesetz zu regulieren, das die Haushalte beim Einbau von Wärmepumpen mit 20.000 bis 50.000 Euro zu belasten droht, verweist auf die keineswegs abgewendete Härte kommender sozialer Belastungen.

Von unten betrachtet: Aus einem Gefühl für Menschlichkeit heraus wollen Menschen Frieden untereinander und mit der Natur. Aber sie wollen dies nicht zuletzt immer auch, weil jede und jeder Einzelne den Unsicherheiten unserer Zeit entgehen und in sozialer Sicherheit leben will.

Die Linke muss sich darauf einstellen, dass die sogenannten einfachen Leute auf der Straße die großen Probleme der Menschheit – Krieg und Umweltgefahren – stets durch die Brille ihres sozialen Alltags betrachten. Sie begegnen ihnen in Gestalt von steigenden Preisen und Mieten, von Sozialkürzungen, maroden Infrastrukturen und schweren Mängeln im Gesundheits- und Bildungswesen.

Die Linke muss auf den Zusammenhang von Krieg und Kosten der Umweltkrisen mit Sozialkürzungen in den Staatshaushalten durch die Regierungspolitik reagieren. Sie muss ihre Friedens-, Sicherheits- und Umweltpolitik mit Kämpfen gegen die Abwälzung der Kriegs- und Umweltlasten auf die Schwächeren in der Gesellschaft verbinden, mit einer Steuerpolitik, die die Reichen und Superreichen stärker belastet. Mit Forderungen nach einer Kompensation steigender Kosten umweltpolitischer Maßnahmen (zum Beispiel CO_2 Preiserhöhungen) durch Ausgleichszahlungen an einkommensschwächere Teile der Bevölkerung. Mit dem Engagement für die Deckelung der Mieten und für die Enteignung großer Wohnungskonzerne als Antwort auf deren Finanzialisierung.

> Es gibt keine Sicherheits-, Klima- und Umweltpolitik, die von der Linken nicht zugleich als Politik mit starken sozialen Dimensionen betrachtet werden müsste.

Das Konzept Gemeinsamer Sicherheit ist mit dem Ukrainekrieg nicht vom Tisch gefegt, so sehr dies auch in der Öffentlichkeit suggeriert wird. In den vergangenen Jahrzehnten auf Kooperation mit Russland und China gesetzt zu haben, gilt als Fehler, für den sich die Verantwortlichen zu entschuldigen hätten. Bundespräsident Steinmeier hat dies eilfertig bereits getan. »Die Zeit« kommentierte: »In Zeiten des Umbruchs scheint es als Zeichen von Aufrichtigkeit verstanden zu werden, wenn man seine Meinung ändert.« (Die Zeit vom 15.9.2022) Erst recht sollen gesellschaftskritische Kräfte allen Anwandlungen von Kooperation, noch existierenden Formen des Gesprächs und der Verständigung zwischen West und Ost abschwören. Mahner vor der Gefahr, dass die Lieferung schwerer Waffen an die Ukraine zur Eskalation des Krieges und in einen Atomkrieg führen könnte, die auf Verhandlungen und Diplomatie drängen, werden in den sogenannten sozialen Medien beschimpft und bedroht. Feindbilder erobern die Medien und bestimmen die politisch geistige Atmosphäre. Krieg in den Köpfen begleitet den Krieg auf den Schlachtfeldern. Erich Fried (2000: 100) hatte dagegen zu bedenken gegeben:

Weltfremd
Wer denkt
dass die Feindesliebe
unpraktisch ist
der bedenkt nicht
die praktischen Folgen
der Folgen
des Friedenshasses.

Aus allen diesen Erwägungen wird hier das in den 1970er- und 1980er-Jahren entwickelte Konzept Gemeinsamer Sicherheit in Erinnerung gerufen, das aus der gegenwärtigen öffentlichen Diskussion weitgehend verdrängt worden ist – und doch wieder zurückkehrt. Damals hat die Friedensforschung Beachtliches für dieses Konzept geleistet, viele Intellektuelle haben es aufgegriffen. Es hatte begonnen, die Politik der Machteliten zu beeinflussen. Henry Kissinger schrieb 1982 in seinen Memoiren: »Nach dem Zweiten Weltkrieg sind wir in das Nuklearzeitalter eingetreten, und jetzt riskiert ein Staatsmann nicht mehr nur seine Armeen, sondern seine ganze Gesellschaft und sogar die Existenz der Menschheit. Unser Gegner wurde damit in gewissem Sinne ein Partner in den Bemühungen um Abwendung eines Krieges mit Kernwaffen – dieser Aspekt wurde zum unverzichtbaren moralischen, politischen und strategischen Gebot.« (Kissinger 1981: 1144) Egon Bahr verwies darauf, dass Präsident Reagan sich in den 1980er-Jahren gedrängt sah zu fragen, ob die »Mutual Assured Destruction« durch eine »Mutual Assured Security« ersetzt werden könnte. Diese Formulierung Reagans hat sein Außenminister Schultz im Herbst 1985 so ausgedrückt: Ziel sei gleiche Sicherheit für beide Seiten. (vgl. Bahr/Lutz 1986: 19)

Helmut Schmidt plädierte als Bundeskanzler für eine Sicherheitspartnerschaft von Ost und West. In seiner Rede vor der ersten UN-Sondergeneralversammlung für Abrüstung vom 25. Mai 1978 erklärte er: »Was wir brauchen ist Partnerschaft. Sie muss aus der Erkenntnis entspringen, dass keiner alleine seine Sicherheit und seinen Frieden sichern kann.« (Schmidt 1978: 7) Zwischen der Bundesrepublik und der DDR bildete das Konzept Gemeinsamer Sicherheit die Grundlage für die Verhandlungen über eine von Kernwaffen und Chemiewaffen freie Zone in Mitteleuropa.

Die vom 27. Parteitag der KPdSU beschlossene Friedens- und Sicherheitspolitik entsprach weitgehend den Prinzipien Gemeinsamer Sicherheit. Sie war von einem »Neuen Denken« bestimmt. Michael Gorbatschow schrieb über diese Denkweise: »Das A und O des neuen Denkens ist die Anschauung, dass die allgemeinmenschlichen Werte, genauer gesagt das Überleben der Menschheit, über alles gehen.« (Gorbatschow 1987: 186) Nicht sozialistische Ideen über Klassenkampf und Verlauf der Geschichte, nicht »westliche Werte«, sondern die Bewahrung der Menschheit vor dem Untergang der Zivilisation in einem Nuklearkrieg oder durch die Zerstörung der Naturgrundlagen ihrer Existenz sollten die Politik bestimmen. Über die Positionen der sowjetischen Seite schrieb Egon Bahr, dass er bei seinen Besuchen in Moskau beeindruckt und erstaunt darüber gewesen sei, wie weit die Auffassungen dort mit dem Konzept Gemeinsamer Sicherheit übereinstimmten.

In der DDR bekräftigte ihr Staatsratsvorsitzender Erich Honecker im Rahmen eines Treffens mit Willy Brandt im September 1985: »Sicherheit ist im Zeitalter der Nuklearrüstung unteilbar. Ost und West sind heute in einer Sicherheitspartnerschaft miteinander verbunden, ob sie dies wollen oder nicht. Sicherheit lässt sich nur gemeinsam, nicht gegeneinander erreichen. Wir haben nur die Wahl, gemeinsam zu überleben oder gemeinsam unterzugehen, ob wir uns nun gefallen oder nicht.« (Honecker 1985: 298)

Es blieb nicht bei Deklarationen und Bekenntnissen. Das »Neue Denken« und Überlegungen in seinem Vorfeld brachten Rüstungskontrolle, Rüstungsbegrenzung und Abrüstungsschritte hervor. Dazu zählen:

- der Vertrag über das Verbot von Kernwaffenversuchen in der Atmosphäre, im Weltraum und unter Wasser (Atomtestabkommen) 1963,
- Vertrag zwischen den USA und der UdSSR zur Begrenzung von Raketenabwehrsystemen (ABM-Vertrag) 1972,
- die Biowaffenkonvention 1975,
- die SALT-I-Verträge über das Einfrieren der Zahl von landgestützten Interkontinentalraketen und von seegestützten ballistischen Raketen 1972,
- der Open Sky-Vertrag zwischen Staaten der NATO und des Warschauer Vertrags, der das Überfliegen ihrer Territorien und Lagebilder zwecks Vertrauensbildung ermöglichte, 1992,
- die SALT-II-Verträge zwischen der UdSSR und den Vereinigten Staaten über eine Obergrenze für die Zahl der nuklearen strategischen Trägersysteme und die Zahl der Mehrfachsprengköpfe pro Rakete 1979,
- der INF-Vertrag über die Vernichtung und das Verbot der Produktion von nuklearen Mittelstreckenraketen 1987,
- der START I-Vertrag über substanzielle nuklearstrategische Abrüstungsmaßnahmen 1991,
- der START II-Vertrag zur Deaktivierung aller landgestützten Interkontinentalraketen mit lenkbaren Mehrfachsprengköpfen 1993,
- der Vertrag über konventionelle Streitkräfte in Europa zwischen den Regierungschefs der NATO und des Warschauer Vertrages 1990,
- die Chemiewaffenkonvention über das Verbot chemischer Waffen 1993.

Nun aber soll der russische Angriffskrieg gegen die Ukraine alles Denken im Geist Gemeinsamer Sicherheit und alle praktischen Erfahrungen ausgelöscht haben. So wird uns suggeriert. Umso dringlicher ist es, in das öffentliche Bewusstsein zurückzuholen, was Gemeinsame Sicherheit bedeutet, was ihre Inhalte sind und die politischen Konsequenzen aus ihren Grundannahmen sein sollten.

1.2 Was ist Gemeinsame Sicherheit als Konzept und Politik?

1. Gemeinsame Sicherheit ist vor allem als Konsequenz aus der gemeinsamen Bedrohung durch die Möglichkeit eines Atomkrieges und als notwendige Antwort auf andere globale Gefahren zu verstehen.
2. Gegner von heute müssen sich als Partner von morgen verstehen, weil die Gefahren in der Welt gemeinsames Handeln erfordern.
3. Gemeinsame Sicherheit ist als Prozess zu begreifen.
4. Ideologische Unterschiede müssen der Sicherheit untergeordnet werden, dürfen also nicht im Namen eines Wertekrieges zur Feindschaft zwischen Staaten mit unterschiedlicher Verfasstheit der Gesellschaften und zu Versuchen eines Regimewechsels von außen führen.
5. Gemeinsame Sicherheit schließt ein, wechselseitig die Reform- und Friedensfähigkeit aller beteiligten Seiten anzunehmen.
6. Gemeinsame Sicherheit wird vor allem in Rüstungskontroll- und Abrüstungsprozessen Realität.
7. Strukturelle Nichtangriffsfähigkeit ist ein wesentliches Moment der Rüstungsbegrenzung und Gemeinsamen Sicherheit.
8. Gemeinsame Sicherheit nimmt in internationaler Kooperation Gestalt an. Vergesellschaftungsprozesse und Komplexität der globalen Menschheitsprobleme sind anders nicht zu bewältigen.
9. Gemeinsame Sicherheit erfordert eine neue friedensorientierte politische Kultur, eine moralische Revolution.

Gemeinsame Sicherheit als Konsequenz aus gemeinsamer Bedrohung

Gemeinsame Sicherheit war – wie hier bereits dargestellt – zunächst in erster Linie die Antwort auf die gemeinsame Bedrohung aller Völker und Staaten durch die Möglichkeit eines Atomkrieges. Bahr definierte: »Gemeinsame Sicherheit mit dem Anspruch, die politische Doktrin des atomaren Zeitalters zu sein.« (Bahr 1986: 24) Heute ist dies mehr denn je gültig, mehr denn je seit dem Ende des Kalten Krieges. Neu ist in unserer Zeit, dass die Bedrohung der menschlichen Existenz weit komplexer und akuter geworden ist als zur Zeit der Entstehung der Idee Gemeinsamer Sicherheit. Gemeinsame Sicherheit ist das Konzept für die kollektive Abwehr der heraufziehenden Klimakatastrophe, die Antwort auf das Artensterben, auf die Wasserkrise und alle anderen Dimensionen der Umweltkrise, auf die wachsende Kluft zwischen Reich und Arm in der Welt, auf Pandemien, auf die Erosion der Demokratie im Gefolge autoritärer Regime und des Rechtsextremismus. Alle diese miteinander verflochtenen Krisen sind nur gemeinsam zu überwinden.

> Gemeinsame Sicherheit heute muss den Anspruch einlösen, die politische Doktrin in einem Zeitalter der Bedrohung menschlicher Existenz durch die Verflechtung von globalen Großproblemen zu sein. Diese Bedrohung ist umfassend. Gemeinsame Sicherheit muss daher Umfassende Sicherheit sein.

Rüstung und Kriege sind starke Treiber des Klimawandels. Krieg feuert den Klimawandel an, indem er massenhaft Produktionsanlagen, Wohnsubstanz, materielle Infrastrukturen sowie militärische Kapazitäten zerstört und damit neuen Ressourcen- und Energieaufwand zum Ausgleich der vernichteten Potenziale nach sich zieht. Allein für den wirtschaftlichen Wiederaufbau der Ukraine hat ihre Präsidialadministration im Juli 2022 der ersten internationalen Wiederaufbaukonferenz in Lugano ein Dokument vorgelegt, nach dem für den Wiederaufbau bis zu 750 Milliarden US-Dollar veranschlagt werden (vgl. Härtel 2023). Josef Stiglitz, Nobelpreisträger und früher Chefökonom der Weltbank, und Linda Bilmes haben die Kriegs- und Kriegsfolgelasten des Irak-Kriegs allein für die USA, nicht für den mit Krieg überzogenen Irak selbst, auf rund 5 Billionen Dollar beziffert. (Stiglitz/Bilmes 2008)

Im Jahr 2021 wurden global erstmals mehr als 2 Billionen Dollar für militärische Zwecke aufgewendet und nachhaltiger Entwicklung entzogen. 2022 waren die weltweiten Militärausgaben nach Angaben des Stockholmer SIPRI-Instituts um 3,7% auf 2,24 Billionen angestiegen und wachsen noch weiter. Mehr noch, die Militärmaschinen rund um die Erde und insbesondere die der großen Militärmächte tragen selbst erheblich zur Zerstörung der Umwelt bei (Belcher 2019; Parkinson/Cottrell 2021, Wagner 2022: 199). Eine besonders perfide Gestalt der Naturzerstörung durch Krieg war der Einsatz von hochgiftigem Tetrachlordibenzodioxin (TCDD) unter dem Namen Agent Orange zur Entlaubung der Wälder in Südvietnam. Hunderttausende Vietnamesinnen und Vietnamesen erkrankten oder starben an Krebs, auch fast 200.000 US-Soldaten waren betroffen. Natur und Menschen werden noch Jahrzehnte an den Spätfolgen leiden. Das Gift wird über 100 Jahre in den Sedimenten eingelagert bleiben und während des Monsuns in Nahrungsmittelkreisläufe eindringen (Hanusch/Leggewie/Meyer 2021: 70f). Doch auch der »normale« Krieg hinterlässt in der Natur starke Langzeitschäden.

Panzer, Kampfflugzeuge und anderes Kriegsgerät verbrauchen für ihren Betrieb riesige Mengen Treibstoff mit entsprechend hohem Ausstoß von Treibhausgasen. Neta Crawford wies, wie Jürgen Wagner zitiert, darauf hin, dass die bei der Produktion von Waffen entstehenden Treibhausgase um das Fünf- bis Sechsfache über dem durch ihren Einsatz bedingten Ausstoß liegen (Crawford 2019). Nach Crawfords Berechnungen fallen 15% der in den USA verursachten Treibhausgase in der Rüstungsproduktion an.

Nach Angaben der deutschen Bundesregierung liegen die von der Bundeswehr verursachten Emissionen bei 1,71 Millionen Tonnen CO_2-Äquivalent (Wagner 2022: 199). Wagner verweist aber darauf, dass darin die bei der Produktion von Rüstungsgütern anfallenden Treibhausgase und die bei Auslandseinsätzen entstehenden Emissionen nicht enthalten sind.

In vielen Ländern der Erde nehmen sogenannte »neue Kriege« kein Ende. Das sind überwiegend innerstaatliche und innerregionale Kriege, hinter denen allerdings oft auch Interessen ausländischer, meist großer Mächte stecken. Merkmale solcher Kriege sind Entstaatlichung und Privatisierung kriegerischer Gewalt. Kriegsakteure sind nicht mehr allein staatliche Militärformationen, sondern Warlords, paramilitärische Einheiten von Söldnern, örtliche Milizen und kriminelle Banden. Sie werden von Staaten, transnationalen Unternehmen, Geheimdiensten, Großgrundbesitzern, Drogen-, Holz- und Menschenhändlern finanziert. Auftragnehmer für Militäraktionen sind oft Private Military Companies, d. h. private Militärunternehmen mit Milliardenumsätzen. Sie stellen beteiligten Kombattanten Militärpotenziale bis zu ganzen Privatarmeen als Söldnertruppen zur Verfügung. Militärische Gewalt ist zur Ware geworden. »Kriegsökonomien« haben sich zu einer oft verschwiegenen Seite der globalen Wirtschaftsordnung entwickelt, in der reguläre, kriminelle und Raubökonomien eng verflochten sind. Sie zerstören den sozialen Zusammenhang in Gesellschaften und führen zu skrupellosem Umgang mit der Natur. Failing States sind das Resultat. Jeder Ansatz von Demokratie bleibt dort auf der Strecke.

Nicht nur Krieg zerstört die Naturgrundlagen menschlicher Existenz. Zugleich vertiefen Klima- und Umweltkrisen soziale Not und Armut. Sie verschärfen soziale Konflikte, die in vielen Ländern des globalen Südens zu den Ursachen für militärische Konflikte gehören. Der Klimawandel führt zur Verknappung von Naturressourcen, beispielsweise von bewirtschaftbaren Böden und Wasser. Bereits gegenwärtig haben rund 780 Millionen bis zu einer Milliarde Menschen keinen Zugang zu sauberem Wasser. Rund zwei Milliarden Menschen leiden unter chronischer Wasserknappheit, die Hälfte davon unter akutem Wassermangel. In Küstenregionen könnte das mit steigendem Meeresspiegel eindringende Salzwasser das Grundwasser schädigen. Längerfristig sind Wasser- und andere Ressourcenkriege nicht auszuschließen. Das UN-Büro für Katastrophenvorsorge (UNDRR) verzeichnet gestützt auf Feststellungen des Internal Displacement Monitoring Centre /IDMC für das Jahr 2022 32,6 Millionen Flüchtlinge im Gefolge von Naturkatastrophen wie Dauerregen, Dürren, Hitzewellen, Stürmen, Vordringen von Wüsten und Wassermangel. Das ist die höchste Zahl des letzten Jahrzehnts. (www.uno-flüchtlingshilfe.de/informieren/fluchtursachen/klimawandel).

Die Krise der Umwelt bewegt sich auf Kipppunkte der Naturgleichgewichte zu. Das Potsdam Institut für Klimafolgenforschung unterscheidet drei Klassen von Trägern ökologischer Dienstleistungen, die sich Kipppunkten nähern (Fragezeichen bezeichnen Systeme, deren Status als Kippelement noch nicht gesichert ist; in: Hanusch/Leggewie/Meyer 2021: 89):

Kipppunkte im Erdsystem
Eiskörper: Grönländisches Eisschild
- Arktisches Meereis
- Westantarktisches Eisschild
- Ostantarktisches Eisschild
- Yedoma Permafrost
- Methanhydrate

Strömungssysteme: Atlantische thermohaline Zirkulation
- Westafrikanischer Monsun
- Indischer Sommermonsun
- El Nino – Südliche Oszillation
- Jetstream
- SW Nordamerika?

Ökosysteme: Amazonas Regenwald
- Boreal-Wälder
- Tropische Korallenriffe
- Marine biologische Kohlenstoffpumpe?

Entscheidende Elemente des Erdsystems bewegen sich auf irreparable Kipppunkte der Destabilisierung zu. Die Menschheit verliert an diesen Punkten die Chance, ihre Existenzbedingungen noch unter Kontrolle zu behalten. Michael Müller, Peter Brandt und Reiner Braun haben aus guten Gründen mit Blick auf diese Gefahr die Dringlichkeit einer Politik Gemeinsamer Umfassender Sicherheit beschworen. Schon vor 1,5 °C Erderwärmung gegenüber dem vorindustriellen Niveau hat das Umkippen der Korallenriffe begonnen, von denen über verschiedene Vermittlungsstufen die Existenzbedingungen von fast 500 Millionen Menschen abhängen. Die Eisbedeckung im arktischen Ozean hat in den letzten Jahrzehnten um fast die Hälfte abgenommen. Das verändert wiederum den Jetstream, d. h. die atmosphärische Zirkulation mit der Folge extremer Wetterereignisse bis Europa. Andere Eisfelder sind instabil geworden. Ihr Wegschmelzen führt zu einem Anstieg der Meeresspiegel und bedroht den Lebensraum von Hunderten Millionen Menschen. Das Schmelzen der Gletscher gefährdet die Wasserversorgung von weiteren Millionen. Die wie eine Zentralheizung für den Nordatlantikraum wirkende Atlantikzirkulation droht sich mit schwer absehbaren Folgen abzuschwächen. Das Austrocknen und Abholzen der Amazonaswälder ist eine Katastrophe für die Artenvielfalt und für die Bindung von CO_2-Emissionen. Wenn die Permafrostregionen auftauen, wird die Freisetzung von 1,3 bis 1,6 Milliarden Tonnen Kohlenstoff in Gang gesetzt und die Erderwärmung unaufhaltbar beschleunigt.

Festzuhalten

> Die gemeinsame Gefährdung der menschlichen Existenz durch die Möglichkeit eines Atomkrieges, die der entscheidende Anstoß für die Idee Gemeinsamer Sicherheit war, ist nicht nur weiter virulent, die Gefahren für die Existenz der Menschheit sind weit komplexer und größer geworden. Mehr denn je ist Gemeinsame Umfassende Sicherheit ein kategorisches Gebot der Politik im 21. Jahrhundert. Dieses Konzept als Illusion von gestern abzutun, ist sträflich ignorant und selbst eine Gefahr für die menschliche Zivilisation.

Gegner von heute – Partner von morgen

Gemeinsame Sicherheit impliziert, dass die Antwort auf die Gefährdungen der Menschheit nicht in der Steigerung des Bedrohungspotenzials bestehen soll, sondern in gemeinsamem Wirken für dessen Abbau, vor allem für atomare Abrüstung. Gemeinsamkeit der Bedrohungen erfordert Gemeinsamkeit des Handelns gegen sie.

> Wenn Sicherheit nicht mehr gestützt auf überlegene Macht dem Gegner diktiert werden kann, bedeutet dies als weitere Grundprämisse Gemeinsamer Sicherheit: »Die Gegner von heute sind die Partner von morgen.« (Bahr 1986: 17)

Zu den Erfahrungen in der Europäischen Union gehört, dass selbst nach dem faschistischen Aggressionskrieg Deutschlands aus den feindlichen Mächten

Frankreich und Deutschland schließlich Partner wurden. Sogar zwischen Deutschland und Russland entstanden Kooperationsbeziehungen, die jahrzehntelang zur Entspannung in Europa beigetragen haben. Allerdings war dies erst das Ergebnis eines totalen militärischen Sieges der Alliierten über Hitlerdeutschland, den italienischen Faschismus und den japanischen Militarismus.

Heute jedoch verfügt der Aggressor Russland über ein den USA gleichgewichtiges strategisches Nuklearwaffenpotenzial. Mit einer militärischen Niederwerfung Russlands ist nicht zu rechnen. Sicherheitspartnerschaft wird im atomaren Zeitalter nicht aus dem Triumph der Sieger entspringen. Also müssen eine Waffenruhe, Waffenstillstand und schließlich Friedensvereinbarungen auf eine Partnerschaft von morgen zielen. Mit der russischen Führung – ob mit oder ohne Putin – muss geredet werden, um solche Perspektiven nicht zu ersticken.

Gewiss unterscheidet sich die gegenwärtige Situation erheblich von den 1970er-, 80er- und 90er-Jahren, in denen der Gedanke der Gemeinsamen Sicherheit an Einfluss gewann.

- Erstens: Damals war in Europa kein Krieg. Gemeinsame Sicherheit konnte aus der Situation relativen Friedens heraus gedacht werden. Heute ist in Europa Krieg und der Weg zu Gemeinsamer Sicherheit weit steiniger geworden.
- Zweitens: Damals strebte die Sowjetunion ein »Gemeinsames Haus Europa« an, dessen Konstruktion weitgehend den Grundgedanken Gemeinsamer Sicherheit entsprechen sollte. Die UdSSR unternahm unter anderem einseitige Abrüstungsschritte, um Vertrauen zu stiften.

  Die Humboldt-Universität tauschte in den 1980er-Jahren mit der Hamburger Universität drei Semester hindurch Friedensvorlesungen aus. Ich saß nach seinem Vortrag neben Egon Bahr auf dem Podium einer gemeinsamen Veranstaltung im Senatssaal der Humboldt-Universität, als die Nachricht von einseitigen Abrüstungsschritten der Sowjetunion kam. Bahr ließ sich die Fakten dazu auf einer Seite hereinreichen, überflog sie und kommentierte mit einem seiner Lieblingsausdrücke: »Fabelhaft! So kommt Gemeinsame Sicherheit zustande.«

  Später zeigte sich Putin zunächst offen für Schritte zu einer neuen internationalen Sicherheitsarchitektur, unter anderem in seiner Rede am 25. September 2001 vor dem Deutschen Bundestag (Putin 2001). Aber sowohl in der letzten Phase der Sowjetunion als auch in Putins erster Amtszeit hat der Westen Chancen für Gemeinsame Sicherheit nicht genutzt. Die Zeichen wurden auf Konfrontation gestellt (Müller/Brandt/Braun 2023: 5–9; Crome 2022: 173–190).

- Drittens: Eine weitere gravierende Veränderung der geostrategischen Konstellation ist die neue Zentralität des eurasischen Raumes (siehe Kapitel 1.3). In den 1980er- und 1990er-Jahren war Europa die Hauptregion, in der Gemeinsame Sicherheit mit der Sowjetunion erstrebt wurde. Heute hat sich der Schwerpunkt internationaler Vormachtkämpfe in den eurasischen Kontinent verlagert. Die USA haben einen Schwenk ihrer Politik nach Asien vollzogen, den von Obama verkündeten »Pivot to Asia«. Sie wollen dort ihre eigene Vormacht behaupten. Die Konfrontation mit China birgt die größte künftige Gefahr für den Frieden. Aber die Interessen Chinas an einem friedlichen Weg seines Aufstiegs als Weltmacht sind auch eine erstrangige Chance für Gemeinsame Sicherheit.
- Viertens: Das Entstehen einer multipolaren Weltordnung, in der mehrere große Mächte und der Globalen Süden eigene Interessen verfolgen, macht die Durchsetzung Gemeinsamer Sicherheit komplizierter als in einer bipolaren Konstellation wie einst. Aber andererseits brauchen die aufstrebenden Länder für ihren nationalen Fortschritt ein friedliches Umfeld und internationale Kooperation.
- Fünftens: Die Überwindung des Hungers vor allem im Globalen Süden, die Abwendung einer Klimakatastrophe und anderer Umweltkrisen, die Digitalisierung und andere Aufgaben implizieren derart hohe Anforderungen an die Wirtschaftskraft und strategische Regulierungsfähigkeit der Staaten, dass umfassende Gemeinsame Sicherheit für sie zum Gebot wird – wenn sie nicht jegliche Rationalität aufgeben.

Die Prämissen für eine Politik Gemeinsamer Sicherheit haben sich im Vergleich zu früher gravierend verschlechtert. Statt mit einer friedens- und abrüstungsbereiten Macht im Osten muss gemeinsame Sicherheit aus der Situation des Krieges heraus mit dem russischen Aggressor gesucht werden. Zwischen Israel und den Palästinensern muss Frieden nach traumatischen Erfahrungen mit barbarischen Akten beider Seiten erstrebt werden. Auf westlicher Seite unter Führung der USA, die sich ihrerseits mit einer Vielzahl von Interventionskriegen und Wortbrüchen der russischen und der chinesischen Führung durchaus nicht als vertrauenswürdige Friedensmacht empfehlen. Aber der Druck globaler Probleme aufgrund einer vielfach veränderten Weltsituation ist derart groß geworden, dass gleichwohl auch neue Chancen für Gemeinsame Sicherheit entstehen.

> Der Zweifel liegt nahe, ob in dieser Konstellation aus den Gegnern, ja Feinden, von heute Partner von morgen werden können. Doch gegen diesen Zweifel steht, dass ohne Sicherheitspartnerschaft eine Häufung von Katastrophen für alle Beteiligten die Perspektive wäre.

Der Einwand bellizistischer Kräfte, dass dieser Perspektive zu entgehen wäre durch eine vernichtende militärische Niederlage Russlands, ist abzulehnen. Die Atommacht Russland wird nicht mit Waffen aus der Geschichte zu tilgen sein. Wenn dies aber zutrifft, bleibt allein der mühsame Weg der Suche nach Auswegen in nichtöffentlichen Gesprächen, bescheidenen vertrauensbildenden Maßnahmen, des Mühens um Kompromisse, der geduldigen Suche nach gemeinsamen Wirtschafts- und anderen Interessen, der Inanspruchnahme vermittelnder Mächte, des Ausschöpfens aller diplomatischen Möglichkeiten und der Konsultation rational und verantwortungsvoll denkender Militärs.

Festzuhalten

> Weil ohne den Übergang von Feindschaft zu Partnerschaft die globalen Gefahren für alle Konfliktparteien unübersehbar destruktive Folgen hätten, sind die Kombattanten von heute zur mühsamen Annäherung an eine Partnerschaft von morgen verurteilt.

Die zweifellos hohen Barrieren auf diesem Weg verweisen darauf, dass einem weiteren Strukturelement Gemeinsamer Sicherheit künftig womöglich noch größere Bedeutung zukommen wird als in den Zeiten vergangener Entspannung.

Gemeinsame Sicherheit als Prozess

Gemeinsame Sicherheit wurde im letzten Viertel des vergangenen Jahrhunderts als ein Prozess aufgefasst, der viele, oft zunächst nur bescheidene Schritte umfasst. Erst recht muss gegenwärtig, da Kriege täglich schreckliche Opfer zur Folge haben, nach jedem möglichen deeskalierenden Schritt gesucht werden.

Die neue Ost- und Entspannungspolitik Willy Brandts begann mit kleinen Vereinbarungen, mit einem Passierscheinabkommen über Weihnachtsbesuche von Westberlinerinnen und Westberlinern auf der anderen Seite der Mauer. Mitten im Krieg sind auch die kleinen Schritte viel schwieriger geworden als in Zeiten relativen Friedens. Nicht noch mehr Kinder im Gazastreifen und im Sudan verhungern zu lassen, wird zum Problem. Auch das gehört zu den veränderten Bedingungen für Gemeinsame Sicherheit. Doch umso dringlicher ist, nach den möglichen Veränderungen auszuschauen, die in einen Entspannungsprozess münden könnten.

Im programmatischen Band »Gemeinsame Sicherheit. Idee und Konzept« hieß es, »das ausgesprochen Teuflische« eines Systems der Selbsteskalation von Rüstung und Kriegsgefahren führe dringlich zur Frage: »Wie entrinnt man einer solchen ausweglosen Lage? Die Antwort ist (wenn gefunden) trivial: indem man *zumindest* alles unterlässt, was das System aufrechterhält.« (Bahr/Lutz 1986: 168) Es ginge um »Anfangsimpulse« für eine »Umkehr der Verlaufstendenz« im System wechselseitiger Bedrohung und Aufrüstung. Das sei gegenwärtiger Politik ins Stammbuch geschrieben:

1. Zu unterlassen ist das systematische Kappen aller Gesprächsfäden mit der russischen Seite, notwendig sind ihre Pflege und Erweiterung.
2. Zum Beginn einer Umkehr gehört, die Propagierung von Feindbildern abzubauen.
3. Zu unterlassen ist, die Konfrontation mit Russland mit zunehmender Betonung von Konflikten mit China noch aufzuladen und damit das nächste Feindbild zu schüren.
4. »Minderung eigener Bedrohlichkeit« gehörte zu den Prämissen Gemeinsamer Sicherheit in den 1980er-Jahren. Heute könnte das beispielsweise Verzicht auf Manöver von NATO-Truppen an den Grenzen Russlands und Chinas bedeuten. Das genaue Gegenteil geschieht im ersten Halbjahr 2024 mit dem vier Monate andauernden Manöver »Steadfast Defender«, gerichtet gegen einen angenommenen Angriff Russlands. An diesem größten Manöver seit Jahrzehnten nehmen 90.000 Soldaten und Soldatinnen aus allen 32 NATO-Staaten teil.
5. Die vier prominenten deutschen Friedensforschungsinstitute fordern: »Die NATO sollte klar Position für eine öffentliche Ächtung des Ersteinsatzes (von Atomwaffen) beziehen, unterstützt durch deutsche Politik.« (BICC u.a. 2022: 104)
6. »Innerhalb der nuklearen Teilhabe sollte Deutschland klarmachen, dass sich deutsche Piloten an keinem Ersteinsatz beteiligen« (ebd.) – statt als deutsche Atomwaffenträger den Tarnkappenbomber F35 aus den USA zu importieren. Die Perspektive wäre der Ausstieg Deutschlands aus der nuklearen Teilhabe.
7. In der Vorbereitung offizieller Verhandlungen könnten in informellen Gesprächen das Feld sondiert und Chancen ausgelotet werden. Ein »dünnes Vertrauen« (Nicole Deitelhoff) würde aufgebaut werden. Für noch oder erneut existierende Hintergrundgespräche könnte das öffentliche, medial vermittelte Meinungsklima günstige Bedingungen schaffen, statt sie durch Hass und aggressive Stimmungsmache zu unterlaufen.

Ideologische Unterschiede müssen der Sicherheit untergeordnet werden

Den Gegner im Konfliktfall nicht als Feind, sondern als Sicherheitspartner zu betrachten, erfordert, Sicherheit den Vorrang gegenüber ideologischen Gegensätzen zu geben: »Dies ist im Kern der qualitative Sprung des Denkens, der von beiden Seiten verlangt wird.« (Bahr/Lutz 1986: 24f.)

> Damals, zu Zeiten der Blockkonfrontation zwischen kapitalistischem und staatssozialistischem System, bedeutete dies, dass ideologische Gegensätze in der Bewertung der verschiedenen Gesellschaftssysteme nicht dazu führen dürften, die innere Verfasstheit der Ordnung eines Landes von außen verändern zu wollen.

»Die Aufgabe ist deshalb, dafür zu sorgen, dass diese ideologische Meinungsverschiedenheit nicht durch Gewalt ausgetragen werden. Es darf keinen Glaubenskrieg zwischen Ost und West geben. [...] Das bedeutet: Die Erhaltung des Weltfriedens hat höhere Priorität als die Durchsetzung der jeweiligen Ideologie. [...] Das gemeinsame Überleben ist wichtiger als das Risiko, besser: die Gewissheit des gemeinsamen Untergangs.« (Bahr 1982: 194)

Dieses Prinzip ist völkerrechtlich in der Charta der Vereinten Nationen verankert: »Unsere Hoffnung kann sich nicht darauf richten, dass ein System das andere abschafft. Sie richtet sich darauf, dass beide Systeme reformfähig sind« (Aktion Sühnezeichen/Friedensdienste 1988: 17). »Gemeinsame Sicherheit ist nicht zu erreichen, wenn ideologische Gegensätze in Formen ausgetragen werden, die zwischenstaatliche Beziehungen gefährden oder vergiften oder gar Machtkonflikte als unversöhnlichen und unausweichlichen Kampf zwischen Gut und Böse erscheinen lassen.« (Ebd.: 21)

Als dieses Verständnis von Gemeinsamer Sicherheit abgestimmt mit den jeweiligen Parteiführungen zwischen der Grundsatzkommission der SPD und der Akademie der Gesellschaftswissenschaften beim Zentralkomitee der SED in dem eben zitierten sogenannten SED-SPD-Papier übereinstimmend formuliert wurde, bezog es sich vor allem auf das Verhältnis zwischen kapitalistischen und staatssozialistischen Ländern – trotz ihrer entgegengesetzten Grundstrukturen und Interessen. Das Überleben der Menschheit und ihr zivilisatorischer Fortschritt sollten Vorrang vor dem Klassenkampf erhalten. In der Sowjetunion hatte Michail Gorbatschow diesen Kurs vor den Delegierten des 27. Parteitags der KPdSU begründet.

Der Versuch der russischen Führung zu Beginn des Angriffskrieges gegen die Ukraine, die Regierung in Kiew durch eine militärische Aktion zu stürzen, war ein eklatanter Völkerrechtsbruch. Als behauptet wurde, ein faschistisches Regime in der Ukraine beseitigen zu wollen, als die Legitimität der Ukraine als selbständiger Staat bestritten und daraus ein Recht zu einer »militärischen Operation« abgeleitet wurden, wurden elementare Bedingungen internationaler Sicherheit verletzt.

Eine Antwort darauf muss im Ergebnis von Friedensverhandlungen nicht weniger enthalten als internationale Sicherheitsgarantien für eine militärisch neutrale Ukraine und ihre Selbstbestimmung in territorialen Fragen – getragen von wichtigen Mächten, womöglich unter Aufsicht der OSZE oder/ und den Vereinten Nationen. Dauerhafter Frieden in Europa erfordert, die nationale Souveränität der Ukraine gegen jede Infragestellung durch äußere Mächte zu sichern. Eine Voraussetzung für Frieden im Nahen Osten wäre, in einem souveränen palästinensischen Staat neben dem Staat Israel oder in einer Föderation von beiden die Menschenrechte und die Sicherheit der Palästinenser ebenso wie die der Israelis zu garantieren.

Jedoch – System Change nach eigenem Muster gehört seit Langem auch im Westen zur Strategie insbesondere der USA. Der Präsident des Kölner Instituts für Weltwirtschaft, Gabriel Felbermayr, brachte noch vor dem russischen Umsturzversuch in Kiew die eigenen Vorstellungen »des Westens« zum Ausdruck: »Die Ziele, die wir gegenüber Russland haben, sind ja sehr große. Wir wollen nicht weniger als einen Regimewechsel in Russland.« (Felbermayr 2021) Claus Leggewie schrieb: »Regimewechsel gegen Putin? Was denn sonst! [...] Denn ohne die Entfernung Wladimir Putins von der Spitze der russischen Atommacht wird die Welt keinen Frieden mehr haben [...] Vielmehr gehört Putin vor den Internationalen Strafgerichtshof und als Kriegsverbrecher von der Weltgemeinschaft für alle Zeiten geächtet.« (Leggewie 2022: 95) Man müsse ihn ja nicht gleich mit militärischer Gewalt aus dem Kreml entfernen, wohl aber durch militärischen Sieg über die russische Armee in der Ukraine seinen Sturz herbeiführen. In Taiwan und Hongkong erfahren die Kräfte, die für einen Regimewechsel in der Volksrepublik China wirken, kräftige Unterstützung durch die USA und andere westliche Länder.

Unübersehbar ist die Liste geheimdienstlicher Unterstützung von Militärputschen und konterrevolutionären Umstürzen, militärischer Eingriffe in Bürgerkriege und direkter Kriege der USA im Rahmen ihrer »globalen Ordnungspolitik«. Der Anspruch, mit westlichen Werten das Heil zu bringen, bestimmte die Aktionen und Interventionen unter anderem gegen Vietnam, Laos und Kambodscha, Indonesien, British Guyana, Chile, Brasilien, die Dominikanische Republik, Guatemala und Grenada, Serbien, Irak und Afghanistan (vgl. Greiner 2021). Dies geschah und geschieht ideologisch begründet im Namen von Freiheit und Demokratie gegen Unterdrückung und Autoritarismus ohne Rücksicht auf die Gefährdung des Friedens und dient vor allem der Sicherung hegemonialer Positionen der USA. Heute ist der kompromisslose »Kampf um westliche Werte« die Gestalt, in der uns die Unterordnung der Sicherheit unter ideologische Gegensätze begegnet. Ein Bruch mit solchem Bellizismus und Unilateralismus ist überlebensnotwendig.

Adam Tooze, einer der international führenden Wirtschaftshistoriker unserer Zeit, mahnt zu Besonnenheit: »Wenn der Krieg nicht zu einem Dritten Weltkrieg eskaliert und andererseits auch Putins Regime nicht zusammenbricht, dann bleibt hingegen keine andere Wahl, als sich dem schwierigen Geschäft der Diplomatie und Friedensstiftung zu stellen. Es wird eine bittere Aufgabe für beide Seiten sein. [...] wird eine Übereinkunft über wahrscheinlich harsche und umstrittene Kompromisse beinhalten.« (Tooze 2022)

Festzuhalten

> Konzept und Politik Gemeinsamer Sicherheit bedeuteten gegen Ende des 20. Jahrhunderts, dass ideologische Systemgegensätze auf keinen Fall dazu führen dürften, die innere Ordnung eines Landes durch äußere Mächte verändern zu wollen. Dieses Prinzip gilt auch heute nach dem Ende der Blockkonfrontation zwischen Staatssozialismus und Kapitalismus. Es bedarf der Verteidigung und Durchsetzung sowohl gegen Staaten, die als autoritär angesehen werden, als auch gegen Staaten, die sich als demokratisch bezeichnen.

Ist es aber nach den jüngsten Erfahrungen und denen der letzten Jahrzehnte realistisch, darauf in der Politik zu setzen? Kann gar ein weiteres Prinzip gemeinsamer Sicherheit in Realpolitik umgesetzt werden?

Anerkennung von Friedens- und Reformfähigkeit der beteiligten Seiten. Verhandlungen

Ohne wechselseitige Anerkennung der Reform- und Friedensfähigkeit aller beteiligten Seiten sind keine gemeinsamen Lösungen der globalen Menschheitsprobleme, etwa die Verwirklichung der von der UN-Generalversammlung im Jahr 2000 deklarierten Global Sustainable Development Goals, zu erwarten. Gemeinsame Sicherheit wäre von vornherein auf eine leere Deklaration reduziert. Überall sind tiefgreifende Reformen erforderlich, um Aufgaben von nie gekannter Größe zu bewältigen.

Die Verträge über Rüstungskontrolle, Rüstungsbegrenzung und Abrüstung in den letzten Dekaden des vergangenen Jahrhunderts kamen nur deshalb zustande, weil die beteiligten Seiten die Fähigkeit der Gegenseite zu progressiven inneren Veränderungen als die Bedingung für die Verwirklichung der Verträge voraussetzten. Im »Friedensgutachten 2022« wird erinnert: »Zwei Gipfeltreffen zwischen Reagan und Gorbatschow in Genf im November 1985 und in Reykjavik im Oktober 1986 brachten zwar zunächst keine konkreten Abrüstungsschritte. Trotz heftiger Kontroversen einigten sich die Kontrahenten in Genf aber auf die Halbierung der Nuklearwaffen und hielten fest, dass ›ein Nuklearkrieg nicht gewonnen werden kann und nie ausgefochten werden darf‹ (Reagan/Gorbatschow 1985). [...] Beide Treffen schufen die Grundlage für erfolgreiche Verhandlungen zur Abschaffung der stationierten Mittelstreckenraketen (INF-Vertrag von 1987), für die Begrenzung des strategischen Nuklearwaffenpotenzials, konventioneller Rüstungen in Europa sowie die Eliminierung von Chemiewaffen. Parallel wurden auf beiden Seiten die Militärausgaben gesenkt und einseitige Schritte, wie der Abzug aller landgestützten US-amerikanischen Nuklearwaffen aus Europa, vorgenommen.« (Ebd.: 102)

Inzwischen ist der Staatssozialismus in Europa an seiner strukturellen Reformunfähigkeit gescheitert. Dort hat er die Hoffnungen auf seine Reformfähigkeit nicht einlösen können. Anders in China, wo Lernprozesse aus der eigenen Geschichte und aus der Implosion des Staatssozialismus in der Sowjetunion zu Reformen führten, die China den Aufstieg als Weltmacht und die Befreiung von hunderten Millionen Menschen aus der Armut ermöglichten. Der Ausgang des Reformprozesses in China ist noch offen.

Der Westen hat seine Reformfähigkeit mit der Herausbildung eines sozialstaatlich regulierten Kapitalismus in den Jahrzehnten nach dem Zweiten Weltkrieg, mit bewundernswerten hochtechnologischen Leistungen und mit – begrenzten – Schritten des ökologischen Umbaus erfolgreicher als der Osten Europas unter Beweis gestellt. Aber mit dem Übergang zu einer neoliberalen, zunehmend finanzkapitalistischen Variante des Kapitalismus blieben die schwerwiegendsten globalen Probleme gleichwohl ungelöst oder wuchsen sogar an. Die Gefahr eines Atomkrieges ist bedrohlicher als je seit dem Ende des Kalten Krieges. Die ökologische Krise hat mit dem Klimawandel und mit fortschreitender Zerstörung der Biodiversität dramatische Zuspitzung erfahren. Die sozialen Klüfte sind selbst in den reichen Ländern und zwischen ihnen und den Armen in der Welt immer tiefer geworden. Die repräsentative Demokratie erodiert, und autokratische Herrschaftsformen haben in vielen Ländern der Welt Aufwind.

War demnach Friedens- und Reformfähigkeit in West und Ost nur eine kurze Episode? Darf eine Wandlungsfähigkeit, die einst dem kommunistischen Gegner zu Recht zugetraut wurde, von dem inzwischen durch und durch kapitalistischen und autokratischen Russland erwartet werden?

Behält die Annahme von Friedens- und Reformfähigkeit für die Volksrepublik China mit ihrer gelenkten Marktwirtschaft unter Führung der Kommunistischen Partei Gültigkeit?

Die chinesische Führung erhebt im Unterschied zu den USA keinen Anspruch darauf, zur einzig bestimmenden Weltmacht zu werden. Ihre Strategie zielt darauf, dass China einen gleichrangigen Platz in einer multipolaren Welt einnimmt und die Chance behält, in einem permanenten Reformprozess die Vorzüge des eigenen Systems im friedlichen internationalen Wettbewerb zur Geltung zu bringen. Nicht zu bestreiten ist, dass China auf die Hochrüstung in den USA, auf die amerikanische Eindämmungsstrategie gegenüber China, auf die US-Sanktionen zur Verhinderung des chinesischen Aufstiegs auch mit gesteigerter eigener Rüstung und autoritären Tendenzen der Herrschaft reagiert. Umso dringlicher ist, in den Internationalen Beziehungen Gemeinsamer Sicherheit umfassende Geltung zu verschaffen.

Eine Ironie in der gegenwärtigen Situation besteht darin, dass es im Verhältnis zu Russland nicht einmal um den Gegensatz zwischen Kapitalismus und Staatssozialismus geht. In Russland haben die westlichen Berater der russländischen Regierung 1990 nur eine andere Variante des Kapitalismus auf den Weg gebracht, die von den inneren illiberalen konservativen Kräften zu einer besonders brutalen und maroden Variante umgeformt wurde und deren Machtelite nun aus ihren Widersprüchen die gewaltsame Flucht nach »vorn« sucht. Aber dies ist immerhin festzuhalten: der russische Satan ist nichts als ein missratener kapitalistischer Bruder der westlichen Kapitalismusvarianten.

> Die Frage nach Friedens- und Reformfähigkeit von Systemen hat sich verändert. Heute ist zu fragen: Sind die verschiedenen Varianten des Kapitalismus in West und Ost progressiv handlungsfähig? Und darf von China und verwandten Gesellschaften in anderen Ländern eine friedensfähige Reformpolitik erwartet werden?

Selbst damals, in den Zeiten der systemischen Blockkonfrontation, führte die Differenz zwischen den Ansprüchen Gemeinsamer Sicherheit und der Realität gefährlicher Spannungen dazu, auf die Reform- und Friedensfähigkeit aller Beteiligten zu setzen. Aber nochmals, ist es eine Illusion angesichts des von der Regierung Putin begonnenen leidvollen Krieges in der Ukraine und des innenpolitischen Unterdrückungsregimes in Russland, noch auf Reform- und Friedensfähigkeit in diesem Land zu rechnen?

Russland reform- und friedensfähig?

Zunächst, unter extremem Handlungsdruck, hatte sich Putin bereits einmal als fähig zum Umsteuern der Entwicklung in Russland erwiesen. Als er im Jahr 2000 in den Kreml einzog, hatte Russland ein Jahrzehnt des Niedergangs hinter sich. Die 1990 unter Jelzins Regime eingeführten marktradikalen Reformen hatten mit chaotischen Folgen zu einem neoliberal-oligarchischen Kapitalismus geführt. Die Industrieproduktion war 1998 im Vergleich zu 1990 auf 45,8% abgesunken. Die Hälfte der Bevölkerung war von Ernährungsdefiziten betroffen. Die durchschnittliche Lebenserwartung war von 70,13 Jahren 1986/87 auf 65,3 Jahre zurückgegangen.

Die erste Putin-Administration der Jahre 2000 bis 2008 stärkte den regulierenden Staat gegen die Macht der Oligarchen, allerdings ohne diese grundsätzlich anzutasten. Das Wirtschaftswachstum in diesem Zeitabschnitt lag im Jahresdurchschnitt bei 7%. Die Exekutive erreichte eine Stabilisierung der sozialen Verhältnisse. Nicht um den Preis wachsender Staatsverschuldung, sondern sogar bei einer Senkung der Staatsschulden von 135% des Bruttoinlandsprodukts im Jahr 2000 auf nur 8% 2008. Der Bevölkerungsanteil mit Einkommen unterhalb des Existenzminimums, der im Jahr 2000 30% der Bevölkerung umfasste, wurde bis 2008 auf 13,5% gesenkt. Lohn- und Gehaltserhöhungen erhöhten den Konsum der Bevölkerung um 20%.

Aber die russische Wirtschaft blieb weitgehend bestimmt vom Ressourcenextraktivismus. Die Einnahmen des Staatshaushalts hängen weiter stark von Öl- und Gasexporten ab. Der Anteil der Einnahmen aus Energieexporten am föderalen Haushalt lag 2021 und 2022 bei 38 bzw. 42%. Julien Vercueil bezeichnet die russische Wirtschaft daher als Rentenökonomie, abhängig von den Renteneinnahmen aus dem Öl- und Gasmonopol (Vercueil 2023: 38–52). Die Abhängigkeit von Technologieimporten wurde nicht verringert. Im Juli 2022 wurden ungefähr drei Viertel der Ausrüstungen und anderer Komponenten der Industrieproduktion importiert. Die Wirtschaftssanktionen gegen Russland im Gefolge des Ukrainekrieges führen dazu, dass diese Schwäche und insgesamt die ökonomischen Modernisierungsdefizite empfindlicher zutage treten. Die Einbußen im Ressourcenexport werden bisher zu großen Teilen ausgeglichen durch Käufe Chinas und anderer Schwellenländer, die sich den westlichen Sanktionen nicht anschließen. Aber nicht alle Verluste und vor allem nicht die Rückstände bei eigener Soft- und Hardware können kompensiert werden.

Teile der Wirtschaftseliten drängen deshalb verstärkt auf die Modernisierung der russischen Wirtschaft: »Die Entscheidung zum Krieg war, soweit dies zu überblicken ist, ohne Beteiligung der ökonomischen Eliten gefallen.« (Brangsch 2023a: 57) Der Russlandkenner Lutz Brangsch schätzt ein, dass sich die russische Führung der Modernisierungsdefizite des Landes durchaus bewusst ist. Er verweist auf die Diskussion über mögliche Entwicklungsszenarien in der Suche nach Auswegen. Drei Szenarien in diesem Diskurs werden nach Brangsch' Darstellung von Oleg Bondarenko, Ilja Grascenkov und Sergej Serebrennikov ausgemacht: »Für die ›UdSSR 2.0‹ orientieren sich die Autoren an den USA und China als relativ autarke Ökonomien, verbunden mit einer starken Rolle des Staates bei der Überwindung der Disproportionen, der Erhöhung der Arbeitsproduktivität und der Einführung von Preiskontrollen. ›NÖP 2.0‹ soll eine Strategie der Marktorientierung und einer aktiven Rolle als Ost-West-Drehscheibe sein. Es gehe um einen ›gerechten Kapitalismus‹. Die ›Nation Z‹ schließlich wird als Projekt einer ›Nationenbildung auf russische Weise‹ charakterisiert, geprägt durch einen ›Kult der Arbeit und des ehrlichen Erfolges‹«. (Ebd.: 56)

Spätestens im Verlauf des zweiten Halbjahres 2022 habe die Putin-Administration Weichenstellungen vorgenommen, die auf die überfällige Modernisierung der Wirtschaft zielen. Das ist Lutz Brangschs Einschätzung. Schon die Mai-Dekrete Putins aus dem Jahr 2008 definierten zwölf »Nationale Projekte« der Industrialisierung und Modernisierung mit einem vorgesehenen, bis dahin nicht annähernd erreichten Investitionsvolumen von 25,7 Billionen Rubel (ca. 320 Milliarden Euro), darunter 25,8% der Gesamtsumme für die Modernisierung der Infrastruktur. Zu den Schwerpunkten dieses Programms gehörten die Digitalisierung, ökologische Projekte, die Förderung kleiner und mittlerer Unternehmen und nicht zuletzt die Absicherung der Einkommen unterer Schichten der Gesellschaft (Bluhm 2023: 365).

Als sich herausstellte, dass diese Projekte unzureichend vorbereitet waren und ihre Durchsetzung nur schleppend angegangen wurde, stoppte der Präsident im Jahr 2020 das Gesamtvorhaben und veranlasste die Neufassung der Projekte im Rahmen von 10-Jahreszielen bis 2030. Im Sommer 2022 wurde die Hinwendung zu einer auf Modernisierung gerichteten Industriepolitik durch die Verabschiedung von 27 Branchenplänen untersetzt. Für große Projekte der weiter schleppend, aber doch nicht ohne Erfolge verlaufenden Importablösung wurden im Oktober 2022 5,2 Billionen Rubel vorgesehen (vgl. Brangsch 2023b). Katharina Blum betrachtet in ihrem auf eine Fülle von Originalquellen gestützten Buch »Russland und der Westen« die Ablösung des Putingetreuen Dmitri Medwedew durch den effizienten Technokraten Michail Mischustin als Ausdruck verstärkter Orientierung auf greifbare Erfolge einer lange vernachlässigten Industriepolitik.

Für Einschätzungen der Reformfähigkeit des oligarchischen extraktionistischen Staatskapitalismus in Russland mag zu bedenken sein, dass Putin das gesamte System zwar auf seine Person als Machtzentrum zugeschnitten hat, dass aber gleichwohl verschiedene Gruppierungen in dem Gesamtsystem wirken. Die Unterschiede zwischen ihnen tragen zu Diskussionsanstößen bei, die Reformimpulse ergeben könnten. Katharina Bluhm unterscheidet vier Trägergruppen des russischen Staatskapitalismus:

- Den harten Machtkern bilden die Silowiki, im Sicherheits- und Militärapparat einflussreiche Leute, die die Sicherheit Russlands autoritär und aggressiv bewahren und Stabilität gegen nach ihrer Auffassung unsichere Entwicklungsagenden behaupten wollen. Ihr Wirken tendiert zu einer Starrheit des Herrschaftsmechanismus.
- Illiberale Konservative haben im Bündnis mit den Silowiki wachsenden Einfluss in den Apparaten, weil sie – teils verbündet mit der russisch-orthodoxen Kirche – das herrschende konservative Welt- und Geschichtsbild des Putinregimes zur Verfügung stellen und mit den »moderaten Developmentalisten« (Bluhm) darin übereinstimmen, dass vor allem der Staat Lenkungsaufgaben in Wirtschaft und Gesellschaft wahrzunehmen hat.
- Ursprünglich in den 1990er-Jahren tonangebende prowestliche Wirtschaftsliberale aus Putins Petersburger Umgebung haben an Einfluss zwar verloren, besetzen aber auch heute Schlüsselpositionen. Lutz Brangsch zählt zu ihnen Alexej Kudris, den Chef des Rechnungshofes und des Telefonkonzerns Rosnano, den Beauftragten für die internationalen Beziehungen bei der Realisierung von Nachhaltigkeitszielen Anatolij Chubais, den Chef der Sberbank German Gref und die Zentralbankpräsidentin Elvira Naibullina.
- Jüngere gut ausgebildete Technokraten ohne eigene ideologische Agenda stehen für Anpassungsprozesse des Systems zur Verfügung (ebd.: 288f).

Die meisten westlichen Beobachter schließen aus dem Gewicht der ersten beiden Machtgruppen – ob von ihnen so wahrgenommen oder nicht –, dass die »Machtpyramide Putin« im Prinzip kaum reformfähig sei, schon gar nicht friedensfähig. In der Tat sprechen für diese Einschätzung die Dominanz dieser beiden Machtfraktionen, die Interessen der Extraktivisten, die Beteiligung großer Teile der politischen Klasse an den Gewinnen aus der Rentenökonomie, die ewige Angst der Herrschenden vor den Unwägbarkeiten von Reformprozessen, das Fehlen von Rechtssicherheit, die Überlastung der oberen Führungsebenen durch Detailentscheidungen als eine Krankheit des Zentralismus und die Lähmung der Kreativität der Bevölkerung durch das gesamte System autokratischer Herrschaft und geistiger Unterdrückung.

Aber westliche Experten konstatieren auch eine von ihnen nicht erwartete Flexibilität und relative Stabilität der russischen Wirtschaft unter den Bedingungen des Ukrainekrieges und westlicher Sanktionspolitik. »Die entschlossenen Maßnahmen der russischen Regierung und die Anpassungsfähigkeit der Unternehmen durch krisenbedingte Vorratswirtschaft und flexible Arbeitsbedingungen tragen wesentlich dazu bei, dass das selbst von der Zentralbank (der Russischen Föderation – D.K.) prognostizierte Wirtschaftsminus von 8 bis 12 Prozent sich Ende 2022 lediglich auf minus 2,1 Prozent belief.« (Bluhm a.a.O.: 361) Eher führt die gegenwärtige Machtkonstellation zu einem Balanceakt zwischen politischem und kulturell sozialem Konservatismus, zentralistischem Staatsinterventionismus, Marktliberalismus, Ausnutzung internationaler Wirtschaftsbeziehungen und sozialen Zugeständnissen angesichts einer im Ganzen schlechten materiellen Lage der Mehrheit der Lohnabhängigen.

Beispielsweise wurden für die Sozialpolitik seit 2017 einschließlich der Kriegsjahre im Jahresdurchschnitt 60% der Staatshaushaltsmittel aufgewendet. Das entspricht einem Anteil an 20% vom BIP, mehr als prozentual in den USA und in mittelosteuropäischen Ländern für soziale Zwecke eingesetzt wird. Während in Deutschland die Schuldenbremse in der Verfassung verankert ist und zur Begründung von Kürzungen sozialer Ausgaben dient, wurde in der Verfassung der Russischen Föderation ein Inflationsratenausgleich für Renten und Sozialleistungen verankert – was natürlich die soziale Sicherheit nicht auf das Niveau der reichen kapitalistischen Länder hebt. Auf Flexibilität Russlands deutet unter anderem hin, dass als Antwort auf westliche Sanktionen 2021 China als Handelspartner Russlands auf den ersten Platz anstelle der EU rückte.

> Ein gewisses Maß wirtschaftlicher Reformfähigkeit Russlands ist also nicht auszuschließen.

»Warum also soll der ›Patron‹ (Putin mit seiner Günstlingswirtschaft – D.K.) damit nicht auch wirtschaftspolitische Entwicklungsziele durchsetzen können, vor allem wenn die Mitglieder der Pyramide davon mittel- oder langfristig profitieren, weil sich mit der Modernisierung die Verteilungsmasse vergrößert.« (Ebd.: 291)

Die Antwort auf diese Frage ist offen. Aber sie sollte nicht vorschnell mit dem Urteil »reformunfähig« gefällt werden. Der Druck der Probleme auf den Kreml, der Druck, die autoritäre Herrschaft anders als in einer puren totalitären Diktatur irgendwie legitimieren zu müssen, die Interessen des starken russischen Exportsektors daran, die wirtschaftliche Entkopplung vom Westen nicht zu überspannen, und die Interessen der politisch-administrativen Klasse an der Fortsetzung ihres westlich orientierten Lebensstils sprechen für eine – begrenzte – Fortsetzung der Kooperation mit dem Westen. Das könnte die schwache Hoffnung auf Interessen von Teilen der russischen Machtelite an einem gesichtswahrenden Ende des Ukrainekrieges stützen.

> Jedoch – eine bisher durchaus nicht gesicherte innere wirtschaftliche Reformfähigkeit ist weder mit politisch-geistiger Reformoffenheit noch mit Friedensfähigkeit zwingend verbunden.

Die erbarmungslose Zerstörung ziviler Infrastrukturen der Ukraine mit verheerenden Folgen für die Bevölkerung und das rücksichtslose Opfer Hunderttausender Soldaten der Russischen Föderation legen nahe, eher eine Beweglichkeit innerhalb anhaltend unmenschlicher aggressiver Politik zu diagnostizieren.

Die Friedensfähigkeit Russlands endgültig abzuschreiben, liefe jedoch darauf hinaus, dass Frieden tatsächlich nur durch Sieg im Krieg zu gewinnen wäre. Der ist aber gegen die Atommacht Russland nicht zu erwarten. Eher könnten beide Seiten in einem Nuklearkrieg untergehen.

> Diese Gefahr führt zur kategorischen Verpflichtung, nach jeglichem Ansatz für Friedensfähigkeit Russlands Ausschau zu halten.

Immerhin, mehrmals fand im Ukrainekrieg ein Gefangenenaustausch statt. In dem von russischen Truppen besetzten Atomkraftwerk Saporischschja wurde eine Inspektion der Internationalen Atomenergiebehörde zugelassen. Als internationale Forderungen nach Freigabe von Weizenexporten aus der Ukraine nicht mehr zu ignorieren waren, kamen ein von Minen geräumter Seekorridor und die Verschiffung von Getreide zustande.

Im März 2022, kurz nach dem Beginn des Krieges in der Ukraine, kam es unter der Moderation des damaligen israelischen Ministerpräsidenten Naftali Bennett in Istanbul zu Verhandlungen zwischen Delegationen Russlands und der Ukraine. Sie waren durch Gespräche Bennetts mit Putin, Selenskyj, Biden, Johnson, Scholz und Macron vorbereitet worden. Vorschläge der Ukraine waren von der russischen Seite in einem Vertragsangebot aufgegriffen worden. In einem Entwurf für ein Waffenstillstandsabkommen hatten beide Seiten erhebliche Zugeständnisse gemacht: Neutralität der Ukraine, Rückzug russischer Truppen, der Status der Krim 15 Jahre ohne militärische Interventionen offen, erweiterte Autonomie für Luhansk und Donezk, Sicherung des Waffenstillstands durch Garantiemächte, unter anderem Russland, China, Israel, Großbritannien und Deutschland. Das Redaktionsnetzwerk Deutschland schrieb am 29. März von einer großen Annäherung, die bereits greifbar wurde. Aber die Chancen für eine Verhandlungslösung in Ukrainekrieg wurden vor allem unter dem Einfluss Großbritanniens und der USA verspielt, wie unter anderem in der Washington Post eingeschätzt wurde (vgl. Funke 2023: 50–52).

Bei einem Treffen Putins in Sankt Petersburg mit einer Friedensdelegation afrikanischer Staaten unter Leitung von Südafrikas Präsidenten Cyril Ramaphosa versicherte der russische Präsident im Juni 2023 in seiner Antwort auf den afrikanischen 10-Punkteplan für einen Waffenstillstand in der Ukraine seine Verhandlungsbereitschaft. Demonstrativ wies er dabei den Vertragsentwurf von Istanbul vor.

Friedensfähigkeit Moskaus könnte nicht zuletzt durch den Druck Chinas in Richtung eines Waffenstillstandes einen wichtigen Anstoß erfahren. Xi Jinping hat gefordert, an den abgebrochenen Gesprächen von Istanbul anzuknüpfen und erneut in Verhandlungen zu treten (vgl. ebd.: 75). Die Volksrepublik China hat ein Interesse daran, ihre Kraft auf den eigenen ökonomischen, sozialen und ökologischen Aufstieg konzentrieren und dafür friedliche internationale Kooperationsbeziehungen nutzen zu können. Sie hat ein Interesse an einem friedensorientierten Multilateralismus anstelle von Vormachtansprüchen der USA. Der Krieg in der Ukraine steht dem entgegen. Die russische Führung hat angesichts der westlichen Sanktionspolitik ein ausgeprägtes Interesse an engen Wirtschaftsbeziehungen zu China. Sie ist die schwächere Macht im Verhältnis zu China. Deshalb kann sie das chinesische Drängen auf einen Waffenstillstand in der Ukraine nicht einfach ignorieren.

Festzuhalten

Vorerst kann zur Frage nach Reform- und Friedensfähigkeit Russlands festgestellt werden:

1. Schon einmal nach der Implosion des Staatssozialismus, in der ersten Amtsperiode Putins, gab es stabilisierende Reformprozesse, die allerdings einem extraktiven Akkumulationsregime verhaftet blieben.
2. Die Modernisierung der russischen Wirtschaft wird immer dringender, die erstrebte internationale Geltung Russlands wird sich nicht dauerhaft vorwiegend militärisch erreichen lassen.
3. In Wirtschafts- und Wissenschaftskreisen, politisch gewollt oder geduldet, finden immerhin Diskussionen über mögliche Wirtschaftsreformen statt.
4. Rüstung und Krieg stehen aber den überfälligen sozial-ökologischen Reformen und wissenschaftlich-technischen Modernisierungen entgegen. Sie binden politische Führungskapazitäten, Arbeitspotenziale, finanzielle und stoffliche Ressourcen. So wie zu Zeiten der Systemkonfronta-

tion Kalter Krieg und Hochrüstung, die im Vergleich zu den USA die ökonomisch unterlegene Sowjetunion härter als den Westen trafen, werden Krieg und Rüstung in der kommenden Zeit Russland weit mehr als die NATO-Staaten schwächen.
5. Die Fähigkeit Russlands, sich auf friedliche Wege zur Regulierung seiner Sicherheitsinteressen und seiner Anerkennung als geopolitische Macht einzulassen, wurde durch die USA und die NATO blockiert, die alle Vorschläge Moskaus in diese Richtung zu Beginn der 2000er-Jahre ignorierten und die NATO wortbrüchig bis an die Grenzen der Russischen Föderation ausweiteten.

Die Verhandlungen in Istanbul haben gezeigt, dass die Anerkennung russischer Interessen und Verhandlungen darüber auf Augenhöhe die Wiedergewinnung von Friedensfähigkeit Russlands stark begünstigen würde.

> Es ist keineswegs sicher, dass diese Umstände zu größerer Flexibilität und zu progressiver Reform- und Friedensfähigkeit der russischen Machteliten beitragen werden. Aber es ist nicht auszuschließen. Also sollte seitens des Westens alles Mögliche getan werden, diese Fähigkeit zu begünstigen. Es darf nicht aufgegeben werden: Frieden zu schaffen durch Verhandlungen statt durch mehr Waffen und andauernden Krieg!

Friedensfähigkeit im Krieg denken

Können die schwachen Anzeichen von Flexibilität mitten im Krieg in eine verständigungsoffene Richtung gedreht werden? Das scheint fast undenkbar. Der von Russland begonnene Krieg in der Ukraine spricht dagegen. Russland sei eben in das mit Gemeinsamer Sicherheit unverträgliche Gut-Böse-Schema einzuordnen. Wie Außenministerin Annalena Baerbock die Welt einfach erklärt: »Auf der einen Seite Länder, die an eine regelbasierte internationale Ordnung glauben. Auf der anderen Seite aggressiv-autoritäre Regime, die ihre eigene Bevölkerung unterdrücken und andere mit imperialen Mitteln unterwerfen wollen.« (Baerbock 2022)

Während ich diese Zeilen schrieb, verbreiteten die Tagesnachrichten, dass Putin eine Teilmobilisierung von 300.000 Soldaten anordnen ließ und mit dem Einsatz atomarer Waffen droht, der allerdings in anderen Erklärungen wiederholt abgelehnt wurde. Muss ich meinen Rückgriff auf die Logik des Gebots Gemeinsamer Sicherheit aufgeben? Gelten deren Prämissen doch nur für Friedenszeiten und nicht dann, wenn sie gerade am dringlichsten der Realisierung bedürfen? Ich konsultiere die Autorinnen und Autoren des Friedensgutachtens 2022 der vier großen Friedensforschungsinstitute der

Bundesrepublik. Es hat den bemerkenswerten Titel »Friedensfähigkeit in Kriegszeiten«. Dort heißt es: »Im Zeichen der russischen Aggression gegen die Ukraine wird es dabei entscheidend sein, Wehrhaftigkeit mit Perspektiven für eine Kriegsbeendigung zu verbinden, mithin: friedensfähig in Kriegszeiten zu sein. Nur so wird es gelingen, eine neue Friedensordnung in Europa zu schaffen.« (BICC u.a.: 10) Und: »Friedensfähig ist nur, wer über die Kriegslogik hinausdenkt und diplomatische Optionen entwickelt, Gewaltkonflikte zumindest einzufrieren, um sie mittel- bis langfristig zu lösen. Militärische Unterstützung und Sanktionen sind wichtige Instrumente, um Druck auszuüben. Doch müssen sie in eine diplomatische Strategie eingebettet sein« (ebd.: 12). Ob Annalena Baerbock das weiß? Und wenn ja, ob sie bedenkt, dass Diplomatie eine potenzielle Verhandlungsfähigkeit der anderen Seite begünstigen muss?

Auf den ersten Blick scheinen die Friedensforschungsinstitute Friedensfähigkeit nur aufseiten des Westens einzufordern. Aber dann klingt doch an, dass eine gewisse Rationalität auch auf russischer Seite zu erreichen sei: »Gleichzeitig muss der Nutzen einer politischen Einigung auch für Russland so deutlich gemacht werden, dass Putin bereit ist zu verhandeln. Das heißt, auch Russland muss etwas angeboten werden, damit es sich auf Verhandlungen über ein Kriegsende einlässt. Der Westen sollte daher nicht allein auf eine militärische Lösung setzen, denn nur ein Verhandlungsfrieden (und nicht ein Siegfrieden) hat Aussicht, einigermaßen dauerhaft zu sein.« (Ebd.: 33)

Richard Haas, Präsident des Council on Foreign Relations der USA, und Charles Kupchan, Senior Fellow dort und einer der einflussreichsten amerikanischen Politikwissenschaftler, schreiben: »Die Ukraine als souveräne und sichere Demokratie zu bewahren, ist ein vorrangiges Ziel. Dafür muss das Land aber nicht kurzfristig die vollständige Kontrolle über die Krim und den Donbass zurückerlangen [...]. Die Lösung besteht darin, den Krieg zu beenden und zugleich die endgültige Verfügung über das noch von Russland besetzte Land zu vertagen.« (Haas/Kupchan 2023: 78, 81) Beispiele für ein solches Einfrieren von Kriegen bis zu Zeiten hoffentlich günstigerer Rahmenbedingungen für Verhandlungen sind Korea, Zypern, Südossetien und Transnistrien. In der Bundestagsdebatte vom 16. Mai 2024 über einen Antrag der CDU zur Lieferung von Taurus-Marschflugkörpern an die Ukraine griff der SPD-Fraktionsvorsitzende Rolf Mützenich diesen Gedanken auf: »Ist es nicht an der Zeit, dass wir nicht nur darüber nachdenken, wie man einen Krieg führt, sondern auch darüber nachzudenken, wie man einen Krieg einfrieren und beenden kann?« (BR 24, 16.3.2024) Es spricht nicht für die Friedensbereitschaft Deutschlands, dass er dafür übel diffamiert wurde. Der CDU-Abgeordnete Norbert Röttgen hielt ihm vor, solche Überlegung wäre »das Zugestehen schlimmster Verbrechen«.

Papst Franziskus setzte gegen die Verweigerung von Verhandlungen: »Aber ich glaube, dass derjenige stärker ist, der den Mut besitzt, die weiße Fahne zu schwenken, zu verhandeln. Das Wort verhandeln ist ein mutiges Wort. [...] Man schämt sich, aber wie viele Tote soll es noch geben.« (Franziskus 2024)

Einer der einflussreichsten Think Tanks der USA mit einer Jahresfinanzierung von 340 Millionen Dollar und über 1.800 Mitarbeitern ist die RAND Corporation. Sie empfahl in einer Studie von Samuel Charap und Miranda Priebe der amerikanischen Regierung, auf der Grundlage des Istanbul-Kommuniqués auf einen Waffenstillstand und Verhandlungen zwischen Russland und der Ukraine hinzuwirken. In dieser Studie wird vertreten, »dass neben der Abwendung einer möglichen Eskalation hin zu einem Russland-NATO-Krieg oder einem russischen Nukleareinsatz auch die Vermeidung eines langen Krieges eine höhere Priorität« für die USA habe als die Rückgewinnung von verlorenem Territorium durch die Ukraine. Die RAND hält die Festschreibung der Frontlinie vom Dezember 2022 in Verhandlungen für realistisch. Das würde einen Verlust von 20% des ukrainischen Territoriums bei starken Sicherheitsgarantien des Westens für eine Neutralität der Ukraine und wirtschaftliche Unterstützung für sie bedeuten (RAND 2023).

US-General Mark Milley sprach zu Beginn des Jahres 2023 öffentlich von einer Pattsituation in der Ukraine, die für Verhandlungen zwischen den Kriegsparteien spreche. Zu dieser Zeit war er Generalstabschef aller Truppenteile der Vereinigten Staaten. Seitdem hat sich die Lage nicht wesentlich verändert.

Hajo Funke hat in seiner Flugschrift »Verhandeln ist der einzige Weg zum Frieden« auf Stimmen prominenter deutscher Intellektueller, Politiker und Militärs für Verhandlungen verwiesen, darunter Antje Vollmer, Jürgen Habermas, Alice Schwarzer, Harald Kujat, Horst Teltschik, Klaus Möglich, Justus Frantz und Wolfgang Ischinger, die für Verhandlungen mit Russland plädieren (Funke a.a.O.: 88–104).

Immerhin haben Russland und die Ukraine eine lange gemeinsame Geschichte. Sie war immer wieder von Konflikten, aber zugleich von enger Verbundenheit gekennzeichnet. Russland, die Ukraine und Belarus sehen in der Kiewer Rus ihren gemeinsamen Ursprung, der allerdings heute entweder zugunsten eines russischen Vormachtanspruchs oder als Erbe betrachtet wird, dass vorwiegend der Ukraine zukäme. Im Zweiten Weltkrieg kämpften Russen und Ukrainer Seite an Seite gegen die faschistischen Armeen. Zudem sind sie durch verwandte Sprachen und zum Teil durch die orthodoxe Kirche verbunden, nicht zuletzt bis vor Kurzem durch enge volkswirtschaftliche Verflechtung.

Weit ungünstiger sind die Voraussetzungen für die Anerkennung wechselseitiger Friedensfähigkeit und für die Vorstellung, dass die Feinde von heute zu Sicherheitspartnern von morgen werden könnten, zwischen Israel und den Palästinensern. Nach Jahrhunderten währenden Leids der Juden durch Diskriminierung, Verfolgung und Pogrome sollte die Gründung des Staates Israel 1948 auf ehemals britisch besetztem Mandatsgebiet jüdischen Menschen endlich eine sichere Heimat geben. Aber die Geburt des israelischen Staates war mit der im Arabischen als Nakba bezeichneten Vertreibung von 700.000 bis 800.000 Palästinensern aus ihren angestammten Lebensräumen verbunden. Das arabische Wort Nakba bedeutet Katastrophe. Die Katastrophe findet bis heute statt. Der Gazastreifen wurde mit 65 km Grenzzaun zum Gefängnis für 2,2 Millionen Palästinenser. Ihre Abriegelung, die Beschränkung der Wasserzufuhr, ständige Unterbrechungen der Stromlieferungen, Blockierung von Lebensmittel- und Medikamentenversorgung, von Bau- und Brennstoffeinfuhren haben schon vor dem gegenwärtigen Krieg zu einer humanitären Katastrophe geführt. Im Westjordanland hat die völkerrechtswidrige Siedlungspolitik der israelischen Regierung systematisch die räumlichen Bedingungen für einen palästinensischen Staat untergraben. Vier Kriege in den Jahren 2008, 2012, 2014 und 2021 führten vor allem auf palästinensischer Seite zu hohen Opfern. Auf diesem Hintergrund fand der mörderische Überfall der Hamas auf Israel am 7. Oktober 2023 statt, in dem auf bestialische Weise 1400 Menschen getötet, über 3000 verletzt und mehr als 200 Personen als Geiseln genommen wurden. Auf palästinensischer Seite hat die israelische Kriegsführung nach UN-Angaben im ersten halben Jahr des Gazakrieges mehr als doppelt so viele Zivilisten getötet als in den bei ersten beiden Jahren des Ukrainekrieges.

Auf beiden Seiten sind über Jahrzehnte hinweg Feindschaft, Hass, Gewaltbereitschaft und Fanatismus gewachsen. Die israelische Regierung und die Hamas bestreiten das Existenzrecht der jeweils anderen Seite. Nach dem Massaker der Hamas in Israel wurden bis zum Frühjahr 2024 mehr als 30.000 Palästinenser getötet, darunter mehr als 70% Frauen und Kinder. Etwa 58.900 Menschen wurden verletzt. Viele sterben weiter durch Hunger und infolge des Fehlens medizinischer Versorgung. Krieg ist Barbarei. Noch weniger als vor dem Terrorangriff der Hamas und der unmenschlichen Antwort der israelischen Regierung darauf ist zu erwarten, dass in einem absehbaren Zeitraum die Verfeindeten zu friedensfähigen Partnern werden.

Die extreme Schärfe des israelisch-palästinensischen Konflikts und ein wichtiger Unterschied zum Ukrainekonflikt resultieren auch daraus, dass er nicht von zwei langjährig voneinander abgegrenzten Territorien ausging, sondern Juden und Palästinenser beanspruchen ein und dasselbe Territorium für ihre staatliche Existenz und sprechen der anderen Seite das Existenzrecht ab. Dieser Konflikt wird zudem dadurch aufgeheizt, dass der Kampf um Land und Staatlichkeit zwischen beiden Seiten auch als Glaubenskrieg, als Krieg der Religionen geführt wird.

> Es liegt nahe, aus dieser Spezifität des Nahostkrieges darauf zu schließen, dass Lösungen kaum anders als auf massiven internationalen Druck und unter internationaler Verantwortung und Präsenz in der umstrittenen Region vorstellbar sind.

Einst wurde auch das mit der Hauptschuld am Zweiten Weltkrieg und mit den Verbrechen des Holocaust beladene Deutschland nur durch Zwang seitens der Alliierten zu friedlichem Verhalten gezwungen – bis neuerdings der deutsche Verteidigungsminister zu »Kriegstüchtigkeit« aufruft. Allerdings war dem eine totale militärische Niederlage des nationalsozialistischen Staates vorausgegangen.

Die USA wären in der Lage, durch Verweigerung von Waffenlieferungen an Israel und andere Sanktionen eine Deeskalation zu erzwingen. Bisher leisteten die Vereinigten Staaten jährlich Militärhilfe für Israel in Höhe von 3,8 Milliarden US-Dollar. Nach der Terroraktion der Hamas am 7. Oktober 2023 beschloss das Repräsentantenhaus ein Hilfspaket für Israel im Umfang von 14,3 Milliarden. Im Frühjahr 2024 blockierten die Republikaner im Kongress allerdings zeitweilig Hilfsgelder für Israel im Umfang von 60 Milliarden.

Leistungen an Israel sollten schnellstmöglich an Schritte zu einer Zwei-Staaten-Lösung, an sofortige Einstellung der Abriegelung des Gazastreifens sowie der militärischen Rückendeckung für die antipalästinensische Gewalt ultrareaktionärer Siedler im Westjordanland gebunden werden. Die kanadische Regierung hat im März 2024 beschlossen, Waffenlieferungen an Israel einzustellen – ein Hoffnungszeichen für Vernunft.

Auch für den Gazakrieg gilt, dass ohne konstruktive Vorstellungen für eine Nachkriegsordnung kein Frieden zwischen Israel und den Palästinensern sein wird. Die Ausgangsposition dafür muss das Recht auf nationale Selbstbestimmung sein. Daraus ergab sich die prinzipielle Schlussfolgerung: »Jedes der beiden Völker hat das Recht auf einen Nationalstaat. Somit wäre auch ein Stolperstein weggeräumt – die Idee nämlich, dass der Staat seine Legitimation durch eine religiöse Verheißung erhält oder durch die eine oder andere Auslegung der Volksgeschichte.« (Zimmermann 2024: 182) Nahe liegt eine Zweistaatenlösung als überzeugendster Ausweg aus hoffnungsloser Feindschaft. Sie wird international präferiert, auch von den USA. Aber die faktische Tolerierung der israelischen Siedlungspolitik durch den Westen, die im Westjordanland ein einheitliches Staatsterritorium systematisch zersetzt hat, verweist auf die destruktive Inkonsequenz dieser Haltung.

Sowohl unter Israelis als auch unter Palästinensern ist die Meinung zur Idee der Zweistaatenlösung gespalten. Nach einer Untersuchung des Israel Institute for Democracy vom November 2023 lehnten 52% der jüdischen Bevölkerung Israels dieses Projekt ab. 35,5% stimmten der Lösung zu, von den israelischen Arabern sogar 55%. Die Zustimmung erhöhte sich nach dem Terrorakt der Hamas vom 7. Oktober auf 38% der Juden und 60% der israelischen Araber. 65% der Palästinenser halten die Zweistaatenlösung für unmöglich, vor allem wegen der israelischen Siedlungspolitik, 32% aber immerhin doch für möglich (laut Studie der Adenauer Stiftung in Zusammenarbeit mit dem Palestinian Center for Policy: 179f).

Moshe Zimmermann hat vor Augen geführt, was die Alternativen zu einer Zweistaatenlösung wären: »Annexion der palästinensischen Gebiete Westbank und Gaza durch Israel? Krieg ohne Ende? Massenvertreibung des einen oder des anderen Volkes? Transfer in großem Stil? Fortsetzung des ›Managements‹ der besetzten Gebiete? Eine andere Variante von Autonomie für die Palästinenser? Ein Staat Israel auf dem Gesamtgebiet Palästina, der kein jüdischer Staat sein soll? Diese Alternativen sind alle entweder moralisch verwerflich oder für zu viele Menschen auf beiden Seiten inakzeptabel, gefährlich oder undurchführbar. Kurz: Im Vergleich zu einer Zweistaatenlösung sind sie ohne Vorteil.« (Ebd.: 181)

Gemeinsame Überlebensinteressen der heute verfeindeten Protagonisten, Kompromisse zwischen ihnen, Kooperation und Verhandlungen über mögliche Wege dahin werden schließlich doch unumgänglich sein, wenn ein dauerhafter Krieg ausgeschlossen werden soll. Grundprinzipien Gemeinsamer Sicherheit drängen sich als Handlungsmaßstäbe auf – selbst in scheinbar aussichtsloser Situation.

Ein weiterer Denkanstoß für diese Überzeugung ist angesichts der sehr verschiedenen Voraussetzungen sicher nicht zwingend, aber vielleicht anregend: der Vergleich zweier hochgradig unterschiedlicher Akteure, der Hamas mit der größten Guerillabewegung in der Geschichte Lateinamerikas, mit der FARC (Fuerzas Armadas Revolutionarias de Colombia). Über 50 Jahre dauerte bis zum Juni 2016 ein Bürgerkrieg in Kolumbien zwischen der FARC mit dem kolumbianischen Staat, seinen Streitkräften, mit rechtsgerichteten paramilitärischen Gruppen und Drogenkartellen. Etwa 220.000 Tote und Millionen Flüchtlinge waren die Opfer, nicht zuletzt Zivilisten. Ungezählte Morde, Terrorakte, Geiselnahmen und Teilbündnisse der FARC mit

Drogenkartellen gehörten zu den Kampfformen. 12% der Morde an Zivilisten wurden im Jahr 2008 von dem Chefankläger des Internationalen Strafgerichtshofs der FARC, 8% den Regierungstruppen und 80% den rechtsextremen Paramilitärs zugerechnet.

Worauf hier aufmerksam gemacht wird: Nach einem halben Jahrhundert andauernden mörderischen Bürgerkrieg, nach tiefsten Verletzungen, Hass und Racheemotionen kam schließlich ein Waffenstillstand zustande. Innerhalb von 180 Tagen übergab die FARC ihre Waffen an Vertreter der Vereinten Nationen. Etwa 7.000 Kämpfer der FARC wurden in die kolumbianische Zivilgesellschaft integriert. Das hat allerdings ein Aufflackern kleinerer Kämpfe bis in das Jahr 2022 nicht ausgeschlossen. Aber Verhandlungen waren möglich – mit Erfolgen.

An der Möglichkeit von Verhandlungen im Rahmen des Konzepts Gemeinsamer Sicherheit hält das Friedensgutachten 2022 fest: »Eine kooperative Friedens- und Sicherheitsordnung ist möglich und nicht schon deshalb verfehlt, weil Wladimir Putin sie gerade zertrümmert. Allerdings: einen schnellen Weg zurück zu dieser Ordnung wird es nicht geben. Die Herausforderung für die Zukunft der internationalen Beziehungen ist der Aufbau neuer Kooperationsstrukturen – in Europa und in der Welt. Solche Strukturen werden in Europa nach dem Krieg zunächst ganz basalen Charakter haben und auf Verteidigungsfähigkeit, Abschreckung und rüstungskontrollpolitischen Minimalstandards basieren. Erst in einem weiteren Schritt wird man vielleicht zu einer friedlichen Koexistenz übergehen können, die bedeuten könnte, auf gegenseitige Destabilisierung zu verzichten. Auch wenn es in der Erregung des Augenblicks illusorisch erscheinen mag, ist jetzt der Zeitpunkt, sich über die Schritte zu einer neuen Friedens- und Sicherheitsordnung in Europa Gedanken zu machen.« (Ebd.: 30)

Bisher wurde hier überwiegend nach der Friedensfähigkeit Russlands gefragt, nur in den letzten Abschnitten nach der Friedensfähigkeit des Kapitalismus in der westlichen Welt. Das mag zunächst mit dem Verweis darauf erlaubt sein, dass das ganze zweite Kapitel um diese Frage kreisen wird.

Gemeinsame Sicherheit als Politik der Rüstungskontrolle und Abrüstung

Die Vordenker des Konzepts Gemeinsamer Sicherheit definierten: »Kurz- und mittelfristig will Gemeinsame Sicherheit:

- die Ablösung der Abschreckung,
- die Rüstungsbegrenzung und Abrüstung durch Verhandlungen und Vereinbarungen unter Einschluss auch einseitiger Maßnahmen,
- die Realisierung Struktureller Nichtangriffsfähigkeit;

und langfristig:

- die Auflösung der Militärpakte und Blöcke,
- die Schaffung einer Neuen Europäische Friedensordnung.« (Lutz 1986: 41)

Realistischerweise wurde angenommen, dass die Durchsetzung Gemeinsamer Sicherheit längere Zeit hindurch das Festhalten an der Abschreckungsdoktrin nicht ausschließen werde. Heute gilt im herrschenden Diskurs, dass angesichts des Ukrainekrieges über Perspektiven Gemeinsamer Sicherheit nicht realistisch nachgedacht werden kann, ohne zugleich gegenüber dem Aggressionskurs der russischen Führung an der militärischen Abschreckungsfähigkeit der NATO festzuhalten. Aber als Militärbündnis unter Führung der USA in deren imperialem Interesse einschließlich militärischer Interventionen in anderen Ländern kann die NATO nicht als zukunftsfähig angesehen werden.

Seinerzeit wurde darauf verwiesen, dass das zeitweilige Nebeneinander von Abschreckung und Gemeinsamer Sicherheit eine Plausibilität aufweise: beide Doktrinen seien von der Intention her als Kriegsverhinderungsstrategien zu verstehen. Tragischerweise haben beide dabei versagt – die Abschreckung, weil sie konstruktionsbedingt eben doch nicht immer funktioniert, die Gemeinsame Sicherheit, weil sie die Politik zu keiner Zeit maßgeblich und dauerhaft bestimmen konnte. Doch schon damals wurde betont: »Trotz dieser Gemeinsamkeit sind Abschreckung und Gemeinsame Sicherheit (auf Dauer – D.K.) nicht vereinbar. Zwar will Gemeinsame Sicherheit wie die Abschreckung die Vermeidung von Kriegen – nicht jedoch im Gegeneinander, sondern im Miteinander.« (Ebd.: 51)

Als unvereinbar mit Gemeinsamer Sicherheit wurden in der Abschreckungsdoktrin enthaltene Elemente angesehen: unter anderem die ständige Vorbereitung auf den schlimmsten Fall (Worst Case), die die Versuchung zu einem präemptiven Angriff, womöglich sogar mit atomaren Waffen, einschließt; die irrationale Drohung mit der Vernichtung des Gegners unter Inkaufnahme der letztendlichen Selbstvernichtung; die Reproduktion von Instabilitäten durch laufende Perfektionierung bzw. Modernisierung der militärischen Mittel (ebd.).

Genau diese Defizite der Abschreckungspolitik sind im Ukrainekrieg virulent geworden – Gemeinsame Sicherheit bleibt die Aufgabe der Kräfte des Friedens. Mitten im Krieg muss dieses Konzept zu neuer Geltung gebracht werden, weil ohne Vorstellungen von einem inneren Band der europäischen Nachkriegsordnung keine Befriedung und Neutralisierung der Ukraine möglich sein wird. Waffenstillstands- und Friedensverhandlungen werden in ein umfassendes Sicherheitskonzept einzubinden sein.

Der Angriffskrieg gegen die Ukraine ist nicht allein ein Verbrechen der russischen Führung, er ist durchaus – wie andere Kriege der letzten Jahrzehnte – eine Konsequenz andauernder internationaler Machtrivalitäten und Aufrüstung. Beide beteiligte Seiten, sowohl die russische wie die amerikanische, verfolgen seit Langem eine gefährliche Rüstungseskalation.

Der Krieg gegen die Ukraine war von Beginn an ein Krieg Russlands gegen den Westen, wurde aber immer deutlicher auch ein Kampf des Westens gegen Russland, stellvertretend geführt durch die Ukraine und mit dem Ziel, Russland dauerhaft als geopolitische Konkurrenten auszuschalten. Der Krieg erwuchs aus der unheilvollen Verbindung von imperialen Vormachtkämpfen und erneutem Rüstungswettlauf. Die russische Führung will sich den postsowjetischen Raum als unantastbares Einflussgebiet sichern und dies in der Ukraine exemplarisch manifestieren. Die USA wollen einen Wiederaufstieg Russlands ein für alle Mal ausschließen und sich auf solche Weise den Rücken für die Auseinandersetzung mit der aufsteigenden Volksrepublik China freihalten. Nach altem Muster setzen alle Seiten dabei stark auf Waffen.

Russland befindet sich etwa seit Beginn der zweiten Dekade des Jahrhunderts mitten in einer intensiven Modernisierung seiner nuklearen und nichtnuklearen Streitkräfte. Allerdings treten in der Ukraine seine weiter existierenden konventionellen Defizite zutage. Die russische Aufrüstung erfolgt nach Angaben Götz Neunecks, des wissenschaftlichen Direktors am Hamburger Institut für Friedensforschung und Sicherheitspolitik (Neuneck 2018a, 2018b; siehe auch: Maaser/Verlaan 2022), in folgenden Richtungen:

- neue see- und landgestützte Trägersysteme (Yars, Rubezh, Bulava, Sarmat) sind bereits eingeführt. Die Interkontinentalrakete Sarmat soll auch den Südpol überfliegen können,
- neue U-Boote der Boreis-Klasse und neue Bomber (Tu-160, Tu-Pak-DA) sollen alte Systeme ersetzen,
- die Modernisierung von Trägersystemen taktischer Nuklearwaffen soll die Schwelle zum Nukleareinsatz verringern – das ist zumindest der Vorwurf der USA und der NATO,
- die »Avantgarde« soll ein nuklear angetriebener Überschallflugkörper mit großer Reichweite sein.

Zum langfristigen nuklearen Modernisierungsprogramm der USA gehören:

- neue modernisierte Nuklearwaffen, für die nach Schätzung des Congressional Budget Office von 2017 innerhalb von zehn Jahren etwa 400 Milliarden Dollar ausgegeben werden sollen. Dazu gehören die Bereitstellung neuer »maßgeschneiderter« Nuklearsysteme, d. h. von modifizierten Sprengköpfen geringerer Sprengkraft, und einer neuen Version der freifallenden Bombe B61-12 mit einstellbarer Ladung und höherer Treffgenauigkeit von nur 30 m für unterschiedlichste Bombertypen.

- die Planung eines neuen Long Range Stand-Off (LRSO), eines Marschflugkörpers als Nachfolgemodell für den jetzigen strategischen Marschflugkörper ALCM. 550 dieser Trägerwaffen sollen mit Kernsprengköpfen bestückt werden.
- die Planungen für einen neuen strategischen Bomber (B 21), für eine neue Interkontinentalrakete (ICBM), für einen Abstandsmarschflugkörper (LRSO) und ein neues Atom-U-Boot,
- die Entwicklung von Überschallflugkörpern (hypersonic gliding vehicles) für das Global Strike Program,
- das Starlink-System des zum Tesla-Imperium Elon Musks gehörenden Unternehmens SpaceX. Es besteht aus einer fünfstelligen Zahl von kleinen Satelliten im Orbit, deren Signale von Starlink-Bodensystemen empfangen werden können. Über 10.000 davon sollen in der Ukraine stationiert sein. Das System soll erdweit ein extrem schnelles und billiges Internet bereitstellen. Es soll gegenwärtig den ukrainischen Streitkräften ermöglichen, das Feuer von beweglichen, dezentralen Artilleriebatterien hocheffizient zusammenzuführen.

In Westeuropa ist die Zukunft des größten gemeinsamen Rüstungsprojekts zwischen Frankreich, Deutschland und Spanien noch unsicher. Im Future Combat Air System (FCAS) soll ein Kampfjet der sechsten Generation entwickelt werden, dem im Verbund mit bewaffneten Drohnen und anderen Systemen der Luft, auf dem Boden, zur See und im Weltraum eine überlegene Kampfkraft zugeschrieben wird.

In Deutschland sind wichtigste Projekte nach der Übersicht von Jürgen Wagner (Wagner 2022: 154–164) die folgenden:

- der deutsche Beitrag zum Future Combat Air System (FCAS),
- der schwere Transporthubschrauber (STH), wahrscheinlich durch Kauf des CH-47F Chinook von Boeing,
- die Heron-Drohne durch Kauf von Israel,
- die P-8 Poseidon von Boeing für die U-Boot-Jagd und Seefernaufklärung,
- weitere Fregatten F-126,
- die Korvette K130,
- neue Varianten des Leopard-Panzers,
- die Nachfolgeversion des Truppenpanzers Fuchs
- die Nachrüstung des Schützenpanzers Puma,
- die Nachfolge des Schützenpanzers Marder,
- das Zukunftsprojekt Main Ground Combat System (MGCS), für das allein Entwicklungskosten von 8 Milliarden € erwartet werden,

- für Führungsfähigkeit und Digitalisierung
  - die Weiterentwicklung des Verbundes von Rechenzentren »Herkules« als Rückgrat der Digitalisierung der Bundeswehr,
  - das Satellitenkommunikations-System (Sat-Com-BW),
  - das Digitalfunknetzwerk Tactical Wide Area Network (TAWAN),
  - die Digitalisierung landbasierter Operationen (DLBO).

Aus den Rüstungsprojekten geht hervor, dass parallel zum nuklearen Wettrüsten die Modernisierung der konventionellen Streitkräfte verläuft. Neuneck hebt fünf Richtungen der Entwicklung neuer Kriegstechnologien hervor (Neuneck 2014):

- unbemannte ferngesteuerte Drohnen, die zum Beispiel mit Massenvernichtungswaffen bestückt werden können. Neue Designs betreffen die Ausstattung mit künstlicher Intelligenz und Mustererkennung, Tarnkappentechnologie, Schwarmverhalten und Sensorik.
- ferngesteuerter Krieg aus der Luft mit der Besonderheit, dass unterschiedliche konventionell bestückte Trägersysteme jeden Ort der Welt in kürzester Zeit mit hoher Präzision und Zerstörungskraft aus jeder Richtung angreifen können – in den USA in Gestalt des Hightech-Programms »Prompt Global Strike«;
- Einsatz von Robotern zu Land, auf und unter Wasser;
- zunehmende Stützung der Landstreitkräfte auf im Weltraum dislozierte Kommunikation, Aufklärung und zum Teil Steuerung;
- Cyberkrieg.

Der Basistrend moderner Rüstungsprozesse ist ihre umfassende Digitalisierung. Seit Jahrzehnten schon zeichnet sich eine intensive Wechselwirkung zwischen der Entwicklung integrierter Schaltkreise und ihrem Einsatz als entscheidende Komponente in der Rivalität großer Mächte sowie in der Modernisierung der Waffenarsenale ab.

Als die Sowjetunion ihren Sputnik in die Erdumlaufbahn brachte und Gagarin als erster Mensch in den Weltraum flog, deutete dies nach Auffassung der US-Militärs und amerikanischer Chipforscher auf eine drohende militärische Superiorität der Sowjetunion hin. US-Wissenschaftler hatten bereits integrierte Schaltkreise in der Erprobung. Aber noch hatte in den USA der Markt für diese Technologie gefehlt. Als Kennedy jedoch als Antwort auf die sowjetischen Weltraumerfolge das Mondlandeprojekt Apollo deklarierte, als sich der Bedarf an Hochleistungschips für Weltraumraketen abzeichnete und das Pentagon seine Kassen dafür öffnete, war der Markt plötzlich da und boomte.

Im Vietnamkrieg verfehlten Tausende Tonnen Bomben ihre Ziele. Die USA verloren den Krieg nicht deshalb. Aber die Strategen im Pentagon im Verbund mit den führenden IT-Unternehmen zogen daraus den Schluss, dass kommende Kriege mit chipgesteuerten zielgenauen Bomben geführt werden müssten: »Die US-Armee hatte den Krieg verloren, aber die Chipindustrie konnte sich in dem Frieden, der dem Krieg folgte, als Sieger behaupten, denn der Rest Asiens, von Singapur bis Taiwan und Japan, ging über rasant zunehmende Investitionsbeziehungen und Lieferketten eine immer engere Bindung an die USA ein. [...] Inzwischen hatte die Chipindustrie neue Waffensysteme hervorgebracht, die die Art und Weise, wie das US-Militär künftige Kriege führen würde, veränderten.« (Miller 2023: 115) Der Zyklus »Krieg-Chiprevolution-Krieg« gewann Konturen.

Der Krieg der USA gegen den Irak Saddam Husseins war das Exempel darauf. Die Vereinigten Staaten führten ihn mit halbleiterbasierten Lenkwaffensystemen und zerstörten damit die militärische Infrastruktur und Teile der zivilen Infrastrukturen mit einem Minimum eigener Verluste. Chips für Präzisionswaffen im Krieg und Krieg als neuerlicher Anstoß für die Weiterentwicklung der Chipindustrie, dieses tödliche Wechselspiel war zum Vehikel des exponentiellen Wachstums der Halbleiterbranche geworden – was durchaus deren zivile Expansion einschließt (ebd.: 202–206). Kein Zufall, dass die Karte der Halbleiterstandorte von US-Unternehmen und asiatischen Firmen von Südkorea bis Taiwan, von Singapur bis zu den Philippinen der Karte der amerikanischen Militärstützpunkte in Asien gleicht. (Ebd. 101)

Für die neuesten Waffensysteme existieren keine vertraglichen Kontrollsysteme, die ihnen Grenzen setzen könnten. Zur Entfesselung des Wettrüstens trägt die Aufkündigung von einst vereinbarten Rüstungskontroll- und Abrüstungsverträgen erheblich bei. Das betrifft die einseitige Kündigung des ABM-Vertrages zur Begrenzung strategischer Raketenabwehrsysteme im Jahr 2002 durch die USA in der Kombination mit der Stationierung von US-Raketenabwehrsystemen in Polen und Rumänien, die in der russischen Wahrnehmung durch die Verkürzung von Vorwarnzeiten das strategische Gleichgewicht gefährden. Das betrifft ferner die amerikanische Aufkündigung des INF-Vertrages zur vollständigen Beseitigung atomarer Mittelstreckensysteme von 1987 und den Austritt der USA aus dem Atomabkommen mit dem Iran. Die NATO-Staaten haben die Ratifizierung des modifizierten KSE-Vertrages über die Begrenzung konventioneller Streitkräfte in Europa gar nicht erst vorgenommen. Die Atommächte haben dem Beschluss der UN-Vollversammlung zur Ächtung von Atomwaffen nicht zugestimmt, die Bundesrepublik hat sich ihnen angeschlossen, nimmt allerdings einen Beobachterstatus im Kreis der Signatarstaaten wahr.

Wohin diese Entwicklung führt, zeigt der Krieg in der Ukraine mit aller Brutalität: »So bringt der Kriegsverlauf die Gefahr eines möglichen Kontrollverlusts in der Strategie der Abschreckung erneut ins allgemeine Bewusstsein.« (BICCC u.a. 2022: 103) Deutlicher formuliert: die Doktrin der Abschreckung hat versagt, die Gegenstrategie Gemeinsamer Sicherheit bietet die einzig mögliche friedliche Alternative – so realitätsfern dies mitten im Krieg auch zu sein scheint.

Die in vollem Gang befindliche nukleare Aufrüstung erfordert mit größter Dringlichkeit Widerstand und Alternativen. Die vier großen deutschen Friedensforschungsinstitute formulieren in ihrem »Friedensgutachten 2022« unter anderem als Mindestschritte: Deutschland sollte innerhalb der NATO für nukleare Deeskalation wirken. Eine Bewegung in dieser Richtung wäre die Verwirklichung der Vereinbarung von 1994 zwischen Washington und Moskau, der auch Großbritannien beigetreten war, nämlich die Zielzuweisung strategischer Trägerwaffensysteme aufzuheben. Ein großer vertrauensbildender Schritt wäre ein gegenseitiger Austausch permanenter Beobachter in den jeweiligen Kernwaffeneinsatzzentralen.

Deutschland sollte laut dem Friedensgutachten 2022 an alle Kernwaffenstaaten appellieren, durch Einfrieren bestehender Arsenale ihren Verpflichtungen aus Artikel VI des Nichtverbreitungsvertrages (NVV) nachzukommen. Es sollte erklären, sich an keinem Ersteinsatz von Kernwaffen zu beteiligen und bei den Kernwaffenstaaten für entsprechende »No First Use«-Erklärungen zu wirken. Die Militärdoktrinen der Atommächte USA, Russland, Großbritannien und Frankreich schließen einen möglichen Ersteinsatz durchaus ein. Nordkorea, Pakistan und Israel halten sich diese Option offen. Die Volksrepublik China hat einen Ersteinsatz für sich ausgeschlossen. Die Bundesrepublik sollte nach den Überlegungen der Friedensforschungsinstitute ihren Ausstieg aus der nuklearen Teilhabe einleiten und deren Beendigung als ihr Ziel erklären. Deutschland sollte für ein Netzwerk eintreten, das auf eine kernwaffenfreie Zone in Europa zielt. Die auf Eis gelegten Rüstungskontrollverhandlungen zwischen USA und Russland müssen wieder aufgenommen werden; darauf sollte die deutsche Regierung hinwirken.

Festzuhalten

Das zentrale Gebot der Doktrin Gemeinsamer Sicherheit angesichts der Materialschlacht in der Ukraine und Dutzenden anderer Kriege, im Angesicht von Umweltkrisen, deren Lösung dringlich der in Kriegen vernichteten Ressourcen bedürfte, lautet mehr denn je: Rüstungskontrolle und Abrüstung! Die Realität ist Kontrollverlust und Hochrüstung. Mehr Waffen für den Ukrainekrieg! Eine Million Munition soll her. Warum nicht deutlicher: Hunderttausende mehr Tote.

Umkehr zur Abrüstung atomar und konventionell – das erfordert Gemeinsame Sicherheit heute.

Strukturelle Nichtangriffsfähigkeit als Element Gemeinsamer Sicherheit
Als ein wichtiger Grundgedanke Gemeinsamer Sicherheit wurde in den Diskussionen der 1980er-Jahre die Strukturelle Nichtangriffsfähigkeit betrachtet. Für einen heute noch fernen Zeitabschnitt weiter existierender Bewaffnung auf hohem Niveau, jedoch möglicher Entspannung zwischen bisher gegnerischen Staaten wäre ein bedeutender Fortschritt, wenn die Struktur der militärischen Kräfte zwar Sicherheit durch Verteidigungsfähigkeit böte, jedoch Sicherheit auch dadurch, dass beide Seiten strukturell angriffsunfähig wären. Die Theoretiker Gemeinsamer Sicherheit hofften, auf dem Wege vertrauensbildender Maßnahmen, bei glaubwürdigem Abbau von Bedrohungen der Gegenseite, bei sichtbarer Anerkennung von Sicherheitsinteressen des Gegners: »Der Übergang zu einem militärischen Defensivpotenzial wäre sogar unter widrigsten Umständen möglich und funktioniert.« (Müller 1986: 171)

Doch wieder ist zu fragen, ob ein Rückgriff auf diese Idee im Konzept Gemeinsamer Sicherheit angesichts des russischen Angriffs auf die Ukraine – und von Kriegen der NATO in den Jahrzehnten zuvor – sowie im Angesicht der hier skizzierten offensiven Hochrüstung nicht doch ein realitätsferner Traum ist.

Aber wiederum ist solchen Bedenken entgegenzusetzen: Wenn Rüstung und Krieg zu Unmenschlichkeit und Entzivilisierung führen, ist die Suche nach Alternativen unausweichlich. Wenn schon der generelle Abschied von Waffen für absehbare Zeit nicht realistisch ist – warum dann nicht wenigstens militärische Strukturen schaffen, die untauglich für Angriffe sind? Immerhin haben die USA und ihre Verbündeten, Kanzler Scholz in Deutschland eingeschlossen, lange gezögert, der Ukraine schwere Waffen zu liefern. Mit den Beschlüssen zur Lieferung von Leopard-Panzern, Kampfflugzeugen und Raketen wurde diese rote Linie zu Beginn des Jahres 2023 überschritten. Aber modernste Kampfjets und Langstreckenraketen bleiben für die meisten NATO-Staaten noch ein Tabu. Zweifelhaft ist, wie lange der Westen dies durchhalten wird. Aber zunächst deutet diese – wenn auch höchst beschränkte – Zurückhaltung darauf hin, dass der Gedanke nicht ganz verbannt werden kann, defensiven Strukturen unter bestimmten Bedingungen den Vorrang vor Offensivstrukturen zu geben.

Zumindest wäre eine naheliegende Erwägung, im Rahmen der Militärausgaben der Bundesrepublik solchen Ausrüstungsstrukturen zunehmendes Gewicht einzuräumen, die die Verteidigungsfähigkeit sichern, aber zu struktureller Angriffsunfähigkeit tendieren. Die Liste deutscher Rüstungsprojekte ist allerdings fern von solchen Gedanken.

Albrecht von Müller, viele Jahre in der Max-Planck-Gesellschaft wissenschaftlich tätig, Gründungsdirektor des European Center for International Security (EUCIS), Gründer der Parmenides Foundation und wiederholt Regierungsberater, hält an der Idee struktureller Angriffsunfähigkeit auch mitten in der Vorbereitung beider Seiten im Ukrainekrieg auf neue Offensiven fest. Unter der Überschrift »Ein alter neuer Denkansatz für die Beendigung des Ukrainekrieges« schrieb er: »Wir sollten eine qualitative Weiterentwicklung des konventionellen Kräfteverhältnisses in Richtung einer eindeutigen, wechselseitigen Verteidigerdominanz als einen qualitativ neuen Lösungsansatz zum Leitmotiv unserer Überlegungen machen. Als ersten Schritt sollten wir – wie in JACOS und JOSIM schon einmal erfolgreich praktiziert – von führenden Militärs beider Seiten gemeinsam die Möglichkeiten der praktischen Umsetzung dieser neuen politischen Zielsetzung überprüfen und erarbeiten lassen.« (von Müller 2022: 90) Die Parmenides-Stiftung beabsichtigt, dazu führende Militärs Russlands, der Ukraine sowie der NATO zu einer Serie von Arbeitstreffen einzuladen. (Ebd.: 91). »Es geht hierbei um nichts weniger als die Herausbildung einer strukturell abgesicherten Friedensordnung in Europa.« (Ebd.: 90)

Was heißt strukturelle Nichtangriffsfähigkeit? Von Müller definiert: »Darunter versteht man ein Kräfteverhältnis, in dem die Verteidigungsfähigkeit beider Seiten eindeutig größer ist als die Angriffsfähigkeit des jeweiligen Gegenübers. Zu erreichen ist dies, indem man für großräumige Angriffe und Eroberungen erforderliche Waffensysteme stark begrenzt, während man eher für Verteidigungszwecke geeignete Waffensysteme nicht limitiert. (Der hier gemachte Unterschied ist in Bezug auf einzelne Waffensysteme nicht völlig trennscharf, auf der Ebene ganzer Dispositionen lässt er sich jedoch sehr wohl treffen.)« (Ebd.)

Die bei Albrecht von Müller eingebrachte »wechselseitige Verteidigungsdominanz« bezieht sich, wie er in den zitierten Passagen andeutet, auf konventionelle Bewaffnung. Vorausgesetzt ist offenbar, dass nicht eine der beteiligten Seiten ein erstrebtes Übergewicht der Verteidigungsfähigkeit gegenüber Offensivpotenzialen atomar ad absurdum führt. Das bedeutet, die internationale Verurteilung und Ablehnung des Einsatzes von Kernwaffen müsste derartig überwältigend werden, deutlich auch von Mächten wie China, Brasilien und Südafrika vertreten, dass es nicht zu einer atomaren Korrektur einer möglichen Verteidigungsdominanz kommen kann. Die atomare Zweitschlagsfähigkeit der USA und Russlands, die beide vom Einsatz atomarer Waffen abhält, gehört zu dieser Voraussetzung.

Aber zugleich gehört zur Herausbildung struktureller Nichtangriffsfähigkeit, der Versuchung eines niedrigschwelligen Atomwaffeneinsatzes zu widerstehen. Mini Nukes, taktische Atomwaffen, Nuklearwaffen kurzer und mittlerer Reichweite müssten in neuen Abrüstungsrunden verboten und vernichtet werden. Der Übergang zu konventioneller struktureller Nichtangriffsfähigkeit wäre mit einem Prozess atomarer Rüstungsbegrenzung und Abrüstung zu verbinden. Mit der Vernichtung und dem Verbot von nuklearen Waffen im Rahmen des INF-Vertrages war in Mitteleuropa ein solcher Schritt bereits realisiert worden. Er ist also nicht unmöglich. Er geht in die Richtung einer erstschlagsresistenten, aber nicht erstschlagsgeeigneten Armee. Heute wäre ein erneuter bescheidener Schritt in solche Richtung, eine schnelle Einsetzbarkeit von Atomwaffen durch eine physische Trennung bei der Dislozierung von Trägersystemen und Gefechtsköpfen auszuschließen. Strukturelle Nichtangriffsfähigkeit bedeutet nicht unbedingt Nulllösungen bei offensivfähigen konventionellen Waffen, aber Ausstattung unterhalb einer kritischen Masse, die für strategische und operative Angriffe notwendig wäre. Sie macht einen militärischen Sieg unwahrscheinlich, sichert aber hinreichende Verteidigungsfähigkeit. »›Strukturelle Absicherung‹ (einer Friedensordnung in Europa – D.K.) bedeutet, dass die Entscheidung, einen Angriffskrieg zu führen, nicht kurzfristigem Gutdünken unterliegt, sondern aufwändige, zeitraubende und klar erkennbare Maßnahmen der Umrüstung des eigenen militärischen Dispositivs erfordern würde.« (Ebd.)

1989/90 hätte eine Politik Gemeinsamer Sicherheit und des Übergangs zu struktureller Nichtangriffsfähigkeit das Tor zu einer globalen Friedensordnung öffnen können. Die USA befanden sich militärisch und ökonomisch in einer einmaligen Position der Überlegenheit. Sie hatten auf einem Weg zu Gemeinsamer Sicherheit und struktureller Abrüstung nichts zu befürchten. Die Sowjetunion der Ära Gorbatschows war weit geöffnet für ein solches Konzept. Albrecht von Müller war übrigens damals einer der Berater Michail Gorbatschows. Aber die historische Chance wurde verspielt.

Festzuhalten

> Heute ist die Umkehr vom heißen Krieg in der Ukraine zu Gemeinsamer Sicherheit weit schwieriger als nach dem Ende des Kalten Krieges. Aber gerade deshalb bedarf es einer strategischen Vorstellung von möglichen Auswegen. Doch die Bundesrepublik hat »keine strategische Kultur«, wie Brigadegeneral a.D. Erich Vad, früherer militärischer Berater der Bundeskanzlerin Merkel, beklagt (Vad 2022: 73). »Die deutsche wie die europäische Politik üben sich gleichermaßen in strategischer Ratlosigkeit.« (Weidenfeld 2022: 99) Gemeinsame Sicherheit und als eines ih-

rer Grundelemente strukturelle Nichtangriffsfähigkeit könnten eine Friedensstrategie orientieren.

Kooperation als Grundelement Gemeinsamer Sicherheit

Wenn Frieden nicht gegeneinander, sondern nur noch miteinander erreicht werden kann, wird Kooperation zum Gebot internationaler Beziehungen – in der Außen-, Sicherheits- und Entwicklungspolitik, in der Wirtschaft und zur Bewältigung der ökologischen, sozialen und kulturellen Herausforderungen.

Kooperation ist ein universelles Prinzip Gemeinsamer Sicherheit. Die Wasserstoffstrategie der Bundesregierung beispielsweise beruht darauf, dass 70 bis 80% des benötigten grünen Wasserstoffs importiert werden müssen – aus befriedeten Regionen.

Da das Konzept Gemeinsamer Sicherheit vorrangig aus dem Zwang entstand, der Bedrohung eines Nuklearkrieges zu entgehen, war der Diskurs über Kooperation in den 1980er-Jahren stark auf Schritte der militärischen Entspannung konzentriert. Diskutiert und realisiert wurden Informationen der Gegenseite über das eigene Militärpotenzial und eigene Militäraktivitäten wie Manöver, Verifikationsvereinbarungen als Teil der Rüstungskontrolle, Beobachtung von Manövern durch Militärs der Gegenseite und Hinwendung zu friedlicher Konfliktbearbeitung, wo Konfliktvermeidung nicht erfolgreich war. Für die Gegenwart wurde die Bundesregierung im »Friedensgutachten 2022« gemahnt: »Die Bundesrepublik genießt weltweit hohe Anerkennung und sollte daher eine aktive Rolle übernehmen. Hierzu sollten die Expertise und Fähigkeiten zu politischen Vermittlungstätigkeiten ausgebaut werden.« (BICC u.a. 2022: 46) Angesichts des Umstandes, dass Al Kaida, der Islamische Staat (IS) und verbündete dschihadistische Gruppen im Jahr 2020 an 28 von 54 innerstaatlichen militärischen Konflikten unter Beteiligung mindestens eines staatlichen Akteurs aktiv waren, heißt es weiter: »Die Bundesregierung sollte sich für einen Dialog mit Dschihadist*innen einsetzen, um Gewalt zu beenden.« (Ebd.) Wenn dies für internationale Terrororganisationen gilt, wenn Bundeskanzler Scholz Kooperationen sogar mit Saudi-Arabien vereinbart hat – bis zur Lieferung von Komponenten für die im Jemenkrieg eingesetzten saudischen Kampfflugzeuge –, sind die Forderung nach aktiver Dialogpolitik und die Suche nach Kooperationsansätzen wohl auch im Verhältnis zu Russland und sogar zur Hamas gerechtfertigt.

Zum Konfliktmanagement gehört, so wurde in den Achtzigerjahren am Hamburger Institut für Friedensforschung und Sicherheitspolitik diskutiert, dass »beide Seiten sich ihre wirklich bedeutsamen Interessen möglichst eindeutig mitteilen. Insofern (aber auch nur dann) sind sogar mit offenen oder versteckten Drohungen verbundene Botschaften funktional, weil sie der Gegenseite einerseits die Schwelle zum casus belli, andererseits die Objekte, um die es dabei ginge, unmissverständlich vor Augen führen. Die sogenannte Carter-Doktrin zum Beispiel proklamierte klar vernehmlich das amerikanische Interesse an der Golfregion wie auch die potenziellen Konsequenzen einer sowjetischen Intervention in diesem Gebiet [...]. Die Auswertung heutiger Abschreckungsdrohungen dient dabei nur der Klarstellung der Frage, welche Objekte und Ziele keinesfalls bedroht werden dürfen, da ihre Bedeutung groß genug wäre, den Kriegsfall herbeizuführen.« (Müller a.a.O.: 180) US-Interessen an der Golfregion betrafen ein geographisch viel weiter von den Vereinigten Staaten entferntes Gebiet als das Nachbarland Ukraine von Russland.

Hätten doch die USA und ihre Verbündeten die eindeutigen Verständigungsangebote und die warnenden Signale Putins in seiner Rede 2001 im Deutschen Bundestag und auf der Münchner Sicherheitskonferenz 2007 ernst genommen, statt die NATO gen Osten zu erweitern, die Ukraine politisch, militärisch und finanziell an die NATO zu binden und in Polen und Rumänien Raketenabwehrsysteme zu stationieren, die auf russischer Seite als strategisch relevant betrachtet werden! Hätte doch die israelische Regierung die Palästinenser nicht seit Jahrzehnten mit Stacheldrahtgrenzen eingezäunt, sie in ihrem Alltagsleben nicht in ständige Nöte gestürzt und von völkerrechtswidrigen Siedlungen im Palästinensergebiet Abstand genommen!

Der damalige Diskurs zu Gemeinsamer Sicherheit sollte verantwortungsvoll verarbeitet werden. Die chinesische Führung hat beispielsweise unmissverständlich ihre Interessen in der Taiwanfrage deutlich gemacht. Ignoranz im Falle des Taiwankonflikts könnte noch weit verheerendere Folgen haben als die Missachtung der russischen Interessen im Vorfeld des Ukrainekrieges.

Eine wesentliche Dimension der Kooperation ist ihre wirtschaftliche Seite. Ökonomische Kooperation ist ein Phänomen des Vergesellschaftungsprozesses. Die modernen Produktivkräfte haben selbst so sehr einen gesellschaftlichen Charakter, dass unternehmensinterne, regionale, nationale und globale Arbeitsteilung die Folge ihrer Entwicklung ist – zumindest potenziell zum Vorteil der Beteiligten. In der Realität werden höchst ungleiche Gewinne aus Kooperationsbeziehungen durch asymmetrische Machtverteilung zwischen den Akteuren gezogen.

Sicherheitspolitisch betrachtet konstituieren Wirtschaftsverflechtungen ein Interesse der Beteiligten an einem störungsfreien Funktionieren der Kooperation, vor allem an friedlichen Rahmenbedingungen. Sie sind daher ein wichtiges Element Gemeinsamer Sicherheit. Sie haben in den vergangenen Jahrzehnten erheblich zu gutnachbarschaftlichen Beziehungen innerhalb der Europäischen Union und zwischen ihren Mitgliedstaaten und anderen Weltregionen beigetragen.

Dass der Angriffskrieg gegen die Ukraine schließlich nicht verhindert wurde, kann nicht gegen das friedenstiftende Potenzial der Kooperation ins Feld geführt werden. Denn auch die in der gesamten Zeit nach dem Ende des Kalten Krieges parallel zu Kooperationsbeziehungen beibehaltene Strategie der militärischen Abschreckung hat den Krieg nicht abgewendet. Eher gilt, dass es nicht zu viel, sondern zu wenig Kooperation, zu wenig Einbettung von Wirtschaftskooperation in politische Entspannungspolitik gab. Rote Haltelinien wurden bewusst missachtet.

Gegen einen solchen Standpunkt wird eingewendet, die Kooperation habe zu einseitiger Abhängigkeit der EU von russischem Gas und Öl geführt und Putin ein Erpressungspotenzial in die Hand gegeben. Vor allem deshalb, weil Deutschland und andere EU-Länder seit Jahrzehnten die Ablösung fossiler Energieträger durch erneuerbare Energien nur zögerlich und mit großen Zeitverlusten betrieben haben, verfügt Russland über eine solche Druckmöglichkeit. Aber insgesamt gilt die Einschätzung des Münchner ifo Instituts, Russland sei »eindeutig von der EU als Zulieferer und als Abnehmer abhängig, während Russland für die EU eine untergeordnete Rolle als Handelspartner spielt.« (Kaufmann 2022c) Westliche Sanktionen versperren den Zugang Russlands zu hochtechnologischen Komponenten. Finanzsanktionen verhindern den Zugriff zu internationalen Krediten. Russische Devisen in westlichen Ländern im Umfang von über 300 Millionen US-Dollar wurden eingefroren. Der Import von Energie und Rohstoffen aus Russland wurde bereits reduziert, ehe Putin versuchte, den Westen durch Exportverbote für russische Extraktionsgüter zur Rücknahme von Sanktionen zu bewegen. Das Ziel ist, »den Kollaps der russischen Wirtschaft zu provozieren« (Bruno Le Maire, französischer Finanzminister). Die Finanztransaktionen »werden Russland ruinieren«, verheißt Annalena Baerbock. »Seit 1930 ist kein Land derart umfassend vom globalen Handel ausgeschlossen worden«, schätzt Nikolas Mulder für den Internationalen Währungsfonds (IWF) ein. Als Vorsitzender des Außenpolitischen Ausschusses des US-Senats lobte Bob Menendes das westliche Sanktionspaket als »Mutter aller Sanktionen« (Kaufmann 2022a; 2022b; 2022c).

Zum Teil kann Russland die Wirkungen dieser Sanktionen durch Wirtschaftsbeziehungen zu China, Indien und anderen Staaten ausgleichen, die sich der Sanktionspolitik nicht anschließen. Zum Teil werden Einnahmeverluste durch Preissteigerungen für russische Exporte auf den internationalen Rohstoff- und Energiemärkten ausgeglichen. Die zeitweiligen Preiserhöhungen für Öl und Gas führten zum Anstieg der russischen Exporteinnahmen von 245 Milliarden US-Dollar im Jahr 2021 auf 345 Milliarden im Jahr 2022. Solche Sanktionen, die die russische Rüstungsindustrie, die mit Putin verbundenen oligarchischen und andere Führungskreise treffen, können zur Schwächung der aggressiven Kräfte Russlands beitragen und verdienen Zustimmung. Eine generelle Sanktionspolitik gegen Russland und Sanktionsschritte gegen westliche Unternehmen, die auf strategisch wichtigen Feldern mit Russland und China kooperieren, zerstört friedliche internationale Beziehungen, belastet meist vor allem die Bevölkerung der sanktionierten Länder und schadet überdies der eigenen Wirtschaft. Der UN-Menschenrechtsrat hat am 3. April 2023 mit großer Mehrheit das Sanktionsregime als Menschenrechtsverletzung verurteilt und seine Aufhebung gefordert. Der Ausschluss des riesigen russischen Wirtschaftsraums aus den globalen Wirtschaftsbeziehungen ist jedenfalls keine Perspektive für Sicherheit in Europa und in der Welt. Im Diskurs über Gemeinsame Sicherheit wurde schon früh herausgearbeitet, dass es nicht auf Reduzierung der Arbeitsteilung ankäme, sondern darauf, einseitige Abhängigkeiten und damit asymmetrische Machtkonstellationen zu vermeiden. Dort, wo sie partiell durch natürliche Bedingungen gegeben sind, etwa durch die Konzentration bestimmter Rohstoffvorkommen bei den einen oder anderen Wirtschaftspartnern, müssten sie durch Übergewichte auf anderen Gebieten paralysiert werden. »Gemeinsame Sicherheit könnte man dahingehend verstehen, dass beide Seiten im Rahmen dieses Konzepts die Sicherheit gewinnen, dass im Handel entscheidende Abhängigkeiten nicht einseitig ausgenutzt werden, dass die Partner in Ost und West sich permanent bemühen, die im Zuge der Handelsgeschäfte entstehenden Abhängigkeiten gegenseitig in einer positiven Balance zu halten« und die Bedingungen »einer gegenseitig ausgewogenen Abhängigkeit zu gestalten« (Bolz 1987: 132f.). Das wäre der – bisher unerfüllte – postkoloniale Traum vieler Entwicklungsländer in der nach wie vor hierarchischen internationalen Wirtschaftsordnung. Das ist aber auch als Gestaltungsaufgabe im Verhältnis zu Russland und China zu verstehen. Die – im Vergleich zu den Wirtschaftsbeziehungen insgesamt – partielle Abhängigkeit von russischen Öl- und Gaslieferungen zum Beispiel sollte perspektivisch durch gemeinsame Anstrengungen beim Ausbau erneuerbarer Energien ersetzt werden. Mit solchem Ausblick sollten in Gesprächen mit der russischen Seite über Waffenstillstand und Friedensverhandlungen die Aussicht auf Reduzierungen und schließlich ein Ende der Sanktionspolitik angeboten werden.

1.3 Gemeinsame Sicherheit – ein Konzept mit globalen Implikationen

In den vorangegangenen Abschnitten wurde das Konzept Gemeinsamer Sicherheit zunächst vor allem mit dem Blick auf den Krieg in der Ukraine und damit vorwiegend auf Europa bezogen behandelt. Aber dieser Krieg entwickelte sich zum Schauplatz eines Weltordnungskampfes zwischen Russland, das einen Wiederaufstieg in die erste Reihe der großen Mächte erstrebt, und den USA, die den Krieg als Chance ansehen, Russland dauerhaft als geopolitische Macht auszuschalten. Zwangsläufig treten damit globale Zusammenhänge hervor.

> Ehedem wurde die Doktrin gemeinsamer Sicherheit vorwiegend im Verhältnis des Westens zur Sowjetunion entwickelt und von beiden Seiten in gewissem Maße politisch umgesetzt. Heute ist ein entscheidender Unterschied zu damals, dass Sicherheit nicht ohne China und andere große Mächte und Regionen gedacht werden kann.
>
> Die Doktrin Gemeinsamer Sicherheit ist daher nicht mehr allein als Konzeption und Politik zur Gestaltung einer neuen europäischen Sicherheitsarchitektur zu verstehen. Darüber hinaus ist ihre Eignung als generelle Doktrin für friedliche internationale Beziehungen zu prüfen. Das erfordert eine Verständigung über Grundtendenzen in den internationalen Machtkonfigurationen. Zu fragen ist, ob und wie eine Politik Gemeinsamer Sicherheit diese Tendenzen beeinflussen könnte.

In Zeiten der Systemauseinandersetzung zwischen Kapitalismus und Staatssozialismus mit den USA und der Sowjetunion als unumstrittene Führungszentren der Blockkonfrontation war die internationale Konstellation überschaubar und in begrenztem Maße berechenbar. Beide Seiten wussten, dass die atomare Zweitschlagsfähigkeit der jeweils anderen Seite und die relative Geschlossenheit der beiden Lager verboten, die Interessensphäre des Gegners ernsthaft infrage zu stellen. Das war eine günstige Voraussetzung für Bewegungen in Richtung Gemeinsamer Sicherheit – stets belastet von der nicht auszuschließenden Möglichkeit eines unbeabsichtigten oder beabsichtigten Atomkrieges.

Die beiden Systeme stießen damals vor allem in Europa aufeinander. Dort verliefen die augenfälligsten Grenzen zwischen ihnen. Inzwischen verlagert sich der Schwerpunkt des Konfliktgeschehens nach Asien.

Erstens: Chinas ökonomischer und politischer Aufstieg zu einer neuen Weltmacht bildet den entscheidenden Gegenpol zur Vormachtpolitik der

USA. Noch ist China der größte Emittent von CO_2, aber schon produziert die Volksrepublik nach Angaben der Internationalen Energiebehörde (IEA) 35,5% der globalen erneuerbaren Energien im Vergleich zu 11% in den USA und zu 4,2% in Deutschland. 48% des gesamten Zubaus von Solar- und Windkraftanlagen entfallen auf China, 9,4% auf die USA, 3,2% auf Deutschland. Das kann als Indiz dafür verstanden werden, dass China sich anschickt, längerfristig das Rennen um das größte Sicherheitsproblem des 21. Jahrhunderts, um die Rettung vor dem ökologischen Suizid, zu gewinnen. Chinas Kurs auf eine multilaterale Weltordnung findet mit Indien den größten Partner ebenfalls in Asien. Auch wenn Indien im Westen als die größte Demokratie weltweit gelobt wird, steht Indiens nationalistisch-selbstbewusstes Auftreten in der internationalen Arena dem Führungsanspruch der USA im Wege.

Die Schwerpunktverlagerung der Wirtschaft und der internationalen Politik nach Asien eröffnet vor allem mit der grundsätzlich friedens- und kooperationsorientierten Politik der Volksrepublik China neue Chancen für eine erneuerte Gemeinsame Sicherheit. Allerdings erfährt auch der von gefährlichen Konflikten gekennzeichnete geografische Raum erhebliche Ausweitung.

Zweitens: Die Reaktion der USA darauf mit harten Sanktionen gegen China im hochtechnologischen Bereich, mit der militärischen Einkreisung Chinas, mit antichinesischen Allianzen wie der Verergruppe QUAD (USA, Japan, Australien, Indien) und dem Transpazifischen Freihandelsprojekt TPPA sowie mit einer in der Wahrnehmung der chinesischen Führung provokatorischen Taiwanpolitik ist Gemeinsamer Sicherheit genau entgegengesetzt. Umso dringlicher wird, eine Politik Gemeinsamer Sicherheit auf den asiatischen Raum auszuweiten und auszuarbeiten.

Das gilt umso mehr, da die russische Führung ihrerseits russische Interessen mit einem eigenen Eurasionismus verbindet (Bluhm o.J., a.a.O.: 125–145). Katharina Bluhm verweist in ihrer Analyse dieses Umstandes auf unterschiedliche eurasische Denkansätze. Alexander Panarin betrachtete Eurasien als eine eigene russisch-orthodoxe Zivilisation mit Russland als Hegemon. Wadim Zymburski definierte Russland als eine riesige »Insel« mit der Dimension eines Binnenkontinents und einer »inneren Geopolitik« bis zum Pazifik in Abgrenzung zur euroatlantischen Zivilisation – ohne eine vollständige Autarkie gegen den Westen zu befürworten.

Die aggressivste und von Putin am meisten aufgegriffene Variante des Eurasianismus stammt von Alexander Dugin. Er versteht Russland als »Herzland« Eurasiens, eingebunden in das traditionelle Weltbild der russisch-orthodoxen Kirche. Mit Anklang bei der extremen europäischen Rechten lautet seine Botschaft, dass Europa nur an der Seite Russlands eine – eurasische – Perspektive habe.

> Das Neue einer künftigen kollektiven Sicherheitsarchitektur unter Einschluss Russlands wird also nicht zuletzt sein, dass europäische Sicherheit nur im Rahmen Gemeinsamer Sicherheit im eurasischen Maßstab gesucht werden kann. Das Neue wird sein, dass Gemeinsame Sicherheit in weit umfassenderer Weise als in den letzten Dekaden des 20. Jahrhunderts eine umfassende Gemeinsame Sicherheit sein wird, die der Gesamtheit globaler Gefahren begegnen muss.

Welche Szenarien einer künftigen Weltordnung zeichnen sich ab? Welche Stellung könnte eine Politik Gemeinsamer Sicherheit in diesen Szenarien gewinnen? Im Folgenden werden Varianten der globalen Ordnung oder Weltunordnung im Globalisierungsdiskurs erörtert. Die Prozesse, die sie beschreiben, sind teils miteinander verflochten, teils widersprechen sie sich oder schließen einander aus.

Szenario I: Unipolarität

Nach dem Zweiten Weltkrieg bis zur Implosion der Sowjetunion hatte Bipolarität die Weltordnung bestimmt. USA und UdSSR bildeten die Zentren der jeweils von ihnen beherrschten Bündnissysteme. Nach dem Scheitern des Staatssozialismus in Europa trat Unipolarität an die Stelle des zweipoligen Weltsystems. Die US-Machteliten sehen sich im Zentrum einer unipolaren Welt, in der sie unangefochten die Regeln nach dem Prinzip »America First« setzen und notfalls mittels »humanitärer Interventionen« ihre eigenen Interessen auch mit militärischer Gewalt durchzusetzen suchen. Alle Präsidenten der USA nach 1990 hielten an diesem globalen Herrschaftsanspruch fest.

Diese Konstellation ist spätestens seit dem Terrorangriff auf das World Trade Center und das Pentagon am 11. September 2001 und seit dem Scheitern der Verwestlichung der Welt in Afghanistan in Erosion begriffen. Aber die Weltmachtansprüche der USA wirken weiter. Ausdruck dessen sind die Rüstungsausgaben der USA, die die Militäraufwendungen der Volksrepublik China um das Dreifache und die Russlands um das Zehnfache übertreffen. Über 800 US-Militärstützpunkte in 140 Staaten und globale maritime Präsenz bilden die materielle militärische Infrastruktur für die Dominanzstrategie der USA.

Auf militärischem Gebiet sind die USA für absehbare Zeit die dominierende Weltmacht. Aber der Instrumentalisierung dieser Macht für politische

Tabelle 1: Rüstungsausgaben 2023 in Mrd. US-Dollar

USA	877,0
China	292,0
Russland	86,4
Indien	81,4
Saudi-Arabien	75,0
Vereinigtes Königsreich	68,5
Deutschland	55,8
Frankreich	53,6
Südkorea	46,4
Japan	46,0
Ukraine	44,0
Italien	33,5

Quelle: Statista April 2024

Herrschaftsansprüche in der Welt sind Grenzen gesetzt, vor allem durch die gesicherte atomare Zweitschlagsfähigkeit Russlands und Chinas. Die militante Politik des US-bestimmten Unilateralismus ist unverträglich mit den Grundprinzipien Gemeinsamer Sicherheit. Hochrüstung und Abschreckung sind der Gegenpol zu Gemeinsamer Sicherheit. Ein Denken im Rahmen »Demokratien versus Autokratien« verdeckt zum einen, dass die Demokratien selbst durchwebt sind von autoritären Prozessen (Trumpismus, Bolsonarismus, Modis Herrschaftsform in Indien, autokratische Regime wie in der Türkei, in Ungarn und während der PiS-Herrschaft in Polen, die Regierung Meloni in Italien mit neofaschistischen Wurzeln, rechtsextreme Strömungen wie die von Le Pen in Frankreich, wie die Schwedendemokraten und die AfD). Zum anderen wird in diesem Denkschema die Sicherheit auf gefährliche Weise der Betonung von ideologischer Polarisierung untergeordnet. Chancen für Kompromisse über systemische Grenzen hinweg werden ausgeschlagen.

Wenn die USA an einer Weltordnungspolitik nach ihrem Diktat festhalten, könnte dies zusammen mit anderen Krisen, insbesondere mit Umweltkrisen, zu einer Phase voller Konflikte mit anderen Mächten, vor allem mit China und Ländern des globalen Südens, zu weiterer Erosion der Demokratie, zu einer qualvollen Phase globaler Anarchie führen (Streeck 2016; 2015a; 2015b; Wallerstein 2014: 228; Masala 2022: 11, 180).

Und doch: auch die USA in ihrer gegenwärtigen Verfasstheit, verhaftet in militanter Dominanzpolitik, werden sich dem Druck solcher krisenhaften

Prozesse und gemeinsamen Bedrohungen nicht entziehen können, deren Abwehr dringlich eine Politik Gemeinsamer Sicherheit erfordert, vor allem nicht der gemeinsamen Gefahr eines Nuklearkrieges. Das gilt auch für andere globale Gefahren, vorrangig für die Drohung einer Klimakatastrophe, der nur in weltweiter Kooperation, nicht zuletzt mit China, mit Erfolgsaussichten zu begegnen ist. Nach Schätzungen der OECD vermindert der Ukrainekrieg die globale Wirtschaftsleistung allein im Jahre 2023 um 2,8 Billionen Dollar. Das schädigt auch amerikanische Unternehmen, trotz des Booms der Rüstungsindustrie.

Ökonomisch sind die USA noch immer die stärkste globale Macht, gestützt auf die Stellung des Dollars als führende Weltwährung, vorherrschend auf den globalen Finanzmärkten und an der Spitze wissenschaftlich technischer Hochleistungen. Aber gemessen nach dem Anteil ihrer Wirtschaft am kaufkraftbereinigten globalen Bruttoinlandsprodukt liegen sie bereits hinter China und nur noch knapp vor der EU. Auf einigen wichtigen hochtechnologischen Gebieten hat China schon zu den USA aufgeschlossen oder hat sie bereits überholt.

Politisch führend sind die USA noch in der NATO-Welt. Im Ukrainekrieg konnten sie ihre Vormacht im Westen stärken. In Dokumenten des US-Kongresses wird ausdrücklich formuliert, dass die »regelbasierte internationale Ordnung« dem »Erhalten der globalen Führungsrolle der USA in der Welt« dienen soll. Diese Ordnung wird vom Kongress definiert als eine »um die Vereinigten Staaten zentrierte Welt, deren Alliierte sowie Partner, um deren gemeinsame Werte und Interessen durchzusetzen, freie, offene, demokratische, inklusive, regelbasierte, stabile sowie vielfältige Regionen zu erhalten und fördern.« (U.S. Government Publishing Office 2021/2022: 1169). Der verstorbene Starkolumnist Charles Krauthammer, unter anderem Mitglied des Council of Foreign Relations, kennzeichnete vorausschauend die neue Weltlage nach Nine Eleven weit drastischer. »Diese Phase, die ein ganzes Jahrhundert gedauert hat – eine Außenpolitik, die sich nach rechtlichen Normen richtet und nicht nach unseren nationalen Interessen – ist vorbei.« (Krauthammer 2001)

Aber China und Russland stehen einer von den USA bestimmten Weltordnung entgegen. Die BRICS-Staaten und die neuen Mitgliedsstaaten dieser Allianz stellen die eigene Souveränität über eine politische Führung durch die USA. Gescheitert sind die Illusion der Demokratisierung des Globus unter amerikanischer Ägide, die Illusion der Lösung von Problemen durch militärische Interventionen, die Illusion, internationale Organisationen dauerhaft der Herrschaft der USA unterwerfen zu können, und die Illusion, das Völkerrecht durch eine von den Vereinigten Staaten bestimmte »regelbasierte Ordnung« (Masala 2022: 21–62) ersetzen zu können, deren Regeln allerdings für die USA selbst nur gelten, wenn es gerade in ihrem Interesse liegt (Paech 2021: 39–47). Die Länder des Globalen Südens sind vielfach noch abhängig von den USA, doch sie sind auf dem Weg, sich von deren Vorherrschaft zu lösen.

Die EU liegt gemessen am Bruttoinlandsprodukt in Kaufkraftparitäten etwa auf gleicher Höhe wie die USA hinter China. Sie ist ein starker Konkurrent der Vereinigten Staaten, hat aber auf entscheidenden Gebieten der digitalen Revolution beachtliche Rückstände. Weltpolitisch hat sich die Europäische Union im Verlauf des Ukrainekrieges noch mehr als zuvor zum Anhängsel der USA gemacht. Ihr ökonomisches Potenzial, ihre jahrzehntelang guten Wirtschaftsbeziehungen zu Russland, die geringe Belastung Deutschlands durch eine koloniale Vergangenheit im Vergleich zu anderen westlichen Metropolen, die historische Leistung einer Friedensstiftung zwischen den Mitgliedstaaten der Union nach dem Zweiten Weltkrieg sind Potenzen, die Europa in eine globale Gemeinsame Sicherheit einbringen und auf solchem Weg eine eigenständige positive Stellung in einer multipolaren Welt einnehmen könnte. Aber der Westen schlug schon nach 1990 die Chance in den Wind, zu einer sozial-ökologischen Neuordnung in den ehemals staatssozialistischen Ländern beizutragen und zugleich sich selbst nachhaltig zu verändern (vgl. Holmes/Krastev 2019). Stattdessen wurde das schon damals auf neue tiefe Krisen zusteuernde System des Westens auch noch auf den Osten ausgedehnt. So wie damals der Westen, so verweigert sich die Europäische Union gegenwärtig abermals einer historischen Herausforderung: der Möglichkeit, als friedensstiftende Region eine eigene vermittelnde Rolle zwischen den USA und Russland sowie China zu übernehmen. Von Europa ging einst die Idee Gemeinsamer Sicherheit aus. Heute haben sich die Machteliten Europas von ihr abgekehrt. Überfällig ist ein Abschied von dieser Abkehr.

Szenario II: Neue Bipolarität

Verschiedene Prozesse deuten auf die Tendenz zu einer neuen Bipolarität in der Welt hin. Auf seiner ersten Pressekonferenz als US-Präsident am 25. Mai 2021 proklamierte Joe Biden, was China auf keinen Fall werden dürfe: »Das führende Land der Welt, das wohlhabendste Land der Welt, das mächtigste Land der Welt. Das wird nicht passieren, nicht mit mir« (zitiert nach Klare 2021: 50). Doch die USA werden ihre Superiorität nicht auf Dauer gegen die Volksrepublik China durchsetzen können. Die Vereinigten Staaten haben den Zenit der »America First«-Politik überschritten, während China auf dem Weg zur mächtigsten Wirtschaftsmacht der Welt ist. Frühere Ablösungen einer Weltmacht durch eine andere vollzogen sich in der Regel verbunden mit Kriegen. Die existenzielle Frage heute ist, ob diesmal ein Übergang zu einer Welt ohne die Vormacht der USA – ob zu einer bipolaren oder zu einer multipolaren Ordnung – friedlich vor sich gehen wird. Kann dieser Übergang nach den Prinzipien Gemeinsamer Sicherheit erfolgen? Der Krieg in der Ukraine könnte als Vorzeichen für eine negative Antwort auf diese Frage verstanden werden.

Würde eine neue Bipolarität – neu im Verhältnis zur früheren Systemkonfrontation zwischen Kapitalismus und Staatssozialismus – die kommenden Jahrzehnte bestimmen, so wären die als Dominanzmacht nicht mehr unangefochtenen USA der eine Pol, der andere die Volksrepublik China. Diese ist, gemessen nach dem Anteil am globalen Bruttoinlandsprodukt, bereits zur größten Wirtschaftsmacht vor den Vereinigten Staaten aufgestiegen. Ihr Anteil betrug im Jahr 2022 18,48%, der der USA 15,57%. Am BIP pro Kopf gemessen liegt China noch beträchtlich hinter den USA. Der Anteil Chinas an den Weltexporten ist von 1,2% im Jahr 1991 auf 12,7% 2021 gestiegen, der der USA von 13,39 auf 9,1% gesunken. Und dies, obwohl China zwar vor der globalen Finanzkrise stark exportorientiert war, sich aber seitdem stärker binnenmarktzentriert entwickelte.

Unter den 100 größten transnationalen Konzernen (ohne Finanzunternehmen) hatten 1990 27 und im Jahr 2019 noch 19 ihren Stammsitz in den USA. 1990 waren chinesische Unternehmen unter den 100 größten der Welt überhaupt nicht vertreten, 2019 zählten bereits neun dazu. Am meisten beunruhigend für die US-Machteliten ist der Aufstieg Chinas als Technologiemacht. Noch sind die USA auf diesem zukunftsentscheidenden Feld führend. Die Abhängigkeit Chinas von ausländischen Patenten und Lizenzen auf wichtigen Gebieten ist dagegen weiter gestiegen. Nach Angaben der Weltbank wuchs das Leistungsbilanzdefizit Chinas bei Zahlungen für die Nutzung ausländischen geistigen Eigentums von 488 Millionen Dollar im Jahr 1997 auf 35 Milliarden im Jahr 2021. Der Leistungsbilanzüberschuss der USA auf diesem Feld stieg in diesem Zeitraum von 24,1 Milliarden Dollar auf 81,3 Milliarden (vgl. Sablowski 2023: 71). Aber chinesische Unternehmen sind weltweit bereits führend u.a. in der Produktion von Hochleistungszügen, Windrädern, Satellitensystemen, Flüssigkristalldisplays, Mobilfunknetzen der fünften Generation/5G und vielen Anwendungen der Künstlichen Intelligenz (ebd.). Doch auch auf diesen Gebieten stecken in den Spitzenprodukten Hochleistungschips aus den USA, Taiwan und anderen ausländischen Lieferländern. »China liefert weltweit 4% der Siliziumscheiben und weiterer Materialien zur Chipfertigung; 1 Prozent der Maschinen für die Fertigung von Chips; es hält 5% des Marktes für Chipdesigns. Insgesamt hat China nur einen Marktanteil von 7% am Geschäftsfeld der Chipfertigung.« (Miller 2023: 219)

China wird von den USA, in Strategiedokumenten der NATO und der EU ausdrücklich als gefährlichster »systemischer Rivale« »im Ausscheidungskampf (!) zwischen Demokratien und Autokratien« (Biden, zitiert nach Klare 2021.) bezeichnet. Der Volksrepublik wird in der Realpolitik der Vereinigten Staaten und ihrer Verbündeten gleiche Augenhöhe nicht zugestanden.

Amerikanische Flottenmanöver in der Nähe der chinesischen Grenzen sollen die Übermacht des Westens demonstrieren. In den 1980er-Jahren dagegen hatte ein wichtiges Prinzip Gemeinsamer Sicherheit bereits politikwirksame Anerkennung gewonnen: »Oberster Grundsatz einer Konflikteindämmungsstrategie muss darüber hinaus sein, schon im Zweifelsfalle Zurückhaltung zu üben, etwa, wenn eine Region nicht eindeutig einem Akteur zugeteilt ist, oder wenn die subjektive Bedeutung eines Objekts für die Gegenseite nicht zweifelsfrei abschätzbar ist.« (Bahr/Lutz 1986: 180) Die Präsenz von US-Flottenverbänden im Süd- und Ostchinesischen Meer, die Entsendung einer deutschen Fregatte dorthin und der Besuch amerikanischer Spitzenpolitiker und deutscher Bundestagsdelegationen in Taipeh sind das Gegenteil solcher Vorsicht. Egon Bahr hatte gemahnt: »Der Taiwan-Konflikt ist nur ein Beispiel dafür, dass Kooperation der einzig zukunftsfähige Weg ist.« (Bahr 2015: 171) Für diesen Konflikt gilt in besonderem Maße, die Interessen und Wahrnehmungen der Gegenseite, in diesem Fall Chinas Grundprinzip der Wahrung seiner territorialen Einheit unter Führung der Kommunistischen Partei, und Warnungen der chinesischen Führung vor dem Überschreiten dieser »roten Linie« überaus ernst zu nehmen.

Der Konflikt um Taiwan hat eine für die Wirtschaft der beteiligten Hauptakteure existenzielle Dimension. Das verleiht ihm besondere Brisanz. Taiwan ist die Heimat von TMSC. Dieses Weltunternehmen, die Taiwan Semiconductor Manufacturing Company, ist neben dem südkoreanischen Samsung-Konzern das einzige Unternehmen für die Fertigung der global hochleistungsfähigsten Chips im unteren Nanobereich. Führende Chipdesign-Unternehmen der USA wie Nvidia lassen ihre Avantgardechips bei TMSC produzieren. TMSC ist ein einzigartiger Knotenpunkt der globalen Halbleiterindustrie. Allein von 2022 bis 2024 investiert TMSC über 100 Milliarden Dollar. Auf integrierte Schaltkreise entfielen 2017 36% des Exports Taiwans. Auch Chinas Hightechunternehmen, unter anderem Huawei, sind auf die Kooperation mit TMSC und anderen taiwanesischen Unternehmen angewiesen.

Militärs, Politiker und die Spitzenmanager der Chipindustrie der rivalisierenden Staaten haben ein erstrangiges geostrategisches Interesse am Zugang zu den Halbleiterfähigkeiten Taiwans. Das birgt hochexplosives militärisches Konfliktpotenzial. Aber zugleich haben die Konfliktparteien ein rationales Interesse am Erhalt und am Gedeihen der für die eigene Wirtschaft lebenswichtigen Halbleiterindustrie Taiwans. Wieder einmal sind in den Konkurrenzgesetzen der Ökonomie Tendenzen zum Krieg ebenso angelegt wie Interessen an friedlicher Kooperation. Die zwei Gesichter des Gottes Janus begegnen uns auch in Taiwan mit globaler Wirkungskraft.

Als verhängnisvoll würde sich erweisen, aus den Versäumnissen des Westens im Vorfeld des Ukrainekrieges nichts für das Verhältnis zu China im Taiwankonflikt zu lernen. Als verhängnisvoll hat sich im Nahostkonflikt am 7. Oktober 2023 mit der Mordaktion der Hamas bereits erwiesen, dass Israel Jahrzehnte hindurch elementare Lebensinteressen der palästinensischen Bevölkerung missachtet hat.

Statt aus solchen Erfahrungen zu lernen, verstärken die USA ihren Wirtschaftskrieg gegen China (Müller 2023a: 22–26; Müller 2023b; Miller 2023: 311–399). Seit Jahren übt die US-Regierung Druck auf Deutschland und andere Verbündete aus, beim Aufbau des schnellen Mobilfunkstandards 5G auf Produkte des chinesischen Konzerns Huawei zu verzichten. Schweden hat sich diesem Druck bereits gebeugt und den Einsatz von Huawei- und ZTE-Technologien für 5G-Netze untersagt. Australien hat Huawei von seinem 5G-Markt ausgeschlossen. Japan, Neuseeland und weitere Staaten zogen nach. Großbritannien verweigerte sich diesen Boykott zunächst, knickte aber später ein.

Der Feldzug gegen Huawei wird vor allem auf die Behauptung gestützt, dass Huawei-Anlagen Spionagekomponenten bergen. Tatsächlich geht es um weit mehr, um die »erste Schlacht in einem langen Kampf um die technologische Vorherrschaft« (Miller 2023: 391). Huaweis Telekommunikationsgeräte der 5. Generation (5G) bilden das »Rückgrat des weltweiten mobilen Internets« (ebd.: 343). Weit mehr als um das Telefonieren mit Mobilfunkgeräten, geht es um die globale drahtlose Übertragung unvorstellbarer Datenmassen. Huawei leistet dies gestützt auf einen im Unternehmen selbst entwickelten Hauptprozessorchip. Aber noch entfallen 30% der Kosten des Huawei-Systems auf importierte Komponenten. Trotzdem werden die weiterentwickelten KI-Fähigkeiten Chinas, nicht zuletzt auf Huawei gestützt, in den USA äußerst beunruhigt wahrgenommen.

Im Herbst 2022 wurde ein grundsätzliches Verbot des Einsatzes von chinesischen Telekommunikationsausrüstungen in den USA verhängt. Das betrifft vor allem Huawei und ZTE, aber auch Hytera Communications, Hangzhou Hikvision Digital Technology und Dahua Technology.

Im Oktober 2022 erließ Präsident Biden ein Verbot von Lieferungen modernster Chips und von Anlagen zur Entwicklung und Herstellung dieser

Chips an China. Auf die Volksrepublik entfällt zwar mehr als ein Drittel der globalen Halbleiterproduktion. Doch deckt sie nur 16% des eigenen Chipverbrauchs ab und ist bei den hochleistungsfähigsten Spitzenprodukten mit Strukturgrößen unter 18 nm (noch) nicht konkurrenzfähig. Bei diesen Chips und bei Anlagen zur Fertigung der jüngsten Chipgeneration ist sie importabhängig von wenigen Unternehmen wie der niederländischen Gesellschaft ASML. Die aber stehen selbst unter dem Druck der USA. Die Vereinigten Staaten untersagen, in China an der Fertigung von ultrafeinen Chips mitzuwirken, sofern dabei Komponenten amerikanischer Herkunft eingebracht werden. Das ist jedoch im Gefolge hochgradig internationaler Vernetzung der Halbleiterbranche beinahe bei allen Produkten der Fall.

Um im imperialen Machtkampf die eigene Führungsposition mit allen Mitteln zu behaupten, nehmen die USA militärische Konfrontation und die Behinderung jener globalen Kooperation in Kauf, die für die Lösung der Menschheitsprobleme unserer Epoche unabdingbar ist. Gemeinsame Sicherheit hat in einer solchen neuen Bipolarität kaum eine Chance.

Doch eigene Geschäftsinteressen amerikanischer und anderer ausländischer Unternehmen führen dazu, dass die Zusammenarbeit mit der chinesischen Chipwirtschaft bisher nicht ganz abgewürgt werden konnte. IBM, Qualcom und AMD haben Arbeitsbeziehungen mit chinesischen Partnern nicht völlig abgebrochen. IBM hat das eigene Unternehmen partiell für Lernaufenthalte chinesischer Experten geöffnet. Die Chipimporte Chinas liegen jährlich bei einer Viertel Billion Dollar. Dieser riesige Markt ist kaum verzichtbar für westliche Unternehmen. Unterhalb der neuesten Spitzenprodukte liefert die Chipindustrie des Westens weiter an China. Die Abgabe von Nicht-Kerntechnologien kann ein gutes Geschäft für sie sein und für chinesische Unternehmen den Zugriff auf wichtige Teilkomponenten bedeuten.

Der Aufstieg Chinas zur Weltmacht setzt der unipolaren Vormachtstrategie der USA Grenzen. Chinas Interessen können nicht mehr ignoriert werden. Ihre Missachtung wird kreuzgefährlich für die USA selbst und ihre Gefolgsstaaten. Die Sanktionspolitik des Westens gegen Russland und auch gegen China tendiert nicht allein zu einer neuen Bipolarität zwischen der alten und der neuen Großmacht. Diese Konfrontation tendiert zu einer neuen Blockbildung. Das transatlantische Bündnis unter Führung der USA könnte eine enge chinesisch-russische Allianz heraufbeschwören. Solche polarisierte Machtkonzentration auf beiden Seiten vergrößert die Gefahren, die von Konflikten ausgehen. Ein Funke kann zu einem Weltbrand führen.

Im glücklichen Falle allerdings könnte die Einsicht in solche Gefahr zu mehr Vernunft und Realpolitik auf beiden Seiten führen. Julian Nida-Rümelin hofft in diesem Zusammenhang: »Eine neue Bipolarität der Weltordnung dieses Typs hätte insbesondere für die westliche Vormacht, die USA, aber auch für den gesamten Westen weitreichende Veränderungen zur Folge. Die Zeit humanitär motivierter Interventionen, die Zeit, in der die NATO teilweise versuchte, die Rolle eines Weltpolizisten zu übernehmen, wäre dann endgültig zu Ende. Beide Seiten müssten dann auf die Stabilität dieser bipolaren Ordnung achten, Provokationen, die den gegnerischen Block betreffen, vermeiden und Konflikte nur in der Peripherie zulassen. Dies ist jedenfalls die Erfahrung des Kalten Krieges nach dem Zweiten Weltkrieg.« (Nida-Rümelin 2022: 16) Bestenfalls könnte eine »ökonomisch moderierte Bipolarität« das Ergebnis sein (ebd.: 18ff). Dafür müssten jedoch Denkweisen Gemeinsamer Sicherheit revitalisiert werden.

Bemerkenswert war der Verlauf eines dreistündigen Gesprächs zwischen Xi Jinping und Joe Biden am 14. November 2022 im Vorfeld des Gipfels der G20 auf Bali. Nach der Darstellung in german.chinatoday vom 15. November erklärte Biden in diesem Treffen: »Die USA respektierten das chinesische System und versuchten nicht, dieses zu ändern. Außerdem strebe man weder einen neuen Kalten Krieg noch die Wiederbelebung von Anti-China-Allianzen an. Der US-Präsident bekräftigte außerdem, dass die USA weder eine ›Unabhängigkeit Taiwans‹ noch Vorstellungen wie ›zwei China‹ oder ›ein China, ein Taiwan‹ unterstützten. Es gebe keine Bestrebungen, sich von China abzukoppeln. Und die US-Regierung versuche auch nicht, die Taiwan-Frage als Instrument zur Eindämmung Chinas zu nutzen. Vielmehr hoffe man auf Frieden und Stabilität in der Taiwanstraße, so Biden.« (Jones 2022) Solche Erklärungen der amerikanischen Seite kollidieren erheblich mit der Realität der amerikanischen Chinapolitik.

Doch auch ein Hoffnungsschimmer für die Idee Gemeinsamer Sicherheit wurde in diesem Treffen erkennbar: »Am wichtigsten war die Entscheidung beider Parteien, einen festen Rahmen für ihre Beziehungen zu schaffen, der zukünftig verhindern soll, dass strittige Themen außer Kontrolle geraten. Dazu gehört auch die Aufrechterhaltung einer ständigen Dialogrunde auf verschiedenen Regierungsebenen, um die Dinge auf einem stabilen Kurs zu halten, wenn Probleme auftauchen, woran auch in der Zukunft kein Weg vorbeiführen dürfte. Präsident Biden beauftragte Außenminister Anthony Blinken, zu Folgegesprächen mit dem chinesischen Außenminister Qin Gang nach Beijing zu reisen, um einen solchen Rahmen auszuarbeiten.« (Ebd.) Diese Reise hat inzwischen im Juni 2023 stattgefunden und könnte zumindest eine weitere Verschärfung des Konflikts zwischen China und den USA vorläufig dämpfen. Gemeinsame Sicherheit entwickelt sich als Prozess, so wurde oben festgestellt. Sie beginnt mit bescheidenen Schritten, die einen »Vor-Schein« des künftig Möglichen bergen.

Von westlicher Seite wird bezweifelt, ob der chinesischen Führung solche Entspannungsfähigkeit zugetraut werden kann. Doch die USA müssen sich fragen lassen, ob sie selbst angesichts einer kaum übersehbaren Folge von geheimdienstlichen und offen militärischen Invasionen in anderen Ländern friedensfähig sind.

Die Interessenlage der Volksrepublik China dagegen spricht ebenso wie ihre Realpolitik für ihre Friedens- und Reformfähigkeit, für eine Politik mit starkem Bezug auf Prinzipien Gemeinsamer Sicherheit:

China ist an seinen Grenzen zu 14 Ländern konfrontiert mit konkurrierenden politischen Gegnern wie Japan und Südkorea als Bündnispartnern der USA. In Japan sind 54.000 amerikanische Soldaten mit modernen Waffen stationiert. In Südkorea sind amerikanische Raketenabwehrsysteme disloziert. Taiwan hat mit den USA ein Abkommen über deren militärische Unterstützung im akuten Kriegsfall unterzeichnet. Entscheidende Transportwege Chinas verlaufen über das ost- bzw. südchinesische Meer, wo US-amerikanische und britische Flottenverbände China herausfordern. Der Zugang zum Indischen Ozean verläuft durch die blockierungsanfälligen Meerengen von Malakka, Lombok und Sunda.

Die Vierergruppe QUAD (Quadrilateral Defense Initiative/Dialogue), zu der die USA, Japan, Australien und Indien gehören, ist unverkennbar gegen China gerichtet. Japan ist in dem Transpazifischen Freihandelsprojekt TPPA führend, das Teil der Eindämmungspolitik gegen China ist.

Diese für die Volksrepublik China problematische geostrategische Lage birgt gute Gründe dafür, dass Chinas Interesse am Aufstieg zu einer Weltmacht eindeutig darauf gerichtet ist, den geopolitischen Machtkampf nicht vorwiegend militärisch, sondern weitgehend auf wirtschaftlichem Feld und darauf gestützt als sozialen und ökologischen Wettbewerb zu führen. Die Führung Chinas hat das Ziel, bis 2049 die Volksrepublik zu einem modernen sozialistischen Land zu entwickeln und bis 2035 auf dem Weg der Modernisierung einen bescheidenen Wohlstand des gesamten Volkes zu erreichen.

Dafür braucht sie friedliche Bedingungen und eine ökologisch intakte Umwelt. Sie braucht internationale Wirtschaftskooperation. Zwei Jahrhundertprojekte Chinas verkörpern eine entsprechende strategische Orientierung. Das sind die Seidenstraßen-Initiative (Belt and Road Initiative) und das Projekt Greater Area Bay. Gewiss zielt die chinesische »Strategy Going Global« auf die Stärkung der eigenen Wirtschaftskraft, auf Machtzuwachs Chinas in der internationalen Konkurrenz. Im herrschenden westlichen Diskurs wird dies als Aggressivität Chinas interpretiert.

Aber mitten in einer globalen Situation der Hochrüstung, der Rückkehr eines großen Krieges sogar in Europa, der Kündigung von Rüstungskontroll- und Abrüstungsverträgen und der Propagierung von Feindbildern sind die beiden großen Entwicklungsprojekte viel eher als Chance für die Umkehr zu kooperativen internationalen Beziehungen zu verstehen.

Das Projekt der Neuen Seidenstraße ist das größte Kooperationsprojekt der Geschichte. Mehr als 100 Staaten sind bisher in unterschiedlichen Formen daran beteiligt, weil sie Vorteile für sich davon erwarten. Darunter 18 Mitgliedstaaten der EU, 44 afrikanische Länder und die Afrikanische Union. Insgesamt umfassen die im Rahmen der Belt and Road Initiative (BRI) kooperierenden Länder mehr als 60% der Weltbevölkerung und bringen rund 35% des globalen Wirtschaftsvolumens hervor. Allein China hat in dieses Projekt bereits mehr als 2.500 Milliarden Dollar investiert. Eine Hauptverkehrsroute verbindet mit Güterzugstrecken China, die Mongolei und Russland, ferner China, Zentralasien und Westasien und insgesamt den Raum, der als neue eurasische Landbrücke bezeichnet wird. Die zweite Hauptverkehrsroute stellt Seeverbindungen zwischen Chinas Ostküstenhäfen mit dem modernisierten Hafen Piräus in Griechenland und dem niederländischen Hafen Rotterdam her. Beide Routen werden untereinander verbunden und tragen mit vielen Zwischenstationen zur Modernisierung und Entwicklung der beteiligten Regionen, zu neuen Industrieansiedlungen, zu Infrastrukturinvestitionen auch in ländlichen Räumen bei. Sie bilden das Verkehrsrückgrat einer erneuerten internationalen Wirtschaftsverflechtung und – hoffentlich – friedlicher internationaler Zusammenarbeit im Interesse aller Beteiligten. China bietet den Partnerstaaten der Neuen Seitenstraßen günstige Kreditbedingungen ohne solche »Reformauflagen«, wie dem Washington Konsens gemäß bei IWF- und Weltbankkrediten üblich. Sicher entstehen dabei auch Interessenkonflikte und Abhängigkeiten, die aber im Rahmen von Kooperationsbeziehungen besser zu bearbeiten sind als mit konfrontativen Strategien.

Das Projekt Greater Area Bay betrifft das Perlflussdelta, das in das südchinesische Meer einmündet. Die chinesische Führung plant, in dieser Region einen einheitlichen Wirtschafts- und Innovationsraum als ein Zentrum nicht allein der chinesischen Wirtschaft, sondern der Weltwirtschaft zu schaffen. Bereits gegenwärtig gibt es kaum einen Weltkonzern, der nicht in irgendeiner Weise in diesem hochtechnologisch explodierenden Raum angesiedelt ist. Der im Februar 2019 von der Zentralregierung verabschiedete »Outline Development Plan for the Guandong-Hongkonk-Macau Greater Area« zielt darauf, elf Städte, darunter Gunzhou (früher Kanton) und Shenzhen, mit den beiden Sonderverwaltungsgebieten Hongkong und Macau zusammenzuführen. Im Kapitel eins dieses Plans heißt es anspruchsvoll: »Die Greater Bay Area besitzt die fundamentalen Voraussetzungen für eine internationale First Class Bay Area und ein World Class City Cluster.« (Hirn 2020: 245)

> Beide Großprojekte sind Ausdruck eines chinesischen Grundinteresses an einer Erneuerung internationaler Kooperation im Rahmen einer Weltordnung des Friedens.

Deshalb ist China auch an einem Ende des Krieges in der Ukraine interessiert, mag dieser auch erhebliche Ressourcen des Gegenspielers USA binden. China liefert keine Waffen an Russland, die zu einer Verlängerung des Krieges beitragen könnten. Die chinesische Führung hat wiederholt im Kontext des Ukrainekrieges ihre Ablehnung eines Atomkrieges bekräftigt. Die Volksrepublik sieht sich zwar durch die beschleunigte Hochrüstung der USA auch zu eigenen hohen Militärausgaben und angesichts amerikanisch-britischer Flottenpräsenz vor den chinesischen Küsten und zum Schutz der eigenen internationalen Seewege zur Stärkung seiner Marine veranlasst. Jedoch:

> Nach dem eigenen Grundverständnis der chinesischen Machteliten beruht der Anspruch der Kommunistischen Partei auf die führende Rolle in der Gesellschaft vor allem auf einer Legitimation durch wachsenden Wohlstand des Volkes in einer historisch einmalig kurzen Zeit. Frieden ist dafür die beste und notwendige Voraussetzung. Dieser Zusammenhang ist zugleich eine wesentliche Bedingung dafür, dass Gemeinsame Sicherheit zu einem Leitgedanken der künftigen Weltordnung werden kann – weit über Europa hinaus.

Szenario III: Multipolarität

Ein drittes Szenario beschreibt eine neue Multipolarität der Weltordnung. China stellt die unipolare Stellung der USA infrage. Außer diesen beiden großen Mächten betrachten sich die EU, Indien, Japan, Brasilien, Südafrika, die Türkei und auch Indonesien und weitere Staaten als wichtige Metropolen des Weltgefüges. Sie wären in einer multiplen Weltordnung nicht so stark wie bisher abhängig von einer Führungsmacht. Bereits gegenwärtig zeichnet sich eine stärkere Eigenständigkeit wichtiger Staaten ab. Am 2. Mai 2022 verurteilten 141 Regierungen in der UN-Vollversammlung mit der Resolution »Aggression against Ukraine« den Angriffskrieg Russlands. Aber 35 Staaten enthielten sich bei dieser Abstimmung, darunter Indien und Südafrika. Zum G-7-Gipfel auf Schloss Elmau hatte Bundeskanzler Scholz als Gäste Argentinien, Indien, Indonesien und Südafrika eingeladen, um sie in die Front gegen die russische Aggression einzubinden. Aber diese Staaten verweigerten sich diesem Anliegen und den Sanktionen gegen Russland. Sie wahren in diesem Fall eigene Interessen an Wirtschaftsbeziehungen zu Russland.

Sie misstrauen dem Westen, dem sie Scheinheiligkeit und Doppelmoral vorwerfen. Warum soll Putin vor ein Kriegsverbrechertribunal, aber nicht auch Präsident Bush, dessen Krieg gegen den Irak mehr als eine Million Menschen das Leben gekostet hat? Warum liefern NATO-Staaten an Saudi-Arabien Waffen, die im Jemen zum Tod von bisher 250.000 Menschen beigetragen haben? Wo blieben die humanitären Werte, als der Westen in der Coronakrise erst einmal sich selbst mit Impfstoffen und Masken versorgte und sich der Produktion von Generika widersetzte? Als im September 2020 über hundert Staaten des Globalen Südens auf die Aussetzung der Patente für Coronaimpfstoffe drängten, verweigerten sich die westlichen Staaten dieser Forderung.

Im günstigen Falle wäre in einer multipolaren Ordnung die Völkerrechtsordnung so weit durchgesetzt, dass Vormacht mittels militärischer Intervention weitgehend diskreditiert und ausgeschlossen wäre. Interessenkompromisse, Kooperation anstelle von Unterordnung und partnerschaftliche Arrangements würden größeres Gewicht gewinnen. Elemente Gemeinsamer Sicherheit würden eine Stärkung erfahren.

Viele Länder des Globalen Südens klagen Solidarität des Nordens ein. Sie sehen sich zu Recht als Opfer der Industrialisierung in der westlichen Welt, die am meisten unter der dort verursachten Zerstörung der Umwelt zu leiden haben. Seit Jahren brechen die OECD-Staaten ihr Versprechen, jährlich hundert Milliarden Dollar für die Unterstützung der Klimapolitik in den ärmeren Ländern zur Verfügung zu stellen.

Kriege als Spätfolge des Kolonialismus und willkürlicher kolonialer Grenzziehungen in der Dritten Welt als Resultat von hierarchischen Wirtschaftsbeziehungen, von Armut und zunehmend von klimabedingter Migration führen im Globalen Süden zu failing states, in denen die staatliche Ordnung zerfällt und kriminelle Gewalt zunimmt. Der »Fragile Staaten Index 2021« des Fund for Peace enthält das Ergebnis der Untersuchung von 179 Staaten. Drei Staaten sind fast ganz zerfallen, sechs akut vom Zerfall bedroht, 21 Staaten weisen höchst alarmierende Tendenzen des Staatszerfalls auf. 26 Staaten wird eine erhöhte Mahnstufe zugeschrieben, für 61 Staaten wird eine Warnung ausgesprochen (Masala 2022: 100). Auch wenn diesem Befund westliche Vorstellungen von Staatlichkeit und Demokratie zugrunde liegen, ist er alarmierend.

Die Welt kann nicht friedlich werden, dem Klimawandel wird nicht wirksam begegnet werden, die Welternährung nicht vor Hunger gesichert, die

Bekämpfung von Massenerkrankungen und Pandemien nicht erfolgreich sein und die Migration nicht gemindert werden, wenn viele Staaten zerfallen und wenn der Globalen Süden nicht eine seinen vielschichtigen Interessen gemäße Stellung in einer gerechten Weltwirtschafts- und Weltordnung erhält. Dafür sind Solidarität, Partnerschaft und Abrüstung erforderlich.

Den Ländern des Globalen Südens müssen mit einer neuen Stellung in der Weltordnung nach dem Maß der Menschlichkeit und der Verhältnisse Zukunftschancen eröffnet werden. Ohne ihre wirtschaftliche und sozial-ökologische Stabilisierung wird es keine sichere Welt geben. Umfassende Gemeinsame Sicherheit muss den globalen Süden einschließen. Aber meist wird der Süden in den westlichen Vorstellungen von einer multipolaren Welt »vergessen«, eher ist nur von großen Mächten die Rede. Antje Vollmer hatte in ihren letzten Lebensjahren in der Gruppe »Neubeginn«, der ich angehöre, immer wieder und immer nachdrücklicher darauf verwiesen, dass den Friedens- und Entwicklungsinteressen des Globalen Südens größte Bedeutung für den Weg in eine bessere Welt zukommen müsse.

Der Krieg Russlands gegen die Ukraine hat nach der herrschenden westlichen Wahrnehmung zu größerer Geschlossenheit der Staatengemeinschaft unter Führung der USA gegen Russland geführt. Aber das ist nur die halbe Wahrheit. Ihre andere Seite ist, dass Länder, in denen die Mehrheit der Menschheit lebt, sich der Verurteilung Russlands als Aggressor und den Sanktionen gegen Russland nicht angeschlossen haben. Der Krieg und die Sanktionspolitik haben die Weltmarktpreise für Nahrungsgüter, fossile Energien und Düngemittel so in die Höhe getrieben, dass in vielen ärmeren Ländern der Hunger wächst. Und die Länder des Globalen Südens haben wahrgenommen, was ihnen selbst blühen könnte, wenn sie der Zorn Washingtons träfe. Der Westen hat russische Auslandsguthaben in Höhe von 330 Milliarden US-Dollar eingefroren, um Russland zu schwächen. Kurzfristig mag dieser Effekt eintreten. Langfristig, so vermutet der Politikwissenschaftler Michael Lüders, könnten solche Erfahrungen dazu führen, dass der Ukrainekrieg als Treibsatz für eine Politik der Unabhängigkeit des Globalen Südens von den USA und für eine Allianz China-Russland wirkt. Er könnte eine Zäsur in der geopolitischen Konstellation signalisieren.

Russland und China haben eigene, dem SWIFT-System ähnliche Verrechnungssysteme eingeführt. Im Jahr 2020 wurden noch 80% des Handels zwischen Russland und China auf Dollarbasis abgewickelt. 2022 waren es weniger als ein Prozent. Der Anteil des chinesischen Renmimbi als Handelswährung bei der Vermittlung internationaler Geschäfte wächst, weil viele Länder ihre Abhängigkeit vom Dollar verringern wollen. Nach Angaben der Bank für Internationalen Zahlungsausgleich (BIZ) ist der Renmimbi in der

Rangliste des Anteils an internationalen Währungstransaktionen von Platz acht im Jahr 2019 auf Platz fünf 2022 vorgerückt.

Der Umstieg auf alternative Währungsvereinbarungen wird dadurch angetrieben, dass die USA zu Beginn des Jahres 2023 bereits 22 Länder mit Sanktionen unterschiedlicher Art belegt haben und kein Ende dieses Vormachtinstruments abzusehen ist. Neue bilaterale Vereinbarungen Russlands im Treibstoffhandel als Antwort auf westliche Sanktionen werden zum Teil in Rubel abgewickelt. Frankreich und Saudi-Arabien haben vereinbart, einen Teil ihrer Öl- und Gasgeschäfte in Renmimbi abzurechnen. Beim Staatsbesuch Präsident Lulas in Peking wurde festgeschrieben, dass beide Länder ihre Handelsgeschäfte direkt in Renmimbi und in brasilianischen Reals abwickeln werden. Die brasilianische Regierung strebt zudem an, im Rahmen der New Development Bank, der multilateralen Bank der BRICS-Staaten, ein entdollarisiertes Handelssystem zu entwickeln. Die Gesamtheit solcher Entwicklungen hat die – gegenwärtig dominierende – Stellung des Dollars in den Weltwirtschaftsbeziehungen bereits geschwächt. 1977 hatte die US-Währung noch einen Anteil von 85% an den Weltdevisenreserven. 2001 lag dieser Anteil bei 73, zu Beginn 2023 nur noch bei 58%.

Festzuhalten

Eine nachlassende Nachfrage nach dem Dollar als Leitwährung bedeutet, dass tendenziell die einzigartige Möglichkeit der USA untergraben wird, sich durch internationale Verschuldung nahezu beliebig finanzieren zu können. Die Tendenz zu Multipolarität wird dagegen stärker. Das Interesse vieler Schwellenländer an ihrer internationalen Zusammenarbeit und größerer Unabhängigkeit von den Vereinigten Staaten in einer multipolaren Weltordnung eröffnet neue Räume für eine Politik Gemeinsamer Sicherheit.

Nicht weniger wichtig als die ökonomischen Kräfteveränderungen sind die Zeichen für politischen Wandel mit zunehmenden Unabhängigkeitsbestrebungen und wachsendem Selbstbewusstsein von Schwellen- und Entwicklungsländern.

Beispielsweise entschied der brasilianische Präsident Lula, den Wünschen der amerikanischen und der deutschen Regierung, Munition für den Einsatz des Leopard 2 in der Ukraine zu liefern, nicht zu folgen. Kolumbien, Chile und Argentinien verweigerten den Vereinigten Staaten die Lieferung von Hubschraubern M-8 und M-7 und von Hawk-Luftabwehrraketen, die die USA an die Ukraine weitergeben wollten. Mit seinen Vorstößen zur Vermittlung von Verhandlungen zwischen den Kriegsparteien in der Ukraine setzte

Präsident Lula dem Versuch einer Lösung durch Sieg auf dem Schlachtfeld seine Präferenz für Verhandlungen entgegen.

Saudi-Arabien war lange Zeit ein Mustervasall der USA. Als aber Präsident Biden persönlich die Führung des Golfstaates um eine Steigerung der Ölproduktion bat, um der durch den Ukrainekrieg bewirkten Explosion der Ölpreise auf dem Weltmarkt mit einem gesteigerten Ölexport zu begegnen, reagierte der saudische König mit dem genauen Gegenteil, der Senkung der Ölförderung, gefolgt von einer Reihe von Wirtschaftsabkommen mit China. In großen Teilen der Welt wird die Unterordnung unter die USA nicht mehr hingenommen.

Umso problematischer ist, dass die Europäische Union im Verlauf des Ukrainekrieges den USA immer bedingungsloser folgt. Die EU hat in der Vergangenheit weit größere Vorteile als die Vereinigten Staaten aus der wirtschaftlichen Zusammenarbeit mit Russland gezogen, die sie mit einer uneingeschränkten Sanktionspolitik jetzt aufgibt. Im Falle eines Krieges des Westens mit Russland wäre zuerst Europa das Schlachtfeld, nicht die USA. Die Europäische Union hat in den vergangenen Jahrzehnten der Ost-West Entspannung hohes Ansehen als friedensstiftende Region gewonnen, das jetzt zu nutzen wäre. Wichtige Mitgliedstaaten haben ausgeprägt demokratische Traditionen oder haben – wie Deutschland, Italien und Spanien – nach faschistischen Diktaturen einen Weg der Demokratisierung gefunden. Europa hat reiche kulturelle Erfahrungen, die es in eine multipolare Welt einbringen könnte.

Zu den positiven europäische Erfahrungen gehört nicht zuletzt der KSZE-Prozess, d. h. die Folge von »Konferenzen über Sicherheit und Zusammenarbeit in Europa«, von Vereinbarungen über die europäische Sicherheitsarchitektur und von institutionalisierter Zusammenarbeit in den Zeiten zwischen den einzelnen Konferenzen. Beteiligt waren alle europäischen Staaten, die Sowjetunion, die USA und Kanada. Nach der ersten Vorbereitungskonferenz im November 1972 währten die Verhandlungen bis zur Unterzeichnung der KSZE-Schlussakte von Helsinki am 1. August 1975. Die unterzeichnenden Staaten haben sich darin verpflichtet zur Unverletzlichkeit der Grenzen, zur friedlichen Lösung von Streitfällen, zur Nichteinmischung in die inneren Angelegenheiten anderer Staaten, zur Wahrung der Menschenrechte und Grundfreiheiten, zur Zusammenarbeit in Wirtschaft, Wissenschaft und Umweltpolitik und in einem besonderen Dokument zu vertrauensbildenden Maßnahmen im militärischen Bereich.

Als Teil des Gesamtprozesses führte die »Konferenz über Sicherheits- und Vertrauensbildende Maßnahmen und Abrüstung in Europa (KVAE)«, die von 1984–1986 arbeitete, zur Erweiterung vertrauensbildender Maßnahmen und schließlich zu dem KSE-Vertrag von 22 Regierungschefs der NATO und der Staaten des Warschauer Pakts, in dessen Folge mehr als 50.000 angriffsfähige konventionelle Waffensysteme vernichtet wurden.

> Im KSZE-Prozess wurden Prinzipien Gemeinsamer Sicherheit erfolgreich in praktische Politik umgesetzt. Mehr denn je erfordern gegenwärtig die geopolitischen Spannungen, diesen Erfahrungsschatz Europas in die internationale Politik einzubringen. Umso schwerer wiegt die Schuld der führenden Politikerinnen und Politiker Europas, die die Potenzen Europas, zu einer Neuen Kollektiven Sicherheit beizutragen, nicht ausschöpfen. Ohne eine eigenständige zukunftsgerechte europäische Sicherheitsstrategie verspielen sie im Kielwasser der USA die europäischen Friedenspotenziale.

Szenario IV: Re-Nationalisierung

Die destruktiven Seiten der Globalisierung fördern Widerstand in Gestalt einer Re-Nationalisierung. Diese reale Tendenz konstituiert kein eigenständiges neues, gar dominantes Muster der Weltordnung. Aber sie schlägt in einer Reihe von Ländern in Nationalismus um, oft verbunden mit Rechtspopulismus und Rechtsextremismus. Das ist in Polen, Ungarn, der Türkei und Slowenien zu beobachten. In Indien ist Nationalismus Bestandteil der Regierungspolitik. In Russland wird nationalistisches Denken für imperiale Politik und Krieg mobilisiert. In Italien hat die Regierung Meloni neofaschistische Wurzeln. In Frankreich ist der Front National Marin Le Pens eine starke Kraft, in Schweden sind es die Schwedendemokraten, in Deutschland die AfD. Eine solche Re-Nationalisierung unter rechtsreaktionären Vorzeichen unterläuft die Anstrengungen für eine internationale Friedensordnung und ist in höchstem Maße konfliktträchtig. Umso dringlicher, dieser Tendenz eine Politik der Gemeinsamen Sicherheit entgegenzusetzen, die Nationalismus ausschließt.

Manche progressiven Kräfte hoffen allerdings auf einen demokratischen Typ der Re-Nationalisierung. Wolfgang Streeck beispielsweise argumentiert, allein der Nationalstaat sei so weit demokratisierbar, dass er eine sozial-ökologische Transformation bewältigen und zwischen den Staaten eine auf nationaler Souveränität und Gleichberechtigung basierende Friedensordnung gestalten könne (vgl. Streeck 2021). Solche Erwartung wird dadurch relativiert, dass der Grad internationaler Wirtschaftsverflechtung und die Komplexität der globalen Herausforderungen über eine nationalstaatliche Regulationsweise hinausweisen. Eine selektive De-Globalisierung, stärkere Regionalisierung, Demokratisierung internationaler zwischenstaatlicher Wirtschaftsorganisationen und demokratisierte überstaatliche Strukturen wie in der EU würden den Menschheitsaufgaben im 21. Jahrhundert besser entsprechen. Die Realisierung solcher Tendenzen könnte sich auf Grundprinzipien Gemeinsamer Sicherheit stützen.

Ansätze in solcher Richtung sind alternative Institutionen wie die New Development Bank der BRICS-Staaten, die trotz ungleicher Wirtschaftskraft und ungleicher Einlagen der Mitgliedstaaten mit gleichen Rechten der beteiligten Länder, rotierendem Vorsitz und Kreditvergabe ohne wirtschaftspolitische Auflagen funktioniert. Ferner könnten zu solchen Ansätzen zählen: eine starke Begrenzung des spekulativen internationalen Kapitalverkehrs, umfangreiche Kapital- und Technologietransfers in ärmere Länder, Verringerung asymmetrischer Abhängigkeitsverhältnisse in den internationalen Wirtschaftsbeziehungen, eine internationale Transaktions- und Reservewährung anstelle des US-Dollar-Regimes, die Begünstigung ärmerer Länder durch Nicht-Reziprozität bei bi- und multilateralen Handelsabkommen mit den wirtschaftsstarken Ländern, die bewusste Toleranz von Handelsbilanzdefiziten der Metropolen beim Import aus Peripherieländern, eine starke Regulierung der Finanzmärkte und Begrenzung der Macht transnationaler Unternehmen durch geeignete staatliche Maßnahmen (vgl. Krüger 2019: 13; Neelsen 2022: 48). Demokratische Nationalstaaten bleiben die Hauptarena für Kämpfe progressiver Akteure um gerechtere Gestaltung internationaler Beziehungen und Organisationen, jedoch im Verein mit Anstrengungen auf internationaler Ebene, mit zwischenstaatlichen und supranationalen Organisationen, wenn deren demokratische, friedens- und umweltorientierte Erneuerung gelingt.

Festzuhalten
ist zusammenfassend mit Blick auf die Tendenzen zu Multipolarität, Bipolarität und Re-Nationalisierung: Die langfristige Haupttendenz ist die zu Multipolarität. Sie entspricht den Unabhängigkeitsinteressen mehrerer großer Mächte, vor allem denen des Globalen Südens.

Der Versuch der USA, eine unipolare Weltordnung unter ihrer Führung aufrechtzuerhalten, wirkt jedoch fort und wird in absehbarer Zeit die internationalen Beziehungen weiter stark beeinflussen. Mit dem Aufstieg Chinas zur Weltmacht zeichnen sich Momente einer neuen Bipolarität ab: die Rivalität der USA und der Volksrepublik China. Möglich, aber in nächster Zeit eher unwahrscheinlich ist, dass ein mehr oder weniger ausgeprägter (asymmetrischer) Block China-Russland entsteht. Parallel zu bipolaren Tendenzen wirken – von chinesischer Seite durchaus als in eigenem Interesse angesehen – Tendenzen zur Multipolarität.

Wichtige Staaten in einer multipolaren Ordnung haben gemeinsame Interessen an einem Ende US-amerikanischer Weltvormacht, sehen teils gemeinsame Interessen mit dem US-Kontrahenten China, sind aber zugleich von eigenen Interessen geleitet, die voneinander abweichen und oft zu Spannungen führen.

Hier wird also einer relativ klaren Abgrenzung von Zeitabschnitten der Bipolarität (1945–1990), der Unipolarität (1991–2008) und Multipolarität (seit 2000), wie von Jörg Goldberg angenommen (Goldberg 2023: 21), nur eingeschränkt gefolgt. Stärker wird die Gleichzeitigkeit sich widersprechender Tendenzen betont.

Szenario V: Weltunordnung

Nicht eine neue Bipolarität oder Multipolarität werde die kommende Weltordnung für lange Zeit bestimmen, sondern eine Welt-Unordnung. Diese Aussage beschreibt weniger eine fünfte Weltordnungsvariante als einen drohenden künftigen Krisenzustand der Welt. Anders als die alte Bipolarität in der Systemauseinandersetzung zwischen USA und Sowjetunion werde nicht eine relative Kontrolle des Konfliktverlaufs, sondern die Bewegung am Abgrund zu großen Kriegen und ökologischen Katastrophen ein mögliches Zukunftsszenario sein. Dies ist die Erwartung mancher Sozial- und Politikwissenschaftlerinnen und Wissenschaftler, nicht ohne Rationalitätsgehalt.

Carlo Masala, Professor für Internationale Politik an der Universität der Bundeswehr, hat sein jüngstes Buch unter dem Titel »Welt-Unordnung« veröffentlicht. Er vertritt die Auffassung, »dass genau diese Unordnung, die Akademiker, Praktiker und die an internationaler Politik interessierten Bürger beunruhigt, mehr als eine Übergangsphase ist; weniger Interregnum als vielmehr Stabilis.« (Masala 2022: 12) Und »dass viele Regionen dieser Welt auf unabsehbare Zeit ins Chaos abgleiten, wodurch Krieg, Staatszerfall und terroristische Aktivitäten das Bild prägen werden, das sich uns dort bietet« (ebd.: 15). Diese Erwartung ist nicht neu. Manche Autoren leiten sie daraus ab, dass in Zukunft kein übermächtiger Welthegemon vorhanden sein wird, der kraft seiner unanfechtbaren Überlegenheit eine relative Ordnung der Welt durchsetzen könnte.

Wolfgang Streeck sieht, wie bereits angedeutet, in Re-Nationalisierungstendenzen die Chance, eine friedliche Weltordnung durch demokratisierte Politik der Nationalstaaten und Übereinkünfte untereinander zu erreichen (Streeck 2016). Wenn dies aber nicht eintrete, so gelte: »Das Ende des Kapitalismus kann dann vorgestellt werden als ein Tod durch tausend Einschnitte und durch eine Vielzahl von Schwächen, von denen jede umso weniger behandelbar sein wird, als alle zur gleichen Zeit Behandlung erfordern.« (Ebd.:

13) »Was in Anbetracht der jüngsten Geschichte des Kapitalismus zu erwarten steht, ist eine lange und schmerzhafte Periode kumulativen Verfalls: sich verschärfende Friktionen, zunehmende Fragilität und Ungereimtheit sowie eine laufende Abfolge normaler Unfälle – nicht zwangsläufig, aber durchaus möglicherweise von der Größenordnung der Weltwirtschaftskrise der 1930er Jahre.« (Streeck 2015b: 120) Zu erwarten sei ein »kontinuierlicher Prozess schrittweisen Niedergangs, der sich zwar hinzieht, aber umso unerbittlicher durchsetzt« (Streeck 2015a: 100). In jüngeren Arbeiten hat Streeck diese Erwartung relativiert. Er wendete seine Aufmerksamkeit der – angesichts der Schwäche der Linken von ihm zunächst weitgehend ausgeblendeten – Potenz alternativer Kräfte zu und hält für möglich, dass kommunales Eigentum und der gemeinwohlorientierte Sektor der Care-Arbeit, dass eine »kommunale Fundamentalökonomie« Chancen für eine Neuformierung der Linken und für nichtkapitalistische Entwicklungen eröffnen könnten (Streeck 2019: 100, 105).

Eine Gruppe internationaler Spitzenwissenschaftler – Immanuel Wallerstein, Randell Collins, Michael Mann, Georgi Derlugian und Craig Calhoun – hatte im Jahr 2014 in einer gemeinsamen Überlegung die Offenheit künftiger Entwicklung in Abhängigkeit von den gesellschaftlichen Kräfteverhältnissen betont. Auch sie warnten vor »künftigen katastrophalen Möglichkeiten. Eine Katastrophe mittleren Grades ist Zerfall und Evolution (das heißt, dass es im Prinzip weitergeht wie bisher, nur in verminderter, verkrüppelter und verschlimmerter Form.« (Wallerstein u.a.: 228) Sie betonten aber auch die »Möglichkeit hoffnungsvollerer Wege durch die Wirren der vor uns liegenden Jahre« (ebd.).

Immanuel Wallerstein verwies darauf, dass sich in den internationalen Machteliten, die sich jährlich auf dem Weltwirtschaftsforum von Davos über ihre Strategien austauschen, zwei Richtungen des Umgangs mit den Krisen und Instabilitäten der Welt abzeichnen: »Das Lager des ›Geistes von Davos‹ ist tief gespalten. Eine Gruppe befürwortet unmittelbare und langfristige Repression und hat ihre Mittel in den Aufbau einer bewaffneten Organisation gesteckt, um die Opposition zu zerschlagen.« Das gilt für die Innenpolitik und für die Außen- und Sicherheitspolitik. Der Ukrainekrieg hat die Neigung zu militärischen Lösungen enorm verstärkt. »Es gibt aber auch eine andere Gruppe, die Repression auf lange Sicht für unwirksam hält. Sie befürwortet die Lampedusa-Strategie, alles zu verändern, damit alles beim Alten bleibt. Man spricht von Meritokratie, grünem Kapitalismus, mehr Gerechtigkeit, mehr Vielfalt und einem offenen Ohr für die Rebellierenden – alles im Geiste der Abwendung eines Systems, das auf mehr Demokratie und Gleichheit beruhte.« (Wallerstein 2014: 45)

Zuweilen liegen Einsichten, die eine Nähe zu Prinzipien Gemeinsamer Sicherheit vermuten lassen könnten, und Schlussfolgerungen in entgegengesetzter Richtung nahe beieinander. Masala beispielsweise stellt fest, was im Konzept Gemeinsamer Sicherheit schon vor Jahrzehnten betont wurde: »Kluge Politik muss auch mit Diktatoren verhandeln, die wir für ihre Taten verabscheuen. Wer versucht, die eigene Außenpolitik allein an moralischen Maßstäben auszurichten, und die Welt nach den Kategorien Gut und Böse einteilt, der wird nicht Ordnung schaffen, sondern nur wieder neues Chaos anrichten – insbesondere dann, wenn er auf den Gedanken verfällt, dass Gute herbeibomben zu wollen.« (Masala a.a.O.: 14) Aus dem von ihm konstatierten Scheitern der Illusion einer Lösung von Problemen durch militärische Interventionen folgert er: »Und eine solche Analyse lässt nur den Schluss zu, dass militärische Interventionen des ›Westens‹ nicht dazu geeignet sind, die Krisen und Konflikte zu lösen.« (Ebd.: 46) Auch das war Konsens im Rahmen des Konzepts Gemeinsamer Sicherheit und für die Friedensbewegung seit Jahrzehnten Allgemeingut.

Jedoch – aus dieser Einsicht folgt bei Masala in jäher gedanklicher Kehrtwende ein unbelehrter Schluss in striktem Gegensatz zu Prinzipien Gemeinsamer Sicherheit: »Zudem sollten militärische Interventionen, wenn sie denn erfolgen, so geplant und ausgeführt werden, dass sie auch eine Chance auf Erfolg haben. Dazu gehört zuvorderst die Bereitschaft, eigene Bodentruppen in umfangreicher Zahl einzusetzen und sich nicht auf unzuverlässige Partner im Konfliktgebiet zu verlassen.« Masala rät, »künftig nur in solchen Fällen zu intervenieren, in denen es eine strategische Notwendigkeit gibt und diese gegenüber der eigenen Bevölkerung auch klar zu kommunizieren« (ebd.). Und wenn der Westen schon aufgeben müsse, dem Traumbild einer liberalen Weltordnung hinterherzujagen, dann gelte »für einen Staat wie die Bundesrepublik Deutschland, dass er sein Handeln strikt an den eigenen Interessen ausrichten muss« (ebd.: 155). »Dies bedeutet aus deutscher Sicht, dass sich eine realistische Politik für das 21. Jahrhundert von der Fessel des selbstverordneten völkerrechtlichen Dogmas lösen muss.« (Ebd.: 137) Die von Außenministerin Baerbock so gepriesene »regelbasierte internationale Ordnung« ist eben nicht mit einer Ordnung auf der Grundlage des Völkerrechts gleichzusetzen. Denn diese Regeln werden von den Mächtigen in der Welt diktiert, oft auf Kriegsfuß mit dem Völkerrecht.

Was sollten die Friedenskräfte aus dem Befund einer starken Tendenz zu konfliktgeladener Welt-Unordnung folgern? Gewiss nicht, dass Kriege und Interventionen eben besser geplant und geführt werden müssten, wie Masala nahelegt.

> Die der Weltunordnung immanente gemeinsame Weltunsicherheit erfordert mehr denn je eine Politik der Gemeinsamen Sicherheit.

Festzuhalten
Konfrontation statt Kooperation ist keine Lösung. Gemeinsame Sicherheit würde in einer multipolaren Welt korrespondieren mit internationaler Kooperation zwischen gleichberechtigten Partnern zum wechselseitigen Vorteil. Aus umweltpolitischen, wirtschaftlichen und sozialen Gründen wird dies durchaus mit stärkerer Regionalisierung und Lokalisierung der Wirtschaft einhergehen. Was ökologisch vorteilhaft ohne naturschädigende Transporte produziert werden kann, wird verbrauchernah herzustellen sein. Einseitige wirtschaftliche Abhängigkeiten werden vermieden. Kooperation wird finanzielle und technische Unterstützung armer Länder durch reiche einschließen. Zu einer gerechten Weltwirtschaftsordnung gehört, das Versprechen der Industrieländer dauerhaft einzulösen, den Klimawandel in den ärmeren Ländern mit jährlich hundert Milliarden Dollar zu unterstützen. International operierende Unternehmen haben die Verantwortung, in den von ihnen dominierten Lieferketten angemessene zivile und ökologische Standards durchzusetzen.

China wird in den kommenden Jahrzehnten eine erstrangige Bedeutung für die globale Sicherheitsarchitektur gewinnen. Das muss in allen Dimensionen Gemeinsamer Sicherheit mit politischen, militärischen, ökonomischen, ökologischen und kulturellen Konsequenzen mitbedacht werden. Ohne Respekt vor chinesischen Interessen wird es keine Gemeinsame Sicherheit geben.

Nach Jahrzehnten hierarchischer, kolonialer, neokolonialer und konfrontativer internationaler Verhältnisse in historisch kürzester Zeit zu einer kooperativen Ordnung der Welt überzugehen, erfordert eine neue planetare Denkweise. Das verweist auf die Einbettung Gemeinsamer Sicherheit in die kommenden Transformationsprozesse, auf den Zusammenhang zwischen gesellschaftlicher Transformation, Gemeinsamer Sicherheit und moralischer Revolution.

1.4. Gemeinsame Sicherheit – doppelte Transformation – moralische Revolution

Frieden im Innern der Gesellschaft, zwischen den Staaten und mit der Natur zu erreichen, ist das zentrale Gebot im 21. Jahrhundert. Deshalb wird umfassende Gemeinsame Sicherheit mit höchster Dringlichkeit zu einem Grundprozess der Transformation vor uns. Der Krieg in der Ukraine wie

Kriege in anderen Teilen der Welt verweisen darauf, dass in allernächster Zeit eine Zeitenwende von Krieg, Hochrüstung, Abschreckung und Denken in Feindbildern zu Friedenspolitik, Abrüstung, und Verhandlungslösungen eingeleitet werden muss. Dies ist der entscheidende bevorstehende Bruch, der in der »Nationalen Sicherheitsstrategie« der Bundesregierung vom Juni 2023 nicht formuliert wird, den die Friedensbewegung und als ihr Teil die plurale gesellschaftliche Linke einzufordern hat.

> Gemeinsame Sicherheit ist als ein Grundprozess progressiver Transformation, als ihr elementarer Bestandteil zu begreifen. Das heißt, sie muss noch im Rahmen des Kapitalismus weit vorangetrieben werden – als Teil seiner innersystemischen Transformation.

Die Politik Gemeinsamer Sicherheit ist nicht aufschiebbar, bis irgendwann der Kapitalismus durch eine bessere solidarische oder grün-sozialistische Gesellschaft abgelöst sein wird. Das Leben und die Gesundheit von Milliarden Menschen sind hier und jetzt durch Kriege, Klimakrise, Artensterben, Hunger, Staatenzerfall und andere Katastrophen bedroht, nicht erst in Zukunft.

Nur, so wie der Kapitalismus gegenwärtig verfasst ist, steuert er auf Abgründe zu – wachstumsgetrieben, geopolitisch begründeter Gewalt verhaftet, zwar im Bewusstsein seines unheilvollen Umgangs mit der Natur, aber ohne ausreichend entschlossene Gegenstrategien. Der von Bundeskanzler Scholz proklamierten Zeitenwende fehlt das Wichtigste, eine wirkliche Wende.

> Zumindest die Dominanz des Profits bei Entscheidungen über Leben und Tod, zumindest der Vorrang militärischer Abschreckung vor friedlicher Kooperation und Diplomatie, wenigstens Hunger, Wohnungslosigkeit und Unterentwicklung des Gesundheitswesens in der Welt müssen noch mitten im Kapitalismus weitgehend zurückgedrängt werden.

An anderer Stelle (Klein 2013, 2019 und 2022) habe ich – so wie andere Autorinnen und Autoren (Wright 2017; Reißig 2009 und 2019; Brie 2014; Thomas/Busch 2015; Candeias 2014; Dörre 2021; Brangsch 2014) – begründet, dass noch im Rahmen des Kapitalismus eine systeminterne postneoliberale progressive Transformation erreichbar ist, die auf einer neuen moralisch-geistigen Verfasstheit der Gesellschaft beruhend eine weitgehende Verwirklichung der hier dargestellten Strukturelemente Gemeinsamer Sicherheit einschließt. Ein solidarisches Mitte-Unten-Bündnis und Brückenschläge zwischen den vielen Selbstermächtigungsprojekten von unten und zwischen unterschiedlichen sozialen Bewegungen anstelle von spaltenden Entgegensetzungen sind als entscheidende Voraussetzungen dafür zu betrachten.

Eine vollständige Beseitigung aller Massenvernichtungswaffen, eine konsequente Umkehr von destruktivem Wachstum zu einer Entwicklung im Einklang mit dem Erhalt von lebensfreundlichen Ökosystemen und die sozial gleiche Teilhabe aller Menschen an den Bedingungen individueller Freiheit und Persönlichkeitsentfaltung im Rahmen des Gemeinwohls – diese Ziele werden in vollem Maße wohl erst jenseits des Kapitalismus, also im Verlauf einer systemüberschreitenden Großen Transformation erreichbar sein. Aber für voraussichtlich lange Zeit wird vorrangig sein, die friedliche Existenz der Menschheit im Einklang mit der Natur schon unter kapitalistischen Bedingungen so weit wie nur möglich zu sichern.

> Der Weg zu Gemeinsamer Sicherheit ist also eingebettet in eine doppelte Transformation im Kapitalismus und über ihn hinaus.

Eine solche doppelte Transformation, eingeschlossen der Übergang zu einer Politik Gemeinsamer Sicherheit, erfordert eine tiefgreifende moralische Revolution. Diese wird zur geistig-mentalen Voraussetzung für das Überleben der Menschheit. Amartya Sen, Nobelpreisträger in den Wirtschaftswissenschaften, bezeichnete als die elementarste Freiheit »die Fähigkeit, zu überleben und nicht vorzeitig zu sterben« (Sen 1999: 36). Krieg, der Menschen millionenfach das Leben raubt, und Klima- und Umweltkrisen, die die Lebensgrundlagen der Menschheit zerstören, können nicht im Namen der Freiheit gerechtfertigt werden. Nicht was einen militärischen Sieg fördert, ist das Maß der Moral. Moralisch ist, was das Ende von Kriegen ohne mehr Kriegsopfer, was Waffenstillstand und Friedensverhandlungen näherbringt. Moralisch ist, was die Ukraine vor einer Niederlage im Krieg bewahrt, aber einen Siegfrieden zugunsten der NATO ausschließt. Ein solcher wäre nur der Ausgangspunkt eines neuen russischen Revisionismus.

Die Geschichte ist aber durchzogen von Kriegen und in den letzten zwei Jahrhunderten davon bestimmt, dass die Steigerung des Wohlstands mit seiner langfristigen Untergrabung bezahlt wird. Ein »Neues Denken«, beruhend auf einschneidendem Wertewandel zugunsten des Lebens, ist das Gebot unserer Zeit und der Geist Gemeinsamer Sicherheit. Verantwortung für das Leben und seine Naturgrundlagen, Friedensorientierung, partnerschaftliches Denken, Toleranz, Respekt für Andersdenkende, Empathie im Kleinen und im Großen, Kompromissbereitschaft, Kooperation, Gemeinwohldenken und solidarisches Verhalten machen die moralische Revolution aus. Deren »Vor-Schein« zeichnet sich bereits ab. Sie ist gegen Bellizismus, Gewalt, Imperialität, Rassismus und Nationalismus, Gut-Böse-Polarisierung, verschwörungstheoretisches Denken, Hass und Irrationalität gerichtet, bestimmt jedoch noch nicht den Zeitgeist der Gegenwart. Der Zeitgeist steckt überwiegend noch in alten Zeiten. Für den Zeitgeist dieser Art trifft zumindest auf längere Sicht zu, was der Regisseur und Musiker August Everding schrieb: »Wer den Zeitgeist heiratet, wird bald Witwer sein.«

Zwei Gefahren lauern in den Aufbrüchen zu einer moralischen Revolution (siehe Kapitel 3.5). Die eine weit verbreitete besteht darin, sie als bereits bestimmend für das Verhalten der Machteliten in jüngster Zeit anzusehen. Eine solche Fehleinschätzung verdeckt, dass auch die kapitalistischen Gesellschaften im Westen die meisten und entscheidenden Schritte einer moralischen Revolution noch vor sich haben. Die zweite Gefahr ist, ein beginnendes moralisches Umdenken in Teilen des Blocks an der Macht bereits für die weit fortgeschrittene Lösung der Probleme zu halten. Wahr ist dagegen, dass selbst problembewusste Fraktionen in den Führungsetagen von Politik und Wirtschaft den Zwängen des Macht- und Profitmechanismus, der Konkurrenz, des Wachstums und der Expansion unterworfen sind. Erst recht stoßen demokratische Gegenmächte auf die Grenzen, die durch die herrschenden Eigentums- und Herrschaftsverhältnisse gesetzt sind. Eine neue Moral wird erst dann in vollem Maße ein entscheidender Teil einer Großen Transformation zu einer solidarischen Gesellschaft, wenn sie zur Kontrolle und Einschränkung der ökonomischen und politischen Macht der Zentren des Finanzkapitals, der IT-Kommunikation, der Rüstungswirtschaft, des Energiesektors führt. Gerechte Umverteilung von Ressourcen zugunsten eines starken Gemeinwohlsektors und insbesondere des Care-Bereichs gehört zu dieser Perspektive und erfordert den Ausstieg aus der Rüstungseskalation.

In diesem strategischen Rahmen sollten sich auch die Anstrengungen auf dem Weg zum Frieden in der Ukraine bewegen. Frieden zwischen den Staaten und Völkern und mit der Natur werden dabei den Vorrang vor Kämpfen zur Überwindung des Kapitalismus haben. Es gehört zu den Aufgaben der gesellschaftlichen Linken, die Verschränkung beider Perspektiven in die strategischen Diskurse unserer Zeit einzubringen und im eigenen Handeln zu beachten. Das erfordert die Balance zwischen größtmöglichen Anstrengungen zugunsten breiter Friedens- und Umweltallianzen und solchen Bündnissen, die auf die Kontrolle und Machtbeschränkung vor allem der aggressivsten Fraktionen in den Machteliten zielen.

Den Übergang von feindschaftlichem Gegeneinander zu Gemeinsamer Sicherheit mitten im Krieg zu denken und einzuleiten, ihn einzubetten in die Perspektive einer neuen Kollektiven Europäischen Sicherheitsarchitektur und in die Lösung globaler Überlebensprobleme der Menschheit, ist eine extreme Herausforderung.

Der Druck, sich dem militanten Mainstreamdenken zu beugen, ist übergroß. Max Weber schrieb den Intellektuellen – und damit auch allen anderen Bürgerinnen und Bürgern – für ähnliche Situationen ins Merkbuch:

»Selbstverständlich aber ist nun ferner [...] für den Einzelnen ein stets erneut auftauchendes Problem, ob er die Hoffnung auf Realisierbarkeit seiner praktischen Wertungen aufzugeben habe angesichts seiner Erkenntnis des Bestehens einer eindeutigen Entwicklungstendenz, welche die Durchsetzung des von ihm Erstrebten [...] derart unwahrscheinlich macht, dass seine Arbeit daran, an der Chance des Erfolgs bewertet, als sterile ›Donquixotterie‹ erscheinen müsste.« (Weber 1988: 513) Für diesen Fall erwog Weber, dass die Menschen unter solchem Druck zur Preisgabe ihrer Ideale neigen und stellte fest: »In Deutschland glaubt man dies mit dem Namen ›Realpolitik‹ schmücken zu dürfen. Es ist jedenfalls nicht einzusehen, warum gerade die Vertreter einer [...] Wissenschaft das Bedürfnis fühlen sollten, dies noch zu unterstützen, indem sie sich als Beifallssalve der jeweiligen ›Entwicklungstendenz‹ konstituieren.« »Die spezifische Funktion der Wissenschaft scheint mir gerade umgekehrt: dass ihr das konventionell Selbstverständliche zum Problem wird.« (Ebd.: 502)

Diese Mahnung wird auch das folgende Kapitel 2 bestimmen.

Kapitel 2
Ökonomische Gesetze des Kapitalismus – Raum und Grenzen für die Lösung von Jahrhundertproblemen

Die Einordnung des Ukrainekrieges und anderer imperialer Kriege der letzten Jahrzehnte, des Terrorüberfalls der Hamas auf Israel und dessen tödliche Antwort im Gazastreifen in den Widerstreit zwischen Aufstieg und Niedergang menschlicher Zivilisation führte im Prolog dieses Buches zum Nachdenken über die Stellung von Menschlichkeit in unserer Zeit. In vielen Richtungsentscheidungen der Gegenwart fehlt das Maß der Menschlichkeit, so wurde festgestellt.

Profit, Behauptung oder Rückgewinn geostrategischer Macht, Zugriff auf Ressourcen, Stimmengewinne in Wahlen, parteipolitische Vorteile – alle möglichen Ziele bestimmen das Handeln der dominierenden gesellschaftlichen Akteure. Das Maß der Menschlichkeit geht darüber in der Regel verloren. Immer wieder lehnen sich Betroffene gegen dieses Defizit an humanitärer Orientierung auf. Dass es anders werden möge, fordern sie ein. Aber sie sind derzeit zu schwach, um ihre Forderungen weitgehend durchzusetzen.

2.1 Die Fragestellungen

Ist das Verlangen nach menschengerechtem Handeln vielleicht nur im Reich der Tagträume angesiedelt, aber eben nur der Träume? Zu fern von der realen Welt der ökonomischen Konkurrenz, der Aktienkurse und Dividenden, der Derivatespekulation, des Mietwuchers, der Kämpfe um Überleben oder Untergang in der Wirtschaftswelt? Zu fern gedacht von Hierarchien der Herrschaft, geopolitischen Machtverhältnissen, von Patriarchat, ethnisch oder religiös begründeten Machtverhältnissen und vor allem von Kapitalmacht? Zu fern von den ökonomischen Gesetzen, die in allen Sphären der Gesellschaft regulierend wirken – in Gestalt von Profit, Lohn, Preis, Zins, Rente, Miete, Pacht, von ökonomischen Kategorien also, die unser Handeln maßgeblich steuern?

Welchen Spielraum lässt das Wirken der ökonomischen Gesetze des Kapitalismus moralischen Ansprüchen und von ihnen geleiteter Politik in Wirtschaft und Gesellschaft? Ist deren Wirkungsrichtung längst durch wirtschaftsethische Prinzipien in humanistische Bahnen gelenkt? Leben wir in der westlichen Sphäre längst in der gelobten »regelbasierten freiheitlichen Weltordnung«? Hat die schöne Wertewelt die Oberhand über die harten ökonomischen Kategorien erlangt, wie uns vielfach suggeriert wird? Oder können moralische Normen gar nicht bis in die ökonomisch begründeten Grundstrukturen des Kapitalismus vordringen? Gilt noch immer, dass das ökonomische Subsystem alle anderen Teilsysteme des Kapitalismus bestimmend durchdringt und auf solche Weise allen Bestrebungen zu mehr Menschlichkeit Grenzen setzt, sodass diese nur durch eine systemüberschreitende Große Transformation zu überwinden sind? Oder sind die politischen Gestaltungsmöglichkeiten unter dem enormen Handlungsdruck ungelöster Menschheitsprobleme gegenwärtig zwar entschieden größer geworden als noch vor kurzer Zeit – und deutet doch das globale Gefahrenniveau auf die in letzter Instanz nicht überschreitbaren Grenzen des kapitalistischen ökonomischen Systems hin?

Antworten auf diese Fragen haben die Dimension von Entscheidungen über die weitere Existenz großer Teile der Menschheit gewonnen. Ein gravierender Einschnitt in der Menschheitsgeschichte ist auf die Agenda geraten: Ob es in Zukunft auf der Erde menschlich zugehen kann und wird, hängt davon ab, ob die natürlichen Grundlagen allen Lebens auf der Erde, menschliches Leben eingeschlossen, überhaupt noch bewahrt werden können oder ob der Wachstumsfuror des Kapitalismus weiter ein Übermaß an Ressourcen verschlingen und die natürlichen Senken der Erde ohne Rücksicht überfordern wird.

Wird im laufenden und kommenden Jahrzehnt ein Bruch von nahezu schrankenloser Ausplünderung und Überlastung der Natur zur Unterordnung gesellschaftlicher Entwicklung unter den Erhalt menschenverträglicher Naturgleichgewichte eingeleitet und weit vorangetrieben werden? Werden Kriege die Menschheit weiter in die Barbarei zurückwerfen oder können die Opfer im Ukrainekrieg und im Nahen Osten doch noch einen Schock auslösen, der die Vernunft der Friedenskräfte geschichtsbestimmend werden lässt?

Wird zum ersten Mal in der Menschheitsgeschichte gelingen, alle Politik, alle Energien gesellschaftlicher Akteure um zwei archimedische Punkte der Entwicklung (siehe Grafik 1) zu gruppieren?

1. Punkt: Sozial gleicher Zugang jedes Einzelnen zu den Grundbedingungen freier Persönlichkeitsentfaltung bei gleichzeitiger Stärkung des Gemeinwohls,

2. Punkt: Bewahrung von menschenverträglichen gesellschaftlichen Naturverhältnissen und Frieden auf der Erde.

Grafik 1: Zwei archimedische Punkte sozialistischer Politik

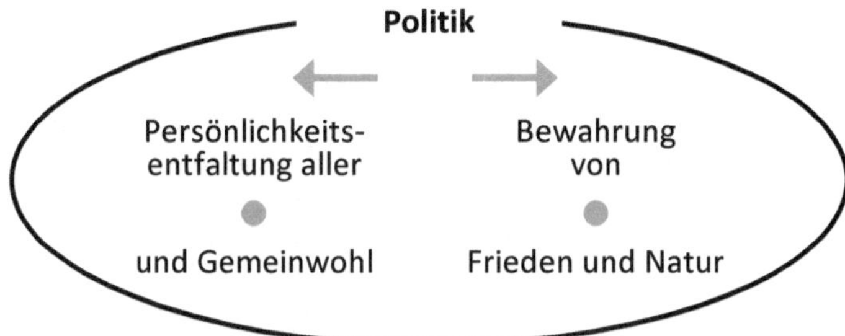

Wird sich eine nennenswerte Zahl von Ländern in die Richtung einer solidarischen Gesellschaft bewegen, der es gelingt, Libertäres und Kommunistisches, Freiheit der Individuen und Gemeinwohl zusammen zu führen? (Vgl. Brie 2022) Zweifellos bedarf es dafür fundamentaler Veränderungen im Bewusstsein der handelnden Personen, Organisationen, Institutionen und Bewegungen. Dieses Bewusstsein hat sich seit dem aufrüttelnden Report »The Limits to Growth« im Jahr 1972 und nochmals in jüngster Zeit beachtlich entwickelt. Die überwältigende Mehrheit der gesellschaftlichen Akteure weiß um die Gefährdung des gesellschaftlichen Zusammenhalts und der Demokratie durch Armut. Das Wissen um den bedrohlichen ökologischen Zustand der Erde ist allgegenwärtig. Wir erleben derzeit erneut, dass Krieg Probleme nicht löst, sondern tödlich vergrößert und von ihrer Lösung wegführt. Die Herausforderungen liegen auf der Hand. Aber im Widerspruch zu solchem Gefahrenbewusstsein sind die Bedrohungen und Gefahren trotz vieler Teilfortschritte gewachsen.

Die Politik erfährt im Verhältnis zu den spontanen Wirkungen der ökonomischen Marktmechanismen also längst eine enorme Aufwertung. Der neoliberale Marktradikalismus wird durch eine staatsinterventionistische Regulierung der weiter von privaten Monopolen/Oligopolen beherrschten Wirtschaft zurückgedrängt. Dieser Wandel kommt in einer Vielzahl von staatlichen Programmen und Regulierungen zum Ausdruck (siehe S. 136–140).

Die Erwartungen positiven Wandels richten sich also vor allem an »die Politik«. Theoretisch formuliert, es wird angenommen, dass das politische Teilsystem das Primat gegenüber dem ökonomischen Subsystem gewinnt, dass die bisher geltenden Dominanzverhältnisse umgekehrt werden, dass der Ökonomie ein verbindlicher Rahmen durch die Politik gesetzt und dass sie direkten staatlichen Interventionen unterworfen wird. Dann käme es »nur noch« darauf an, in Wahlen der »richtigen« Politik die meisten Stimmen zu geben, damit das Humanum in der gesamten Gesellschaft richtungsbestimmend werde.

Das ist die Grunderwartung der reformistischen Kräfte in der Gesellschaft. In der OECD-Welt der entwickelten kapitalistischen Gesellschaften überwiegt diese Grundhaltung und tendiert zur Entwicklung von grün modernisierten, jedoch weiter von Monopolen/Oligopolen beherrschten Demokratien. Diese Form der kapitalistischen Gesellschaften wird allerdings in einer Reihe von Ländern zurückgedrängt oder ist bereits überlagert von einer anderen Variante kapitalistischer Entwicklung, der Herausbildung autoritärer, rechtspopulistischer und rechtsextremer Regime, in denen die Demokratie noch weitgehender ausgehöhlt ist als in den formellen bürgerlichen Demokratien. Im jüngsten Bertelsmann-Report zur Verbreitung autoritärer Regime werden 137 Länder in Asien, Afrika, Südamerika und Osteuropa untersucht, 70 werden als Autokratien eingeordnet. In der westlichen Welt finden sich auch noch einige (vgl. Bertelsmann Stiftung 2022).

Die Mehrheit linker Parteien und tendenziell linker Organisationen, vor allem der Gewerkschaften, hat sich der reformistischen Tendenz seit Langem angepasst. Sie ist davon abgekommen, die Grenzen, an die ihre soziale und Emanzipationspolitik ständig stößt, in gebotenem Maße auf die ökonomischen Gesetze des Kapitalismus zurückzuführen. Das vielfache Scheitern linker Kräfte wird in den öffentlichen Diskursen nur noch sehr verhalten im Zusammenhang mit den kapitalistischen Grundstrukturen analysiert. Progressive Teilreformen werden nur selten mit Einstiegsprojekten in die Überwindung des Kapitalismus verbunden. Wenn diese Einschätzung zutrifft, verweist sie darauf, die Transformationspolitik der Linken stärker als gegenwärtig mit politökonomischen Analysen zu verbinden, mit der Prüfung der Handlungszwänge und der Handlungsräume, die die ökonomischen Gesetze des Kapitalismus für linke Politik bieten.

> Hier wird die Ansicht vertreten, dass in strategischen Überlegungen der pluralen Linken ein Bezug ihrer politischen Projekte auf die durch das Wirken der ökonomischen Gesetze gegebenen Handlungsmöglichkeiten und Handlungsgrenzen nur zu selten und zu wenig erkennbar wird. Das schwächt eine konsequent kapitalismuskritische und antikapitalistische Orientierung der Linken.

Das zweite Kapitel dieses Buches soll dazu beitragen, dieses Defizit bewusst zu machen und zu überwinden. Das enthält die Zumutung, sich im Angesicht einer Fülle von Alltagssorgen der Bevölkerung und mitten in politischen Turbulenzen auf theoretische Denkebenen einzulassen.

2.2 Ökonomische Gesetze in den historischen Phasen kapitalistischer Entwicklung

Der Gegenstand des ersten Kapitels war Gemeinsame Sicherheit. Sie wurde als Gegenpol zur Abschreckung vor allem auf dem weiten Feld der Sicherheitspolitik behandelt. Betont wurde die Dringlichkeit umfassender Gemeinsamer Sicherheit, das heißt von kooperativem internationalem Handeln auch in der Klima- und Umweltpolitik sowie in der Entwicklungspolitik. Dabei wurde immer wieder mit den Formulierungen »könnte«, »sollte« oder »müsste« operiert. Ein Bezug zwischen dem Wirken der ökonomischen Gesetze und Gemeinsamer Sicherheit wurde zunächst nicht systematisch deutlich gemacht.

Ein solcher Bezug soll nun für zwei zentrale Felder gesellschaftlichen Überlebens, erstens für die Friedens- und Sicherheitspolitik und zweitens für die Umwelt- und Klimapolitik, untersucht werden. Was sein sollte oder müsste, fällt in den Bereich politischer Kämpfe und Entscheidungen. Was sein könnte, bedarf jedoch genauerer Bestimmung und der ausdrücklichen Frage, was im Rahmen des Wirkens der Gesetze des Profits, des Monopolprofits, der Konkurrenz und der Akkumulation real möglich ist und ob dauerhafter positiver Frieden und umfassende Lösungen der Umwelt- und Klimakrise doch derart mit den ökonomischen Handlungszwängen kollidieren, dass sie schließlich mit der Überwindung des Kapitalismus verbunden sein werden. Wie kann sich das Verhältnis von Möglichkeiten und Begrenztheit von Chancen in Zukunft entwickeln?

Um sich einer Antwort auf diese Frage anzunähern, um ein Verständnis des Wirkungsmechanismus der ökonomischen Gesetze des Kapitalismus stärker in linken Diskursen zur Geltung zu bringen, mag ein kurzer kritischer Rückblick auf die historischen Phasen kapitalistischer Entwicklung hilfreich sein.

Ökonomische Gesetze, Gewalt und Zerstörung der Natur im Konkurrenzkapitalismus

Die Geschichte des Kapitalismus war immer auch eine Geschichte von Kriegen. Die »ursprüngliche Akkumulation« des Kapitals beruhte auf der Zwangsvertreibung der Bauern von den von ihnen bearbeiteten Böden. Sie wurden »freie Lohnarbeiter« – frei von feudalen Fesseln der Fronarbeit, aber auch frei von ihrem wichtigsten Produktionsmittel, dem Boden. Der Kapitalismus schuf sich die Lohnabhängigen mit blutiger Vertreibung von ihren Existenzgrundlagen und disziplinierte sie zu kapitalistischer Heim- und Manufakturarbeit durch staatliche Blutgesetzgebung. Wer sich der neuen Arbeitsqual durch Flucht zu entziehen versuchte, wurde als Arbeitssklave gekennzeichnet – durch Brandeisen, eiserne Halsbänder und Ketten bis zur öffentlichen Auspeitschung und Hinrichtung. (Marx 1962, MEW. Bd. 23: 761ff). Die zuvor nie gekannte Produktivkraft von Arbeitermassen in den kapitalistischen Manufakturen und Fabriken brachte eine erhebliche Produktivitätssteigerung hervor – bezahlt zunächst mit unmenschlich langen Arbeitstagen und ruinösen Arbeitsbedingungen.

Die Gründungkapitale im Frühkapitalismus hatten düstere Quellen. Zu den wichtigsten gehörten Eroberungskriege und die gewaltsame Verwandlung großer Erdregionen in Kolonien. Die East India Company verfügte Mitte des 18. Jahrhunderts mit fast 300.000 Mann über eine eigene, fast doppelt so große Armee wie das British Empire selbst. Blutige Aneignung ihrer Gold- und Silbervorkommen, erpresserischer Handel und purer Raub füllten die Kassen der Oberschichten Portugals, Spaniens, der Niederlande, Englands und Frankreichs. Der Sklavenhandel blühte. Bis 1866 hatten die Sklavenhalter Europas mehr als 12 Millionen Afrikaner in die »Neue Welt« deportiert, um unter unmenschlichen Bedingungen auf den Zucker- und Teeplantagen ausgebeutet zu werden – vor allem in Brasilien, Jamaika, im heutigen Haiti und auf Kuba. Eine halbe Million afrikanischer Sklaven wurde in das Territorium der heutigen USA verbracht. Dort rotteten die Siedler einen großen Teil der Ureinwohner aus und verdrängten die meisten Überlebenden in sogenannte Reservate.

Kolonialkriege bis zum Genozid blieben lange Zeit ein Merkmal des Kapitalismus. Selbst die »Normalität« des etablierten Kolonialismus war mit Opfern der indigenen Bevölkerungen verbunden, die häufig denen in Kriegen nicht nachstanden. Im »Freistaat Kongo«, der sich im Privatbesitz des belgischen Königs Leopold II. befand, starben 10 bis 20 Millionen Menschen an den Folgen des brutalen Arbeits- und Herrschaftsregimes (agenzia fides 2004). Unter deutscher Kolonialherrschaft wurden in den Jahren von 1904 bis 1915 etwa 80.000 Herero und die Hälfte der etwa 20.000 Nama ermordet, als sie sich gegen ihre Unterdrückung auflehnten. Das deutsche Militär unter General von Trotha trieb die in bewaffneten Kämpfen Überlebenden in die Omaheke-Wüste und hielt selbst Frauen und Kinder von Wasserstellen fern, sodass sie verdursteten.

Marx schrieb über die Gewalt in der Entstehungsgeschichte des Kapitalismus: »Die Entdeckung der Gold- und Silberländer in Amerika, die Ausrottung, Versklavung und Vergrabung der eingeborenen Bevölkerung in die Bergwerke, die beginnende Eroberung und Ausplünderung von Ostindien, die Verwandlung von Afrika in ein Geheg zur Handelsjagd auf Schwarzhäute, bezeichnen die Morgenröte der kapitalistischen Produktionsära.«

(Marx 1962, MEW. Bd. 23: 779) »Wenn das Geld, nach Augier, ›mit natürlichen Blutflecken auf einer Backe zur Welt kommt‹, so das Kapital von Kopf bis Zeh, aus allen Poren, blut- und schmutztriefend.« (Ebd.: 788) Die Ströme von Blut halten bis in die Gegenwart an.

> Von der Geburt des Kapitalismus an trat das Wirken seiner ökonomischen Gesetze doppelt zutage: In nie gekanntem Fortschritt der Produktivkräfte sowie einem damit verbundenen zivilisatorischen Fortschritt und darin, dass der Kapitalismus Menschen und Natur maßlose Gewalt antut. Entzivilisierung war stets der Zwilling der Zivilisierung.

Diese Widersprüchlichkeit im Wirken der ökonomischen Gesetze des Kapitalismus ist im Folgenden näher zu betrachten. Solches Vorhaben mag zunächst als abstrakte Übung erscheinen. Es hat jedoch höchst praktische Implikationen. Wenn beide Tendenzen auch in der Gegenwart untrennbar verbunden sind, ist mit andauernder entwicklungsoffener Wandlungs- und Erneuerungsfähigkeit des Kapitalismus zu rechnen. Linke Reform- und Transformationspolitik vermag noch im Rahmen des Kapitalismus progressiven Wandel voranzutreiben und dafür immanente Tendenzen des Kapitalismus zu nutzen. Beispielsweise bietet der ökologische Umbau dem Kapital riesige, zu großen Teilen auch profitable Sphären für Investitionen. Jedoch, linke Politik wird unvermeidbar immer wieder auf destruktive Wirkungen der ökonomischen Gesetze des Kapitalismus stoßen, die Übergänge von systeminterner Transformation zu systemüberschreitender Transformation herausfordern.

Ohne das Wissen über diese dem Kapitalismus eigenen Handlungszwänge (ökonomischen Gesetze) würde Reformpolitik in der Illusion verbleiben, dass es nur auf bessere Politik ankäme, um zu einer guten Gesellschaft zu gelangen. Tiefe Brüche mit den Eigentums- und Herrschaftsverhältnissen, in denen die ökonomischen Gesetze des Kapitalismus wurzeln, wären dann keine Überlebensaufgabe.

Umgekehrt gilt aber auch: Ohne das Wissen um Widersprüche, um Tendenzen und Gegentendenzen im Wirken der ökonomischen Gesetze selbst, bliebe eine linke Reformpolitik hinter den Möglichkeiten im Kapitalismus zurück, sie wäre zu Halbherzigkeit verurteilt, nach dem Motto: »Natürlich sind wir für gerechte Reformen, aber ›eigentlich‹ werden wirkliche Veränderungen erst in einer sozialistischen Gesellschaft möglich sein.« Der japanische Ökokommunist Kohei Saito tritt zwar für progressive Reformen im Kapitalismus ein. Aber das werde nicht ausreichen, um das im Kapitalismus unvermeidliche die Natur zerstörende Wachstum zu beenden. »Deshalb ist die einzige Möglichkeit, um das Wachstum zu unterbinden und sich der Klimakrise entgegenzustellen, den Kapitalismus aus eigener Kraft zu stoppen sowie einen großen Wandel hin zu einem postkapitalistischen Degrowth zu vollziehen.« (Saito 2023: 90)

Nach der Marxschen Kapitalismusanalyse folgte der Klassenkampf der Unternehmer von oben gegen das Proletariat aus den Handlungszwängen im Wirken des Mehrwertgesetzes, des Gesetzes der Konkurrenz und der Akkumulation. Die Konkurrenz der Kapitalisten untereinander erzwang eine permanente Steigerung der Profite und deren Akkumulation zulasten der Proletarier. Und diese waren durch die gleichen Gesetze gezwungen, sich vor allem in Lohnkämpfen dem Kapital zu widersetzen. Die Konkurrenz um höchstmögliche Profite trieb eine Industrialisierung voran, die mit rücksichtsloser Ausplünderung der Natur verbunden war. Die Herausbildung des Kapitalismus fiel mit einem maßlosen Verbrauch von Kohle zusammen. Der Kapitalismus war von Geburt an fossilistischer Kapitalismus. Die Zerstörung der Natur war und ist in seine DNA eingeschrieben.

Der Realität im Konkurrenzkapitalismus zu Marx' Zeiten entsprechend trat das Politische in seiner Theorie zurück. Vor allem in seinem Hauptwerk »Das Kapital« arbeitete Marx heraus, dass die »Anatomie der bürgerlichen Gesellschaft in der politischen Ökonomie zu suchen sei.« (Marx 1961, MEW Bd. 13: 8) Friedrich Engels betonte: »Wir machen unsere Geschichte selbst, aber erstens unter sehr bestimmten Voraussetzungen und Bedingungen. Darunter sind die ökonomischen die schließlich entscheidenden.« (Engels 1967, MEW Bd. 37: 463) Die letzten Ursachen aller gesellschaftlichen Veränderungen und politischen Umwälzungen »sind zu suchen nicht in der *Philosophie* sondern in der *Ökonomie* der betreffenden Epochen.« (Engels 1962, MEW Bd. 20: 448f.)

Obwohl in der Realität des Konkurrenzkapitalismus der Einfluss von Politik und Moral auf die Ökonomie nur gering war, wurde er doch von Marx durchaus bereits erfasst.

Erstens zeigte er, dass die Beschränkung der Ausbeutung der Arbeiter durch die Verkürzung des ursprünglich ruinös langen Arbeitstages auf einen Normalarbeitstag von zehn und später acht Stunden »das Produkt eines langwierigen, mehr oder minder versteckten Bürgerkriegs zwischen der Kapitalistenklasse und der Arbeiterklasse« war (Marx 1962, MEW Bd. 23: 316). »Im Gegensatz zu den andren Waren enthält also die Wertbestimmung der Arbeitskraft ein historisches und ein moralisches Element«, anders ausgedrückt ein politisches Element (ebd.: 185).

Zweitens wies Marx am Beispiel der Fabrikgesetzgebung nach, dass schon unter den Bedingungen des Kapitalismus der freien Konkurrenz staatliche

Institutionen in die ökonomischen Prozesse – in diesem Falle in die Marktregulierung von Arbeitszeit und Arbeitsbedingungen – eingegriffen haben: »Wie sehr immerhin der einzelne Fabrikant der alten Raubgier die Zügel frei schließen lassen mochte, die Wortführer und politischen Leiter der Fabrikantenklasse geboten eine veränderte Haltung und veränderte Sprache gegenüber den Arbeitern.« (Ebd.: 298)

Drittens machte Marx auf Widersprüche innerhalb des Unternehmertums aufmerksam. Ein Teil der Kapitalisten, der den Vorteil staatlich geregelter Arbeitsbedingungen bereits erkannt und für sich genutzt hatte, »überwarf das Parlament mit Denkschriften über die unsittliche ›Konkurrenz‹ der ›falschen Brüder‹, denen größere Frechheit oder glücklichere Lokalumstände den Gesetzesbruch erlaubten.« (Ebd.)

Viertens hielt Marx ein weiteres wichtiges politisches Element des Einflusses auf die Ökonomie fest, den Umstand, dass »die Angriffskraft der Arbeiterklasse wuchs mit der Zahl ihrer Verbündeten in den nicht unmittelbar interessierten Gesellschaftsschichten.« (Ebd.: 313)

Per Saldo aber sahen Marx und Engels die Entwicklung des Konkurrenzkapitalismus von dessen »ehernen ökonomischen Gesetzen« bestimmt. Stets betonten sie, dass es sich bei diesen Gesetzen nicht um ewig gültige Gesetze wie die Naturgesetze handele, sondern um die spezifisch historischen Bedingungen entsprechender unterschiedlicher Gesetze verschiedener Gesellschaftsformationen. Aber über diese schrieb Marx: »Es handelt sich um diese Gesetze selbst, um diese mit eherner Notwendigkeit wirkenden und sich durchsetzenden Tendenzen.« (Marx 1962, MEW Bd. 23: 12)

Im Fortgang unserer Überlegungen wird noch deutlicher werden, dass Marx selbst diese »eherner Notwendigkeit« relativiert hat. In der Phase marxistisch-leninistischer Entfremdung der kommunistischen Linken von der Marxschen Dialektik ging diese Relativierung allerdings weitgehend verloren. Ökonomische Gesetze wurden als kaum beeinflussbare Handlungszwänge interpretiert, als Zwänge mit dem fabelhaften Vorteil, unaufhaltsam Wege zum Kommunismus vorzugeben. Reformistische Kräfte dagegen hielten an der Vorstellung fest, den Kapitalismus seinen ökonomischen Gesetzen zum Trotz durch eine Politik gemäßigter progressiver Schritte politisch bändigen und schließlich überwinden zu können.

Ökonomische Gesetze – Gewalt und Naturzerstörung im Imperialismus

Die Revolutionäre ihrerseits bestanden darauf, dass die durch die ökonomischen Gesetze diktierte Ausbeutung, Unterdrückung, Aggressivität und Umweltzerstörung nur einen einzigen Ausweg erlauben: die revolutionäre Überwindung des gesamten kapitalistischen Systems. Als der Konkurrenzkapitalismus im Verlauf der Großen Depression von 1873 bis 1895 in den durch Dominanz des Monopols gekennzeichneten Monopolkapitalismus oder Imperialismus umgeschlagen war, als die Monopolisierung der Wirtschaft bis zur Aufteilung der Welt in koloniale Imperien der Großmächte geführt hatte, als in der Konkurrenz die einen Mächte (vor allem Deutschland) die Chance des Aufstiegs zu eigener Hegemonie gegen den bisher herrschenden Hegemon (vor allem Großbritannien) sahen und die dadurch bedrohten Mächte sich zu gewaltsamer Behauptung ihrer Machtpositionen herausgefordert fühlten, mündeten die Widersprüche des Imperialismus in den Ersten Weltkrieg. Alle Voraussagen der revolutionären Linken wurden bestätigt.

Der Kapitalismus stürzte die Menschheit in den mörderischsten Krieg ihrer Geschichte. Er brachte der Bevölkerung der Kriegsparteien Tod, Hunger und Elend. Die Kolonien wurden ihrer Naturressourcen beraubt. Der Kolonialismus war stets nicht nur Ausplünderung der Bevölkerung in den unterworfenen Ländern, er war immer zugleich Raubbau an der Natur. Die Naturressourcen in den Kolonien wurden hemmungslos der Wirtschaft in den Metropolen einverleibt.

Lenin hielt angesichts solcher Realität die Fortschrittspotenziale des Kapitalismus für erschöpft. Er definierte den Imperialismus als letzte Stufe der Entwicklung des Kapitalismus. Im April 1917 schrieb er: »Außerhalb des Sozialismus gibt es für die Menschheit *keine* Rettung vor Kriegen, vor Hungersnot, vor dem Untergang weiterer Millionen und aber Millionen Menschen.« (Lenin 1959, Werke, Bd. 24: 19)

In der marxistisch-leninistischen Theorie galt nach den Urerfahrungen des Ersten Weltkrieges, der ihnen folgenden Nachkriegsinflation in wichtigen Ländern, der nach den kurzen »Goldenen Zwanzigern« ausbrechenden Weltwirtschaftskrise 1929/33, der in den USA schon 1938 folgenden nächsten zyklischen Krise, der Überlagerung der Krise in Deutschland, Japan und Italien durch Rüstung, des Übergangs zu faschistischer und militaristischer Herrschaft in diesen und anderen Ländern und schließlich nach dem Grauen des Zweiten Weltkriegs, dass die Bewegungsgesetze des Monopolkapitalismus unausweichlich Krieg, schärfste Ausbeutung und gesteigerte Herrschaft hervorbringen. Millionen Tote, Millionen Verwundete, Millionen Arbeitslose, sozialer Absturz allerorten, industriell organisierter Massenmord, faschistische Terrorherrschaft – alles sprach in der ersten Jahrhunderthälfte für die Leninsche Kennzeichnung des Imperialismus als faulender und sterbender Kapitalismus. Eric Hobsbawm bezeichnete diesen Zeitabschnitt als das »mörderischste Jahrhundert von allen, über die wir Aufzeichnungen besitzen« (Hobsbawm 1994: 28). Er schrieb von einer sich rasend »beschleunigenden Rückkehr zu einem Katastrophenzeitalter«, das »unsere Vorfahren im 19. Jahrhundert barbarisch genannt hätten« (ebd.)

Die konjunkturelle Belebung nach 1945 wurde als kurze Atempause im Prozess des Niedergangs und der Entzivilisierung wahrgenommen. Sie wurde in marxistisch-leninistischen Publikationen mit der Nachfrage erklärt, die aus den Kriegszerstörungen und dem im Krieg aufgestauten Nachholbedarf in der Konsumtion entstanden war. Aber für die Zeit nach dieser Erholung wurde im marxistisch-leninistischen Diskurs der 1950er-Jahre eine Wiederholung des Zyklus »Konjunktur – Krise – Krieg« aus der ersten Jahrhunderthälfte erwartet (Humboldt-Universität 1958).

In der ersten Hälfte des 20. Jahrhunderts gab die ökonomische Realität der marxistisch-leninistischen Linken vielfachen Anlass dafür, den ökonomischen Gesetzen des Kapitalismus eine fast unaufhaltsame objektive Durchsetzungsmacht in destruktiver Richtung zuzuschreiben.

Marxistische Wissenschaftlerinnen und Wissenschaftler registrierten jedoch auch, dass während beider Weltkriege der Staat eine erstrangige regulierende Rolle in der Kriegswirtschaft entwickelt hatte. Eine starke subjektive politische Komponente hatte Einzug in den Wirkungsmechanismus der ökonomischen Gesetze gehalten. In linken theoretischen Diskursen fand dies seinen Ausdruck in der Theorie des staatsmonopolistischen Kapitalismus. Dieser Begriff, schon von Lenin benutzt, verwies auf die anhaltende Macht des privaten Monopolkapitals und auf dessen zunehmende Verflechtung mit dem Staat. Er hatte also einen starken Realitätsgehalt, versperrte aber zunächst den Blick auf die Möglichkeit, unter der Voraussetzung eines progressiven Wandels der gesellschaftlichen Kräfteverhältnisse auch mit staatlichen Mitteln weiterreichende Veränderungen im Kapitalismus zu bewirken (vgl. Klein 2016: 63–69).

Ökonomische Gesetze und Reformen im sozialstaatlich regulierten Kapitalismus

Doch dann, in den drei Jahrzehnten nach dem Zweiten Weltkrieg, vollzog sich ein im Vergleich zum Chaos der ersten Jahrhunderthälfte nahezu unglaublicher Wandel in der Daseinsweise des Kapitalismus. Die Wirkungsbedingungen für seine ökonomischen Gesetze und für die politischen Auseinandersetzungen veränderten sich in einer von der radikalen Linken nicht erwarteten gravierenden Weise. »Retrospektiv kann diese Periode als eine Art von Goldenem Zeitalter betrachtet werden, und sie wurde auch beinahe sofort, nachdem sie in den frühen Siebzigerjahren zu Ende gegangen war, als solche empfunden (Hobsbawm, o. J.a.a.O.: 20).

Neue Industriezweige entstanden, und bisher in den Kinderschuhen steckende Branchen explodierten förmlich: die Automobilindustrie, die Kunststoffbranche, die Luftfahrt- und die Nuklearwirtschaft. Erneuerungen der Elektroindustrie und die Elektronik zogen mit Fernsehern und Waschmaschinen in die Mehrzahl der Haushalte ein. Der Maschinenbau erhielt neue Impulse. Eine lange Phase des Wirtschaftswachstums setzte sich durch. Die Produktivität wuchs so stark, dass Profite und Masseneinkommen gleichzeitig zulegen konnten. Ein Klassenkompromiss zwischen Kapital und Arbeit entstand. Die Löhne wuchsen mit der Arbeitsproduktivität und der Inflationsrate und enthielten zum Teil sogar Umverteilungseffekte zugunsten der Lohnabhängigen (vgl. Busch/Land 2013). Die Steuerquellen sprudelten. Die durch die wachsende Nachfrage nach Arbeitskräften gestärkten Gewerkschaften konnten weitreichende Sozialreformen durchsetzen, getragen von der Entwicklung des Sozialstaats. Die Herrschenden hatten zudem aus den Katastrophen des Jahrhunderts gelernt, ihre Macht in den Industrieländern mit sozialen und demokratischen Reformen zu bewahren.

> Ein anderer Typ staatsmonopolistischer Entwicklung als deren kriegskapitalistische autoritäre Variante wurde bestimmend, der sozialstaatlich regulierte Kapitalismus, in Deutschland als soziale Marktwirtschaft bezeichnet. Dieser Wandel vollzog sich im Rahmen der ökonomischen Gesetze des Kapitalismus.

Die Ausplünderung des Globalen Südens durch die kapitalistischen Metropolen hielt an. Die Kapitalherrschaft ging weiter mit patriarchaler Herrschaft einher und führte mit entfesseltem Wachstum zur Zerstörung der Umwelt in einem zuvor nie gekannten Ausmaß. Außerhalb Europas dauerten Kriege an. Die kurze Periode des Rückgangs der Militärausgaben nach dem Ende des Zweiten Weltkriegs wich bald einer erneuten Aufrüstung im Kalten Krieg.

Aber in der Minderheit der kapitalistischen Staaten, in dem begrenzten Raum der OECD-Welt, schien die Lebenssituation einer Mehrheit der Bevölkerung darauf hinzudeuten, dass sich die Gesellschaft von den negativen Wirkungen der ökonomischen Gesetze des Kapitalismus in gewissem Maße befreien könnte. Francis Fukuyama verkündete ein glückliches Ende der Geschichte. Er sah es verkörpert in den USA, die nach der Implosion des Staatssozialismus in Europa für sich einen unilateralen Führungsanspruch mit dem Recht darauf beanspruchten, im Namen der westlichen Werte die Welt umzuformen – wenn nicht anders möglich mit militärischen Interventionen.

Ökonomische Gesetze im neoliberalen Kapitalismus

Gegen Ende der 1970er-Jahre gelangte der sozialstaatlich regulierte Kapitalismus jedoch an seine Grenzen. Das Wachstumspotenzial der neuen Branchen war ausgereizt. Die Wachstumsraten des BIP und die Arbeitsproduktivität gingen auf ein niedrigeres Niveau zurück. Die Masseneinkommen gerieten unter Druck. Die Steuereinnahmen stießen an Grenzen. Die Sozialsysteme wurden Kürzungen unterworfen.

Die Vordenker des Neoliberalismus sahen ihre Stunde gekommen. Die neuen Krisenerscheinungen wurden den Staatseingriffen und angeblich zu starker staatlicher Beschneidung des Marktmechanismus angelastet. Wirtschaftsliberale und konservative Parteien setzten gemeinsam mit den mächtigen Unternehmerverbänden zum Sturm auf den Sozialstaatskapitalismus an. Für etwa vier Jahrzehnte setzte sich eine andere Variante des Kapitalismus, der neoliberale Kapitalismus, durch.

Dies geschah im Namen der individuellen Freiheit, interpretiert vor allem als Freiheit der Unternehmer und der Unantastbarkeit des Kapitaleigentums. Milton Friedman proklamierte als neoliberales Credo, »dass freie Märkte für Güter und Ideen die entscheidende Vorbedingung individueller Freiheit« seien (Friedman 2004: 19). Friedrich August von Hayek verkündete, dass das System des Privateigentums die wichtigste Garantie der Freiheit sei, »und zwar nicht nur für diejenigen, die Eigentum besitzen, sondern auch fast ebenso für die, die keines haben« (Hayek 1952: 138).

Zu den Stärken des neoliberalen Kapitalismus gehört, dass die entfesselte – keineswegs freie, sondern monopoldominierte – Marktkonkurrenz eine neue Qualität der Produktivkraftentwicklung, vor allem die digitale Revolution, hervorbrachte und dem Kapital damit neue Manövrierräume sichert. Die Schwäche des neoliberalen Kapitalismus ist, dass die Marktkonkurrenz zu kurzfristig wirkt und untauglich daher für die Regulierung existenziellen langfristigen Strukturwandels ist, ökologisch blind, sozial rücksichtslos, offen für jede Art Autoritarismus, Gewalt und Korruption und insgesamt ohne Lösungspotenzial gerade für die drängendsten Probleme der Menschheit im 21. Jahrhundert. Die Finanzkrise 2008/09, die Coronakrise, die akute Vertiefung der Klima- und Umweltkrise, der Ukrainekrieg und seine Folgen sind Signale für das beginnende Ende des neoliberalen Kapitalismus. Abermals ist eine historische Scheidewegsituation entstanden.

Die Herausbildung des sozialstaatlich regulierten fordistischen Kapitalismus hatte die Aufmerksamkeit darauf gelenkt, dass offenbar im Rahmen der Wirkung der ökonomischen Gesetze des Kapitalismus erhebliche soziale und demokratische Fortschritte und friedliche Entwicklungspfade möglich sind. Mit der Ablösung des fordistischen Kapitalismus durch den neoliberalen Kapitalismus trat jedoch die Beschränktheit dieses progressiven Wandels wieder stärker hervor. Die in das Wirken der Gesetze des Kapitals eingeschriebenen Zwänge – Ausbeutung, Expansion, Aggressivität, Gewalt, Umweltzerstörung – durchbrachen ihnen auferlegte politische Schranken.

Je mehr der Kapitalismus sich seiner selbst getreu entwickelte, desto mehr traten in den beschriebenen Krisen seine Grenzen hervor, desto zwingender wird in der neuen Scheidewegkonstellation die Frage danach, wie die Zukunft der Menschheit aussehen wird. Mündet sie in einen langen quälenden Übergangsprozess voller gefährlicher Spannungen, Krisen und Abstürze, in ökologische und soziale Kipppunkte zu irreparabler Zerstörung? Weil die ökonomischen Gesetze des Kapitalismus genau das bewirken? (Streck 2016; 3/2015; 4/2015; Wallerstein/Collins/Mann/Derlugian/Calhoun 2014: 228) Oder finden alternative Kräfte in wichtigen Regionen der Erde die Kraft, den Spielraum, den die ökonomischen Gesetze des Kapitalismus durchaus bieten, für demokratische, sozial-ökologische und friedensorientierte Transformationsprozesse bereits im Kapitalismus zu nutzen?

Werden solche Reformen selbst im Erfolgsfall doch wieder auf die durch die Gesetze des Profits, der Konkurrenz, der Akkumulation gesetzten Grenzen stoßen, sodass für alternative Kräfte die Herausforderung entsteht, Einstiegsprojekte in eine Große Transformation über den Kapitalismus hinaus zu suchen?

> Für eine Linke auf der Höhe der Agenda des 21. Jahrhunderts drängt sich als Antwort auf, eine Strategie der Verbindung von innersystemischer und systemüberschreitende Transformation zu verfolgen, eine Strategie doppelter Transformation also (Klein 2013; 2019: 154–190).

Diese Fragen und Überlegungen legen die Aufgabe für die gesellschaftliche Linke nahe, sich der politikökonomischen Grundlagen ihrer Politik neu zu vergewissern: unter den seit Marx gravierend veränderten Wirkungsbedingungen der ökonomischen Gesetze des Kapitalismus nach den mit ihnen gegebenen Handlungsmöglichkeiten politischer Akteure und nach den durch sie gesetzten Grenzen menschlichen Handelns im Kapitalismus zu fragen.

Solche Aufgabenstellung mag als abgehobenes akademisches Konstrukt erscheinen. Die Menschen sind bewegt von Ängsten vor der Zukunft, tiefe Verunsicherung legt sich über ihren Alltag. Werden sie angesichts explodierender Mieten ihre Wohnungen noch halten können? Wie über die Runden kommen, wenn Heizungskosten und Anstieg der Lebensmittelpreise die Haushaltskasse überfordern? Wenn die Zahlungen für einen Platz im Seniorenheim weiter steigen – wie wird dann die letzte Phase des eigenen Lebens aussehen? In solchen Fragen steckt, ob die ökonomischen Strukturen der Gesellschaft tatsächlich so beschaffen sind, dass Menschen und Natur unausweichlich in permanenten Ausnahmesituationen existieren müssen. Oder lassen die ökonomischen Gesetze positive Gestaltungsräume zu, sogar den Einstieg in die Befreiung von ihren Zwängen?

Theorie muss eben doch nicht jenseits der Lebenswelt der Menschen angesiedelt sein. Sie muss es nur verstehen, Brücken zwischen ihrer eigenen Denkebene und der Lebenswirklichkeit herzustellen. Theorie muss die lebensweltlichen Fragen im Blick haben, die die Menschen bewegen.

2.3 Wie sind ökonomische Gesetze zu verstehen?

Marx definiert den Begriff »ökonomische Gesetze« nirgendwo zusammenfassend. Doch aus seinem Gesamtwerk ergibt sich:

> Ökonomische Gesetze sind zunächst als objektive, notwendige, wesentliche, sich wiederholende Zusammenhänge in der gesellschaftlichen Produktion und Reproduktion zu bestimmen, also in den Produktionsverhältnissen und in ihrer Wechselwirkung mit den Produktivkräften. Ökonomische Gesetze sind für die Wirtschaftssubjekte objektive Handlungszwänge, denen sie unter gegebenen Bedingungen nicht ausweichen können.

Bei kapitalistischem Privateigentum, das die Kapitalisten voneinander trennt, können diese sich der Konkurrenz um höchstmöglichen Profit und der Kapitalakkumulation nicht entziehen – selbst wenn Teile der Unternehmerschaft die sozial und ökologisch destruktiven Wirkungen der konkurrenzgetriebenen Kapitalverwertung wahrnehmen und aus moralischen Gründen ablehnen mögen (vgl. Klein 2016). Die Lohnabhängigen müssen ihre Arbeitskraft auf dem Arbeitsmarkt verkaufen, da sie nicht über eigene Produktionsmittel verfügen. Sie sehen sich gezwungen, sich gegen die negativen Auswirkungen der Konkurrenz auf ihre Löhne und Arbeitsbedingungen zur Wehr zu setzen und um bessere Lebensbedingungen zu kämpfen. Über das Wertgesetz schrieb Marx, dass es sich mit eherner Notwendigkeit, vergleichbar mit dem Naturgesetz der Schwere, durchsetze, welches von unkorrigierbarer Art ist – ausnutzbar, aber nicht umgehbar.

Die Auffassung der ökonomischen Gesetze als Handlungszwänge, aus denen es kein Entrinnen gibt, führte zur Betrachtung der handelnden Personen als Charaktermaske objektiver, übermächtiger Verhältnisse und Kulturen.

So schrieb Marx im Vorwort zur ersten Auflage des »Kapital«: » [...] es handelt sich hier um Personen nur, soweit sie die Personifikation ökonomischer Kategorien sind, Träger von bestimmten Klassenverhältnissen und Interessen. Weniger als jeder andere kann mein Standpunkt, der die Entwicklung der ökonomischen Gesellschaftsformation als einen naturgeschichtlichen Prozess auffasst, den einzelnen verantwortlich machen für Verhältnisse, deren Geschöpf er sozial bleibt, so sehr er sich auch subjektiv über sie erheben mag.« (Marx 1962, MEW, Bd. 23: 16)

Solche Auffassung ökonomischer Gesetze bei Marx scheint kaum Freiräume für die Entscheidungsfreiheit von Individuen und kollektiven Akteuren zuzulassen. Der rationale Kern dieser Sicht besteht darin, dass die ökonomischen Akteure in der Tat in jeder konkreten Situation historisch entstandenen Zwängen hochgradig ausgeliefert sind. Doch dies ist nur die eine – allerdings bei ihm dominierende – Seite marxscher Auffassung von Handlungsmöglichkeiten im Kontext ökonomischer Gesetze. Bereits in seinen Überlegungen zum langen Kampf um die Verkürzung des Arbeitstages in England trat eine andere Seite hervor. Marx kritisch rekonstruierend sind im Rahmen seiner eigenen Denkstrukturen die Handlungsfreiräume entschieden größer als sie zunächst schienen. Mit dieser Ansicht nehme ich Überlegungen wieder auf, die ich 1991 in einem von Volker Gerhard herausgegebenen Band und in DDR-Zeiten in dem Buch »Chancen für einen friedensfähigen Kapitalismus« dargestellt habe (Klein 1991: 509–540; Klein 1988).

Widersprüchliches Wirken der ökonomischen Gesetze

Erstens: Ganz im Gegensatz zu späteren dogmatischen Interpretationen seiner Auffassung von ökonomischen Gesetzen als eindimensional gerichtete Handlungszwänge, machte Marx auf den *Tendenzcharakter* ökonomischer Gesetze, auf ihre innere Widersprüchlichkeit aufmerksam. *Wesentliche ökonomische Zusammenhänge bergen immer auch wesentliche Widersprüche*, immer auch den Kampf der Gegensätze in den Zusammenhängen selbst. In seiner Analyse des Profits beispielsweise spricht Marx ausdrücklich vom Gesetz des tendenziellen Falls der Profitrate: »Es müssen entgegenwirkende Einflüsse im Spiel sein, welche die Wirkung des allgemeinen Gesetzes durchkreuzen und aufheben und ihm nur den Charakter einer Tendenz geben, weshalb wir auch den Fall der allgemeinen Profitrate als tendenziellen Fall bezeichnet haben.« (Marx 1973, MEW, Bd. 25: 242) Eine solche widersprüchliche Wirkung gilt nicht nur für dieses Gesetz. So wird eine eindeutige Gerichtetheit im Wirken der ökonomischen Gesetze relativiert, weil diese stets die Bewegung von Widersprüchen einschließen.

Dies folgt daraus, dass Gesetze ökonomischer und gesellschaftlicher Entwicklung stets Zusammenhänge im Handeln von Menschen mit unterschiedlichen und oft gegensätzlichen Interessen sind. Ökonomische Gesetze sind nicht jene abstrakten Wesenheiten, als die sie erscheinen, wenn in den Medien davon die Rede ist, dass die Märkte irgendwelche Entscheidungen »ablehnen« oder »begrüßen«, dass sie Regierungsbeschlüsse »wohlwollend aufgenommen« hätten oder eine andere Lösung »einfordern« würden. Verhältnisse werden durch massenhaftes Verhalten der betroffenen Menschen mit oft gegensätzlichen Interessen bestimmt.

Zweitens hob Marx deshalb hervor, dass die Art und Weise der Wirkung und Durchsetzung ökonomischer Gesetze und das Maß ihrer Auswirkungen durchaus vom Handeln der sie konstituierenden Akteure abhängt. Als er die Bewegung der Profitrate analysierte, schrieb er: »Die Fixierung ihres faktischen Grades erfolgt nur im unaufhörlichen Ringen zwischen Kapital und Arbeit [...] die Frage löst sich auf in die Frage nach dem Kräfteverhältnis der Kämpfenden.« (Marx 1962, MEW, Bd. 16: 149)

In solchem Verständnis verblasst der »eherne« Charakter ökonomischer Gesetze noch mehr. Auf welche Weise und wie weit sie zur Geltung kommen, ist eine Sache der Kräfteverhältnisse, des Handelns der Beteiligten mit ihren gegensätzlichen Interessen. Eine Dialektik von Handlungszwängen und des Widerstands gegen diese Zwänge sowie das Konstituieren dieser Zwänge durch das interessengeleitete Handeln von Akteuren selbst gerät hier in den Blick. Freiheit jetzt nicht mehr allein als Einsicht in die Notwendigkeit, sondern als Chance des Widerstands gegen Zwänge. Joseph Schumpeter schätzte gerade diese marxsche Sicht sehr hoch ein, wenn er über seine Leistung schrieb: »Um das Wesen dieser Leistung zu verstehen, müssen wir ihn in den Gegebenheiten seiner eigenen Zeit ins Auge fassen. Es war der Zenit der Bourgeois-Wirklichkeit und der Nadir der Bourgeois-Zivilisation, die Zeit des mechanistischen Materialismus, eines kulturellen Milieus, das noch nicht erkennen ließ, dass eine neue Kunst und eine neue Lebensart in seinem Schoße ruhten und das sich in höchst abstoßenden Banalitäten erging. Glauben in jedem echten Sinn entschwand immer rascher aus allen Klassen der Gesellschaft, und damit erlosch in der Welt des Arbeiters der einzige Lichtstrahl [...]. Hier bedeutet nun für Millionen menschlicher Herzen die Marxsche Botschaft vom irdischen Paradies des Sozialismus einen neuen Lichtstrahl und einen neuen Sinn des Lebens.« Und er schlussfolgerte: »Einfach das Ziel zu predigen, wäre wirkungslos geblieben; eine Analyse des sozialen Prozesses hätte nur ein paar Hundert Spezialisten interessiert. Aber im Kleid des Analytikers zu predigen und mit einem Blick auf die Bedürfnisse des Herzens zu analysieren, dies schuf eine leidenschaftliche

Anhängerschaft und gab dem Marxisten jenes größte Geschenk, das in der Überzeugung besteht, dass das, was man ist und wofür man einsteht, niemals unterliegen, sondern am Ende siegreich sein wird. Darin erschöpft sich selbstverständlich die Leistung noch nicht.« (Schumpeter 1987: 20f.)

Allerdings wurde diese Stärke marxschen Denkens zugleich zur größten Schwäche späterer herrschender kommunistischer Parteien, weil die Dogmatisierung teleologischer Züge in Marx' Werk zu Wirklichkeitsferne, Missachtung anderer Meinungen und schließlich sogar zu Verbrechen im Namen des »erkannten Geschichtsverlaufs« führte.

Hier jedoch kommt es auf den von Schumpeter herausgearbeiteten Aspekt an: dass Marx einerseits das Unterworfensein von Akteuren unter ökonomische und gesellschaftliche Handlungszwänge analysierte und andererseits sein zentrales emanzipatorisches Anliegen war, in eben diesen Zwängen die Chance von deren Überwindung, der Entscheidung gegen die Zwangsmechanismen, aufzudecken. Gegen eine solche Sicht ließe sich einwenden, die von Marx herausgearbeitete Handlungsfreiheit sei nicht die der Freiräume für alternative Entscheidungen innerhalb des Wirkungsmechanismus ökonomischer Gesetze und gesellschaftlicher Handlungszwänge des Kapitalismus, da Marx die Überwindung dieser Zwänge selbst für die Voraussetzung der Freiheit von ihnen für notwendig hielt. Wenn wir allerdings an seine Überlegungen zur Höhe des Lohnes, der Profitrate, des Zinses und der Rente, also zur Verteilung des Neuwerts zwischen den Klassen, und an seine Feststellung denken, dass sich dieses Problem letzten Endes in die »Frage nach dem Kräfteverhältnis der Kämpfenden« auflöse, dann sah er zugleich Handlungsmöglichkeiten innerhalb der gegebenen Verhältnisse – allerdings aus heutiger Sicht in zu geringem Maße.

Friedrich Engels konnte länger als Marx die bereits im Rahmen des Kapitalismus entstehenden Evolutionspotenziale und politischen Handlungsräume für alternative Kräfte beobachten. Er schrieb im Jahr 1895, die Erfahrungen der Sozialisten seit der Revolution von 1848 verallgemeinernd, »dass die Staatseinrichtungen, in denen die Herrschaft der Bourgeoisie sich organisiert, noch weitere Handhaben bieten, vermittels deren die Arbeiterklasse diese selben Staatseinrichtungen bekämpfen kann.« (Engels 1963, MEW, Bd. 22: 519) Er verwies darauf, dass diese Erfahrung in Deutschland auch in anderen europäischen Ländern gelte: »In Frankreich, wo doch der Boden seit über hundert Jahren durch Revolution auf Revolution unterwühlt ist, [...] und wo überhaupt die Umstände für einen insurrektionellen Handstreich weit günstiger liegen als in Deutschland [...] selbst in Frankreich sehen die Sozialisten mehr und mehr ein, dass für sie kein dauernder Sieg möglich ist, es sei denn, sie gewinnen vorher die große Masse des Volkes

[...]. Langsame Arbeit der Propaganda und parlamentarische Tätigkeit sind auch hier als nächste Aufgabe der Partei erkannt. Die Erfolge blieben nicht aus.« (Engels 1963, MEW, Bd. 22: 523) Die Überzeugung des alten Engels war, dass das Proletariat, »weit entfernt, den Sieg mit einem großen Schlag zu erringen, in hartem, zähen Kampf von Position zu Position langsam vordringen muss.« (Ebd.: 515)

Drittens daher: Ökonomische Gesetze haben objektiven Charakter, sie zwingen die Akteure zu einem bestimmten Handeln. Aber zugleich steckt in ihnen ein starkes subjektives Element, weil sie nur im Handeln lebendiger Menschen existieren, nicht außerhalb davon. In den ökonomischen Gesetzen wirkt stets der Widerspruch zwischen Objektivem und Subjektivem, zwischen objektivem Richtungszwang für die Handelnden und deren subjektivem Verhalten, das diese Zwänge zur Geltung bringen, sie modifizieren und ihnen auch Grenzen setzen kann.

Die marxschen ökonomischen Kategorien sind nicht abstrakte, strukturelle Wesenheiten, sondern in ihnen pulsiert das Wirken lebendiger Menschen. Auch das hat kein anderer so deutlich hervorgehoben wie der Marx-Kritiker Joseph Schumpeter: »Wir haben gesehen, wie im Marxschen Argument Soziologie und Ökonomie sich gegenseitig durchdringen. Dadurch werden – wenigstens grundsätzlich – die ökonomische Kategorie ›Arbeit‹ und die soziale Klasse ›Proletariat‹ kongruent, tatsächlich sogar identisch. Oder die ›funktionale Verteilung‹ des Ökonomen – d. h. die Erklärung der Art und Weise, in der die Einkommen als Entschädigung für produktive Leistungen entstehen – wird in das Marxsche System nur in der Form der Verteilung zwischen sozialen Klassen eingeführt und erhält dadurch einen anderen Begriffsinhalt. Oder ›Kapital‹ im Marxschen System ist nur Kapital, wenn in den Händen einer besonderen Kapitalistenklasse. Die gleichen Dinge in den Händen der Arbeiter sind kein Kapital. Über den Zuwachs an Lebendigkeit, den die Analyse dadurch erhält, kann kein Zweifel bestehen. Die schattenhaften Begriffe der ökonomischen Theorie beginnen zu atmen. Das blutlose Theorem steigt *in* agmen, pulverem et clamorem nieder; ohne seine logische Qualität zu verlieren, ist es nun nicht mehr ein bloßer Lehrsatz über die logischen Eigenschaften eines Systems von Abstraktionen –, es ist der Strich eines Pinsels, der das wilde Gewoge des sozialen Lebens malt.« (Schumpeter, a.a.O.: 80f.)

Besonders einprägsame Beispiele dafür sind Engels' Werk »Die Lage der arbeitenden Klasse in England« und Marx' »Der achtzehnte Brumaire des Louis Bonaparte«. Dort erscheint das Wirken der ökonomischen Gesetze konkreter und damit lebendiger als auf der Ebene der wissenschaftlichen Analyse wie im »Kapital«. Es tritt uns bei Engels entgegen als ein Handeln der Arbeiter, das aus ihrem Dasein unter unmenschlichen Arbeitsbedingungen in den Fabriken erwächst, zusammengepfercht ihre Familien auf engstem Raum, oft fast ohne jedes Möbel, ohne Sanitärausstattung, in zerlumpter Kleidung bei auszehrendem Hunger, in totaler ständiger Unsicherheit und Angst vor dem Verlust des Arbeitsplatzes, der schnell den Tod bedeuten kann.

Viertens resultiert in der marxschen Theorie Handlungsfreiheit trotz des von ihm hervorgehobenen Zwangs ökonomischer Gesetze nicht allein aus deren widersprüchlichem, nur tendenziellen Charakter und dementsprechend gegensätzlichem Handel der betroffenen Akteure. Sie hat auch darin eine Grundlage, dass grundsätzlich *die Rationalitäten anderer gesellschaftlicher Teilsysteme wider die pure Logik ökonomischer Handlungszwänge* zur Geltung gebracht werden können.

Marx und Engels haben auch dies als Chance erkannt. Gleichwohl haben sie in ihrem Gesamtwerk der Ausdifferenzierung der bürgerlichen Gesellschaft ein entschieden zu geringes Gewicht beigemessen. Die autonomen Entwicklungspotenziale von Politik, Recht, Moral und Wissenschaft wurden im Rahmen ihres Basis-Überbau-Theorems prinzipiell unterschätzt. Der daraus resultierende ökonomische Reduktionismus führte zur Unterbewertung der Entwicklungsmöglichkeiten innerhalb der kapitalistischen Gesellschaft und ihrer Subsysteme und damit zur Unterschätzung von deren Evolutions- und Reformpotenzial.

Aber Marx und Engels lebten eben im 19. Jahrhundert in absoluter, durch Staat und gar Sozialstaat noch kaum relativierter Dominanz des Profits in Wirtschaft und Gesellschaft. Noch mehr als ihnen ist der ökonomische Reduktionismus ihren dogmatischen Nachfahren in der kommunistischen Strömung der Arbeiterbewegung anzulasten. Marx selbst hatte vor, die eigenständige Bedeutung der verschiedenen gesellschaftlichen Subsysteme und ihrer Wechselwirkung zu untersuchen und auszuarbeiten. Er schrieb: »Ich werde daher in verschiednen selbstständigen Broschüren die Kritik des Rechts, der Moral, Politik etc. aufeinanderfolgen lassen (nach der Kritik der Nationalökonomie –D.K.) und schließlich in einer besonderen Arbeit wieder den Zusammenhang des Ganzen, das Verhältnis der einzelnen Teile, wie endlich die Kritik der spekulativen Bearbeitung jenes Materials zu geben versuchen.« (Marx 1968, MEW, Ergänzungsband, Erster Teil: 467) Marx' Kraft reichte nicht aus für dieses Vorhaben. Aber beispielsweise in seiner Schrift »Der achtzehnte Brumaire des Louis Bonaparte« ging er weit über die ihm nicht ohne Grund zugeschriebene Determiniertheit gesellschaftlicher Prozesse durch das Wirken ökonomischer Gesetze und über teleologische Denkweisen hinaus. In seiner Analyse des Verlaufs der Französischen

Revolution von 1848 bis zum Staatsstreich im Dezember 1851 räumte er einer nichtökonomischen Analyse des politischen Handelns großes Gewicht ein. Er weitete dort sein eigenes Zwei- bis Dreiklassen-Modell aus. Andere Gruppen, Fraktionen und Kräfte, Bauern und Handwerker, die soziale Lebenswelt der Klassen und Schichten und die Rolle einzelner Persönlichkeiten für den gesellschaftlichen Prozess traten jetzt hervor.

Der Vorwurf eines deterministisch aus dem Wirken objektiver ökonomischer Gesetze abgeleiteten *telos* trifft Marx und Engels durchaus nicht so pauschal, wie oft vorgetragen. Und doch gilt er für die Grundstruktur seines Modelldenkens. Zu bedenken ist allerdings, dass die von ihm dominant behandelten strukturellen ökonomischen Zwänge auch in der Wirklichkeit seiner Zeit dominierten.

Doch ein Umgang mit dem ganzen marxschen Gedankengebäude, der seinem dialektischen Denken, orientiert auf Entwicklung und Entfaltung von Widersprüchen, auf Selbstreflexivität, auf Zweifel an allem entspricht, vermag andere Ansätze in seinem eigenen Denken aufzuspüren. Dann ergibt sich: In der bürgerlichen Gesellschaft, in deren ausdifferenzierten Gefüge die Wirtschaft dominiert, wirken die ökonomischen Gesetze auch heute als starke Handlungszwänge für die Menschen. Innerhalb dieser Zwänge bestehen erhebliche Handlungsspielräume, um durch Widerstand und Gegenmacht die Wucht dieser Zwänge zu vermindern und unter glücklichen Umständen durch entgegenwirkende Tendenzen vielleicht zu überlagern. Die Ausdifferenzierung der Gesellschaft bietet die Chance, Wertewandel voranzutreiben – im günstigsten Fall bis zur zeitweiligen Dominanz des kulturellen Wertesystems (Parsons 1969: 38). Das ist die Chance, der Politik eine veränderte Richtung zu geben und wider die ökonomischen Handlungszwänge andere Richtungen ökonomischer Entwicklung durchzusetzen oder die ökonomischen Zwänge für eine andere Richtung zu nutzen (zum Beispiel durch Ökosteuern). Dazu bedarf es nach Marx durchsetzungsfähiger Gegenmachtpotenziale – in seiner Theorie des Proletariats –, um die in den Widersprüchen des Kapitalismus angelegten Gegentendenzen gegen seine negativen Wirkungen zu wenden.

Giddens' Dualitätstheorem

Giddens lehnt weit stärker als Marx einen Struktur*dualismus* ab, nach dem die gesellschaftlichen Strukturen das Handeln der Menschen unausweichlich determinieren sollen: »Strukturzwänge finden ihren Ausdruck nicht in jenen unbeugsamen kausalen Formen, an die struktur-theoretisch orientierte Soziologen denken, wenn Sie die Verbindung von ›Struktur‹ und ›Zwang‹ so entschieden betonen.« (Giddens 1988: 235) Für falsch hält er eine solche Sicht auf die Strukturen der Gesellschaft, als besäßen diese eine gegenüber den Menschen eigene »innere Dynamik«: » [...] d. h. also, wenn man sie eher als funktionale Notwendigkeiten denn als kontinuierlich reproduzierte Voraussetzungen betrachtet, dann erscheinen die Handlungen historisch situierter Individuen in der Tat als ziemlich vernachlässigbar.« (Ebd.: 247)

Einer solchen Überbetonung der objektiven Strukturzwänge setzt er sein Konzept der *Dualität* entgegen. Einerseits stimmt er zu: »Alle strukturellen Momente sozialer Systeme besitzen gegenüber den einzelnen Handelnden eine entsprechende Objektivität.« (Ebd.: 231) Und: »Dennoch kann man sagen, dass die strukturellen Momente sozialer Systeme so weit in Raum und Zeit ausgreifen, dass sie sich der Kontrolle eines jeden einzelnen Akteurs entziehen.« (Ebd.: 78) An Marx anknüpfend als Beispiel: »Für den eigentumslos gemachten Arbeiter bleibt lediglich eine Handlungsmöglichkeit – seine Arbeitskraft dem Kapitalisten zu verkaufen.« (Ebd.: 231) Objektive Strukturen, ökonomische Gesetze eingeschlossen, konstituieren also auch nach Giddens' Auffassung Handlungszwänge für die Individuen, begrenzen ihre Entscheidungsmöglichkeiten.

Andererseits insistiert Giddens jedoch darauf, dass solche Handlungszwänge veränderbar sind, dass eine viel stärkere permanente Wechselwirkung als von Marx angedeutet zwischen vorgegebenen Zwängen und der Konstituierung und Veränderung dieser Zwänge durch die Menschen gegeben ist. Diese Konstellation nennt er Dualität. »Die Natur des Zwangs ist genauso gut wandelbar wie die ermöglichenden Aspekte, die von den Kontextbezügen des menschlichen Handelns erzeugt werden. Er ist wandelbar im Hinblick auf die materiellen und institutionellen Rahmenbedingungen des Handelns, aber auch in Beziehung auf die Formen der Bewusstheit, die Handelnde darüber erlangen. Dies verstanden zu haben, ist eine der Hauptterrungenschaften jenes marxistischen Denkens, das sich nicht des Objektivismus schuldig gemacht hat.« (Ebd.: 233)

Giddens stellt hier seine Betonung von Dualität, d. h. Wechselwirkung von objektiven Zwängen und subjektiv erzeugbarem Wandel eben dieser Zwänge, gegen einen Dualismus, der mehr das Unterworfensein unter eherne Gesetze als deren Infragestellung sieht, keineswegs generell marxistischem Denken gegenüber. Im Gegenteil, er beruft sich auf dessen nichtdogmatische Gestalt.

Aber zugleich kritisiert er einen Marxismus, der »methodisch bloß eine weitere Variante der strukturtheoretischen Soziologie und unsensibel gegenüber den vielfältigen Deutungen (ist), die man in den Sozialwissenschaften mit dem Zwang zu verbinden hat« (ebd.: 333). Zu solcher Unsensibilität komme es da, wo Gesetzen des sozialen Lebens derselbe Status wie naturwissenschaftlichen Gesetzen zugemessen wird.

Teils trifft dies auf Marx und Engels zu, die gerade in der Aufdeckung von gesellschaftlichen Zwängen, den Naturkräften gleich, einen Beitrag zur wissenschaftlichen Analyse der Gesellschaft sahen und wider den Subjektivismus und Idealismus die Bedeutung objektiver struktureller Zwänge in der Gesellschaft setzten. Teils aber sind sie durch solche Kritik keineswegs getroffen – beispielsweise wenn Marx bei der Bestimmung des Wertes der Arbeitskraft auf historische und moralische Umstände verweist, die in diese Bestimmung eingehen.

Giddens betont also, dass die Strukturen sozialer Systeme sowohl Medien als auch Ergebnis des Handelns sind, und er grenzt sich von einem Strukturalismus ab, der alles Handeln ohne subjektive Entscheidungschancen durch vorgegebene Strukturen bestimmt ansieht, ebenso wie von hermeneutischen und phänomenologischen Ansätzen, nach denen Gesellschaft beliebig durch Subjekte formbar sei.

Giddens entwertet jedoch seine Theorie der Dualität, wenn er über den Charakter unwiderstehbaren Zwangs schreibt, dieser sei »nur in jenen kurzen Augenblicken möglich, in denen eine Person physisch hilflos gemacht wird. Alle anderen Sanktionen, wie gewaltsam und total sie auch immer sein mögen, setzen seitens jener, die ihnen unterworfen sind, irgendeine Art von Einwilligung voraus – [...]. Sogar die Androhung des Todes ist ohne Bedeutung, wenn nicht das entsprechend bedrohte Individuum an seinem Leben hängt« (ebd.: 229). In solchen Formulierungen werden strukturelle Zwänge unzulässig durch den Übergang auf die Ebene physischen Zwangs unterbewertet. Plötzlich verwandeln sich ökonomische Handlungszwänge in die Frage, wie lebensmüde oder todesmutig Individuen sind. Strukturelle Zwänge und die durch sie gesetzten Grenzen des Kapitalismus geraten aus dem Blick. Giddens Theorie der Dualität mündete schließlich mit seinem Buch »Der dritte Weg« bei jenem sozialdemokratischen Reformkonzept, das von Tony Blair und Gerhard Schröder umgesetzt wurde. In Deutschland nahm es die Gestalt der »Agenda 2010« und der Hartz IV-Gesetze an, geöffnet zum Neoliberalismus und als Abschied von jeder sozialistischen Perspektive.

Eine ernste Mahnung zu individueller Verantwortung ist jedoch Giddens These, dass die Unterwerfung unter Zwänge häufig eine Art von Einwilligung voraussetze. Sie berührt die Auseinandersetzung mit Verantwortung unter staatssozialistischen Bedingungen, fordert aber nicht minder kritische Haltungen unter den gegenwärtigen Verhältnissen heraus. Giddens' Kritik an einem radikalen Strukturalismus und Determinismus, die Marx selbst keineswegs durchweg trifft, trifft allerdings den dogmatisierten Marxismus-Leninismus. Dessen Denkstrukturen in ihren kanonisierten Ausformungen liefen etwa auf Folgendes hinaus: Marx, Engels und Lenin haben die objektiven ökonomischen und historischen Gesetze gesellschaftlicher Entwicklung aufgedeckt. Die Partei hat kraft ihrer wissenschaftlichen Weltanschauung allen anderen die Einsicht in diese Gesetze voraus. Folglich ist ihre Politik wissenschaftlich. Sie wird siegen, weil sie dem naturgesetzhaften Verlauf der Geschichte entspricht. Andere Auffassungen sind nicht wissenschaftlich und daher zu blockieren, wenn nicht gar zu verfolgen. Den Kritikern innerhalb dieser Denkstrukturen blieb nur der als Abweichung von der Parteilinie verfemte Zweifel daran, ob die Partei denn die objektiven Gesetze der Entwicklung in ihrer Politik richtig erfasst habe. Den erkannten und durch die Definitionsmacht der Führung gedeuteten gesellschaftlichen Zwängen hatten die Individuen sich unterzuordnen, um Freiheit durch die Einsicht in die Notwendigkeit zu gewinnen.

Über solchen Geschichtsdeterminismus im untergegangenen Staatssozialismus schrieb ich 1991 mitten in der Begegnung mit der Politik der »Sieger« in der Systemkonkurrenz zwischen West und Ost, die nun ihrerseits daran gingen, den angeblich zwangsläufigen Verlauf der Geschichte nach dem Modell des Westens auch im Osten zu vollstrecken: »Das Bedrückende eines solchen Dogmas liegt auf der Hand. Umso problematischer muss es einem in solchen Denkstrukturen Sozialisierten nach all seinen nicht erst seit dem Herbst 1989 zu datierenden Mühen, aus ihnen herauszutreten, erscheinen, wenn er ihnen unter gewandeltem Vorzeichen nach der Implosion des Staatssozialismus abermals begegnet. Wiederum ist die vorherrschende und tief in das öffentliche Bewusstsein eingesenkte Auffassung, die Gesellschaft sei unausweichlichen Handlungszwängen unterworfen und die Menschen hätten alles Handeln diesen Zwängen anzupassen. Diesmal kommen die Handlungszwänge im mythischen Gewand der Globalisierung einher. Diese scheint nur noch eine Handlungsoption offen zu lassen: sich der unabwendbaren Weltmarktkonkurrenz durch Absenkung der Löhne und sozialen Labels, durch die Aufkündigung des Verteilungskompromisses der Nachkriegsjahrzehnte zu stellen. Deregulierung, Privatisierung, Liberalisierung, Finanzialisierung – dies alles sei ein alternativloser Handlungszwang im Gefolge der Globalisierung und ihrer Gesetze. Doch nicht allein die bitteren Erfahrungen mit staatssozialistischen Suggestionen von unhinterfragbaren Handlungszwängen legen nahe, dieser üblichen neoliberalen Sicht auf die gegenwärtigen Turbulenzen mit Vorsicht zu begegnen. Statt Unterordnung unter derartige Zwänge zu predigen, ist nach alternativen Handlungsmöglichkeiten zu suchen.« (Klein 1991: 524f.)

Volker Braun hat diese Erfahrung poetischer formuliert: »Und es war soweit, dass die untere Macht auf die Straße trat mit der Losung: Keine Gewalt, und die Mauer geöffnet wurde, und die höhere abtrat. Als sie aber das Volk waren, und gehandelt hatten und die Runden Tische eröffnet, alle Leitungen neu gewählt und die Losungen wahrgeworden, war die Geschichte zu Ende und die bewaffnete Währung zog ein und sie waren enteignet und der Golfkrieg begann. Und ein unverhofftes Wiedersehn wars mit den alten Zeiten.« »Kaum aber war die Losung KEINE GEWALT verweht, waren wir Bürger eines kriegsbeteiligten Staates, meine Person in den Zeitungen ›Feind der Demokratie und Amerikas‹.« (Braun 2024: 93, 95)

Inzwischen, spätestens seit der großen Krise 2008/09, ist der neoliberale Kapitalismus tatsächlich an seine voraussehbaren Grenzen geraten. Er war eben doch nicht das Gebot der Geschichte. Erneut befindet sich der Kapitalismus in einer Scheidewegsituation. Reaktionäre Kräfte suchen einen Ausweg in autoritären, rechtspopulistischen und rechtsextremen Regimen. Moderatere Kräfte im herrschenden Block erhoffen die Rettung von einer grünen Modernisierung des Kapitalismus. Aber beide Varianten versprechen keine Befreiung von den globalen Gefahren des 21. Jahrhunderts. Die Rückkehr eines großen Krieges nach Europa und die Klimakrise sind die beiden zentralen Katastrophen, die auf die Dringlichkeit eines alternativen Entwicklungspfades verweisen, der auf eine doppelte Transformation hinauslaufen könnte – zunächst im Rahmen des Kapitalismus und seiner ökonomischen Gesetze auf eine progressivere, sozialere, stärker ökologisch und friedensorientierte innersystemische Transformation und in ihrem Verlauf auf einen Einstieg in systemüberschreitende Transformationsprozesse.

Fünftens: Handlungszwänge durch das Wirken ökonomischer Gesetze und zugleich variable Handlungsmöglichkeiten in ihrem Rahmen anzuerkennen, hat Konsequenzen für das Verständnis der Regulationsweise in kapitalistischen Gesellschaften.

Neoliberale Markttheoretiker insistieren darauf, dass die Wirtschaft sich an den Gesetzen der Weltmärkte zu orientieren habe, der Staat sich – soweit es nicht um die Rettung »systemrelevanter« Unternehmen und Institutionen geht – aus Interventionen herauszuhalten hätte. Die Festschreibung einer Schuldenbremse im Grundgesetz ist ein Ausdruck dieser Konzeption. Die Begrenzung von Staatsschulden soll die staatliche Interventionsmacht beschneiden und die Erosion des Sozialstaats rechtfertigen. Die unzureichende Regulierung der Finanzmärkte wie die Unterentwicklung der sozialen Infrastrukturen und des Care-Sektors sind Resultate marktfixierten Denkens.

In linken Diskursen tendiert die Suche nach alternativen Handlungsmöglichkeiten – nach besserer Finanz-, Sozial-, Industrie- und Regionalpolitik

– dazu, dass de facto das Verständnis der Regulationsweise oft auf Wirtschaftspolitik reduziert wird und die Regulierung der Wirtschaft durch deren ökonomische Gesetze irgendwie aus dem Blick gerät. Linke Wirtschaftspolitiker arbeiten an sozialen und stärker ökologisch orientierten politischen Konzepten. Linke Parlamentarier wirken auf die Verbesserung der Sozialgesetzgebung, auf Gesundheits- und Bildungsreformen, auf eine umweltgerechte Verkehrspolitik hin. Radikale Linke betonen, dass die Gesetzmäßigkeiten des Kapitalismus vor allem Strategien des Bruchs mit ihm erfordern. Zwischen der aktiven Suche nach realistischen linken Politikalternativen und ihren Durchsetzungsmöglichkeiten unter den gegebenen Bedingungen und der Betonung politökonomischer Grundlagen grundsätzlicher Kapitalismuskritik fehlt häufig der innere Zusammenhang.

> Er bestünde darin, den Wirkungsmechanismus der ökonomischen Gesetze und eine auf seiner Grundlage mögliche, doch zugleich begrenzte alternative Wirtschaftspolitik gleichermaßen als Elemente der Regulationsweise zu verstehen. Die Regulationsweise umfasst das Wirken objektiver ökonomischer Gesetze und in deren weitem Rahmen den Einsatz wirtschaftspolitischer Instrumente – der Prognose und Planung, der Finanz- und Geldpolitik, der Sozial- und Industriepolitik usw. Nicht entweder Betonung der handlungsbegrenzenden Wirkung ökonomischer Gesetze oder praktische linke Wirtschaftspolitik, sondern beides in ihrem widersprüchlichen Zusammenhang macht realistische linke Positionen aus.

Es birgt eine gewisse Ironie, dass auch im herrschenden Block und in seinem wissenschaftlichen Anhang Marktdogmatiker und Verfechter starker politischer Staatsinterventionen im Streit liegen. Die einen betonen, was nach ihrer Auffassung die Marktgesetze »verlangen«, die anderen suchen danach, wie sie trotz deren nichtintendierten Wirkungen das System wirtschaftspolitisch stabilisieren können.

Ökonomische Gesetze und Systemtheorie

Schon im Wirkungsmechanismus der ökonomischen Gesetze selbst sind unterschiedliche Wirkungsrichtungen und unterschiedliche Wirkungsresultate angelegt, mehr Enteignung, Ausbeutung und Unterdrückung der subalternen Klassen und Schichten, aber auch mehr Rechte für sie, mehr sozialstaatliche Leistungen, mehr Selbstvertretung und Freiräume für individuelle Kreativität.

Die einengende und destruktive Wirkung der ökonomischen Gesetze des Kapitalismus auf Menschen und Natur wird durch eine vorwiegend dem Kapital dienende Politik, durch Gesetzgebung und Einsatz von Staatsmacht teils erst ermöglicht oder durch autoritäre Herrschaftsformen verstärkt. Aber mit demokratischen, sozialen und ökologischen Reformen vermag eine progressive Politik Gegentendenzen, die in den ökonomischen Gesetzen ebenfalls angelegt sind, erheblich zu stärken.

Allgemeiner formuliert: Moderne Gesellschaften sind ausdifferenziert; sie umfassen unterschiedliche Teilsysteme. Im Kapitalismus ist das wichtigste Subsystem die Wirtschaft, die gegenüber anderen Teilsystemen dominiert und starken Einfluss auf sie hat. Überall – in Politik, Rechtssystem, Bildungs- und Gesundheitswesen, Wissenschaft, Kultur, Religion – wird das Handeln vor allem von ökonomischen Kategorien gesteuert: von Profit, Lohn, Preisen, Steuern, Mieten, Pacht, Rente, Abgaben und Subventionen. Profit ist das in letzter Instanz wichtigste Maß gesellschaftlicher Entwicklung. Doch die einzelnen Teilsysteme haben ihre eigene innere Logik. Wie Niklas Luhmann herausarbeitete, folgt ihre nach seiner umstrittenen Auffassung ausgeprägt autonome Entwicklung ihren jeweils systeminternen binären Codes. Unter der gegenwärtigen, in weiter Ferne liegenden Voraussetzungen progressiv veränderter gesellschaftlicher Kräfteverhältnisse kann die innere Logik der nichtökonomischen Subsysteme gegen die Grundtendenz der ökonomischen Gesetze des Kapitalismus zur Ausbeutung der Lohnabhängigen und zur Herrschaft über sie zur Geltung gebracht werden.

In der *Politik* geht es um Machtgewinn oder Machtverlust. Die Herrschenden sehen sich jedoch dazu gezwungen, ihre Herrschaft im Interesse des Kapitals mit mehr oder weniger weitgehenden Zugeständnissen an die Bevölkerungsmehrheit zu verbinden. Der Staat funktioniert im Kapitalismus gemäß den Interessen der wirtschaftlich Mächtigen. Aber als materielle Verdichtung von Kräfteverhältnissen zwischen gegensätzlichen Klassen und unterschiedlichen Klassenfraktionen (Poulantzas 2002: 159) muss er auch Interessen von kapitalismuskritischen und antikapitalistischen Kräften aufnehmen. Die Politik stärkt die Macht des Kapitals – aber es werden ihm in der Politik auch Grenzen gesetzt.

Im *Rechtssystem* geht es um Recht oder Unrecht, um Setzung und Einhaltung gesellschaftlicher Normen und um Sanktionen im Falle ihrer Verletzung. Das Recht ist in der Regel das Recht des Stärkeren, nicht zuletzt der ökonomischen Mächtigen. Aber Menschenrechte weisen über solche Begrenzungen des Rechts hinaus. Kämpfe um Menschenrechte schränken die Wirkungsmacht des Profits ein.

In der *Wissenschaft* wird Annäherung an Wahrheit gegen Unwahrheit, Zugewinn an Erkenntnis gesucht. In der Eigenlogik der gesellschaftlichen Teilsysteme ist deren Selbstständigkeit und Widerständigkeit gegenüber der Kapitallogik angelegt. Wissenschaft ist stark abhängig von der Finanzierung wirtschaftlich lohnender und mit den gegenwärtigen Kräfteverhältnissen kompatibler Projekte. Aber der Suche nach wissenschaftlicher Wahrheit sind zugleich herrschaftskritische Tendenzen eigen.

Das *Bildungswesen* bringt qualifiziertes Arbeitskraftpotenzial für das Kapital hervor. Es ist darauf angelegt, schon den Kindern »unsere Werte« für ein Leben in kapitalistischen Verhältnissen zu vermitteln. Aber viele Lehrerinnen und Lehrer sind engagiert bemüht, den Kindern und Jugendlichen humanistische Ideale, Respekt vor dem Leben, Toleranz und insgesamt demokratische Einstellungen zu vermitteln, die mit den herrschenden Strukturen kollidieren. Schülerinnen und Schüler und Studierende sind weltweit in der Bewegung Fridays for Future für die Bewahrung der Umwelt und des Friedens engagiert.

Im *Gesundheitswesen* sind Gesundheit und das Zurückdrängen von Krankheiten der Auftrag. Aber auch dort sind Privatisierungen und Sparpolitik Ausdruck der Ökonomisierung der ganzen Gesellschaft. Die Gesundheit als Ware statt als Menschenrecht zu behandeln, widerspricht allerdings den Interessen der Unternehmerschaft an leistungsfähigem Personal. Und die in Gesundheitseinrichtungen Beschäftigten sind der Natur ihrer Berufe gemäß eher dem Leben ihrer Patienten als der Kapitalrendite verpflichtet.

In Abhängigkeit von den gesellschaftlichen Kräfteverhältnissen dient die relative Autonomie der gesellschaftlichen Subsysteme zur flexiblen Befestigung der herrschenden Eigentums- und Machtverhältnisse. Oder die relative Selbstständigkeit der Teilsysteme stärkt das emanzipatorische Potenzial alternativer Akteure.

In der jüngeren Zeit nehmen politische Interventionen in die Wirtschaft in Gestalt von Rettungsprogrammen, Konjunkturprogrammen, strategischen Zielsetzungen und industriepolitischen Langzeitprogrammen zu. Der pure Marktradikalismus funktioniert nicht mehr.

In relativen Friedenszeiten nie gekannter Umfang von staatlichen Programmen

In der Finanz- und Mehrfachkrise 2008/09 legten die USA einen Rettungsschirm für die Banken in Höhe von 700 Milliarden Dollar auf. Die Mitgliedstaaten der Eurozone etablierten die Europäische Finanzstabilisierungsfazilität für Kreditausfallbürgschaften in Höhe von 440 Milliarden Euro und den dauerhaften Europäischen Stabilitätsmechanismus (ESM) mit bis zu 500 Milliarden Euro Kreditvergaben. Die deutsche Bundesregierung stellte einen Rettungsschirm für die Banken in Höhe von fast 500 Milliarden Euro bereit.

Auf der EU-Ebene wurde im Dezember 2020 ein 2,018 Billionen Euro-Stimulierungsprogramm für die Wirtschaft aufgelegt, davon allerdings 1,211 Billionen reguläre EU-Haushaltsmittel. Das »Next-Generation EU«-Paket von 866,9 Milliarden, als Kern davon die »Recovery and Resilience Facility« mit 672,5 Milliarden, ist stark auf Klimaschutz und Digitalisierung konzentriert. Das Paket schließt eine lange Zeit abgelehnte gemeinsame Schuldenaufnahme und fiskalische Transfers der reichen EU-Länder an weniger entwickelte Mitglieder ein. Eine Ländergruppe der EU will dies nach 2026 beibehalten, Deutschland und andere Länder lehnen das ab. Der im Juli 2023 beschlossene European Chip Act, der dazu beitragen soll, den Rückstand zu den USA, China und Taiwan zu verringern, wird mit 43 Milliarden Euro ausgestattet, überwiegend aus Steuergeldern.

In den USA sollten für Bidens Reformagenda »Build Back Better« ursprünglich 3,5 Billionen Dollar aufgewendet werden, für den American Rescue Plan, den American Jobs Plan und den American Family Plan. Allerdings wurde das große Reformpaket auf 1,75 Billionen Dollar geschrumpft. Eingebettet in den Inflation Reduction Act vom Juli 2022 im Umfang von 700 Milliarden Dollar wurden das größte Klimaschutzprogramm der US-Geschichte in Höhe von 375 Milliarden über zehn Jahre und parallel dazu 64 Milliarden für das Gesundheitssystem in den nächsten fünf Jahren beschlossen. Insgesamt wurden in den Vereinigten Staaten nach Schätzungen des IWF zur Abwehr von Krisen bereits bis Januar 2020 14 Billionen Dollar staatlich eingesetzt. Für militärische Zwecke hat das Pentagon seit Beginn des Afghanistankrieges 2001 nach Berechnungen der Brown University ebenfalls über 14 Billionen Dollar aufgewendet.

In Deutschland wurden während der Coronakrise ein Wirtschaftsstabilisierungsfonds in Höhe von 600 Milliarden Euro für Kredite und Garantien und im Juli 2020 ein Konjunkturprogramm in Höhe von 160 Milliarden Euro beschlossen. Die deutsche Bundesregierung hat den russischen Angriffskrieg gegen die Ukraine genutzt, um als Sondervermögen bezeichnete Sonderschulden von 100 Milliarden Euro für die Stärkung der Bundeswehr aufzunehmen – außer einer geplanten Erhöhung der Militärausgaben auf jährlich 2% des BIP. Auf die als Folge des Ukrainekrieges und westlicher Sanktionspolitik eingetretene Energiepreiserhöhung reagierte sie mit einem »Abwehrschirm« in Höhe von 200 Milliarden Euro. Er wird unter anderem aufgewendet für den Schutz der Verbraucher vor zu hohen Energiepreisen, für die Umstellung der Gasversorgung auf andere Quellen – darunter auf teures und besonders umweltschädliches Frackinggas aus den USA –, und für die Rettung von Gasimporteuren, denen die billigen Gasimporte aus Russland wegfallen. Verglichen mit der Größenordnung staatlicher Finanzierung hochtechnologischer Forschung und Investitionen in den USA und China bleibt die deutsche Förderung jedoch bedenklich zurück. Dazu trägt die Schuldenbremsenpolitik erheblich bei. Per Saldo schließt die Wirkung des Gesetzes der Konkurrenz im Kapitalismus umfangreiche staatliche Programme ein. Das Gesetz der Kapitalakkumulation ist mit dem Abbau der Sozialstaatlichkeit, aber begrenzt auch mit Sozialausgaben verbunden, die immer wieder mit Kürzungen beantwortet werden.

Die quantitative Ausweitung staatlicher Programme wird zunehmend mit strategischen Orientierungen und festen Zielsetzungen verbunden:
- für Klimaneutralität bis 2045 in der EU,
- für die Reduzierung der CO_2-Emissionen in der EU um 65% bis 2030 im Vergleich zu 1990,
- für höhere Anteile von erneuerbaren Energien an Primärenergieversorgung und Stromerzeugung,
- für einzelne Branchen. Beispiele dafür sind die Modernisierung der Stahl- und der Chemieindustrie.

In den USA wurden – inspiriert durch das Manhattan Projekt – für die Operation »Warp Speed« (das heißt für die extrem schnelle Entwicklung von Covid 19-Impfstoffen) mit enormen Koordinierungs- und Lenkungsanstrengungen führende Biotech-Unternehmen, Big Pharma, Potenziale des Pentagon und des Department of Health and Human Services zusammengeführt.

Diese Entwicklung findet im eigenen Interesse von Unternehmerverbänden deren Unterstützung, wird von Ihnen eingefordert und trifft zugleich immer wieder auf ihren Widerstand. So warnt der BDI davor, »in eine energetische Staatswirtschaft abzugleiten« (FAZ vom 14.1.2022). Damit wurde die ursprünglich im Klimaschutzprogramm der Bundesregierung enthaltene Sektorenplanung zur Senkung von CO_2-Emissionen im April 2024 wieder abgeschafft. Wenn beispielsweise im Verkehrssektor und bei der energetischen Sanierung der Wohnungssubstanz die Ziele zur CO_2-Minderung verfehlt werden, soll dies durch andere Sektoren ausgeglichen werden, statt wie ursprünglich vorgesehen eigene vermehrte Anstrengungen von den Bereichen einzufordern, die ihrer Verantwortung nicht nachkommen.

> Das heißt, die Wirkungsrichtung der ökonomischen Gesetze des Kapitalismus wird in einer Weise modifiziert, die von der spontanen Wirkung kurzfristig-privater Konkurrenz um höchstmögliche Profite abweicht. Aber die Rückfälle in die Begrenzung und Rücknahme staatlicher Finanzierung und Lenkung deuten auf die systemischen Grenzen für politische Interventionen in die Wirtschaft hin.

Ein besonderes, in klassischen neoliberalen Zeiten nie gekanntes Gewicht hat die Industriepolitik zur Durchsetzung einer grünen Variante des Kapitalismus gewonnen.

Beispiele für die Aufwertung der Industriepolitik sind in Deutschland die

- Industriestrategie 2030,
- Nationale Wasserstoffstrategie,
- Roadmap Chemie 2050 (mit einem zusätzlichen Investitionsbedarf bis 2050 von 68 Milliarden Euro),
- Stahlindustrie 2030 (zusätzlicher Förderbedarf 35 Milliarden Euro)
- und das Kohleausstiegsgesetz (vgl. Lehndorf u.a. 2022).

Wenn staatlich geschaffene Märkte und staatliche Industriepolitik neue Wirtschaftsfelder profitabel machen, kommt dies partiellen Änderungen der Wirkungsrichtung ökonomischer Gesetze gleich.

Unter dem Druck der negativen sozialen Folgen von Wirtschaftskrisen, Klima- und Umweltkrise, Pandemie, Krieg, hochtechnologischen Umwälzungen und internationaler Konkurrenz wachsen Verunsicherung und Unruhe in der Bevölkerung.

Das führt dazu, dass die Transformationspolitik der Machteliten zwar überwiegend auf technologische Problemlösungen gerichtet ist; aber zugleich zeichnen sich – begrenzte – Schritte zur sozialen Abfederung der Umwälzungen ab. Staatliche und privatwirtschaftliche Lenkung und Planung verlaufen überwiegend technologisch verengt, aber doch zum Teil auf soziale Stützung der Betroffenen gerichtet – mit der Tendenz, diese Hilfen auch wieder abzubauen. Die Begrenzung der Kindergrundsicherung in Deutschland von ursprünglich als notwendig erkannten 12 Milliarden Euro bzw. 24 Milliarden auf 2,4 Milliarden und die weitgehende Abschottung der Grenzen der EU gegen Migrantinnen und Migranten – wenn sie nicht gerade aus der Ukraine stammen – verweisen auf die Beschränktheit des sozialen Moments kapitalistischer Regulierung.

Der Staat in den entwickelten kapitalistischen Ländern

- wirkt überwiegend auf dem Feld der Technologieförderung, die als entscheidend für Transformationsprozesse betrachtet wird,
- wirkt als innovativer unternehmerischer Staat,
- konzentriert sich in Krisenzeiten auf die Rettung der Kapitalmächtigen, wendet aber in den reichen Ländern begrenzt auch Mittel für soziale Absicherungen auf,
- fokussiert seine Industriepolitik zunehmend auf den ökologischen Umbau der Wirtschaft, der aber durch den in den ökonomischen Gesetzen des Kapitalismus wurzelnden Wachstumsfuror untergraben wird,

- untergräbt potenziell progressive Wirkungen durch Aufrüstung, Kriege und anhaltende fossilistische Strukturen,
- hält an den herrschenden Eigentums- und Machtstrukturen gegen deren gemeinwohlorientierte Veränderung fest.

Für die linken Kräfte kommt es darauf an, nicht allein die herrschaftssichernde Zielsetzung staatlicher Interventionen abzulehnen. Sie vertreten in vielen Ländern, auch in Deutschland, eigene wirtschaftsstrategische Vorstellungen. Sie fordern staatliche Zukunftsprogramme für den sozial-ökologischen Umbau der Industrie, für einen umfassenden Ausbau sozialer Infrastrukturen, für eine Mobilitätswende, sozialen Wohnungsbau und mieterfreundliche Bewirtschaftung der Wohnungssubstanz. Die Finanzierung der sozial-ökologischen Transformation sollte zum großen Teil aus den Unternehmergewinnen und auf staatlicher Seite aus den Steuereinnahmen, aus vermehrter Belastung großer Vermögen und aus Staatsverschuldung im Interesse nachhaltiger Zukunftsinvestitionen erfolgen. Staatliche Subventionen für große Unternehmen sollten zu staatlichen Beteiligungen mit Stimmrecht führen. Aber der Linken fehlt es an Macht zur Durchsetzung solcher Konzepte.

Intersektionalität

Von einem anderen Ausgangspunkt als dem einer gewendeten Systemtheorie – gewendet im Vergleich zu Luhmanns Annahme einer weitgehenden Abschottung der gesellschaftlichen Subsysteme gegeneinander – betont das Konzept der Intersektionalität die Einsicht, dass die im Wirken der ökonomischen Gesetze eingeschlossenen sozialen und ökologischen Tendenzen und Gegentendenzen von außerökonomischen Umständen verstärkt, abgeschwächt oder teilweise umgekehrt werden können. Das Konzept wurde von Kimberlé Crenshaw entwickelt und wird im deutschsprachigen Raum vor allem von Gabriele Winker vertreten (Winker/Degele 2009; Winker 2015).

Die Theoretikerinnen der Intersektionalität arbeiten heraus, dass über die Klassenverhältnisse zwischen Kapital und Arbeit hinaus auch in anderen Sektionen der Gesellschaft hierarchische Verhältnisse existieren: patriarchale Herrschaft; Heteronormativismus, der zu Ausgrenzungen von Lesben, Schwulen, Transsexuellen, Bisexuellen und anderen queeren Personengruppen führt; Rassismen, die Hierarchien entlang von ethnischen Unterschieden umfassen; Ausgrenzungen, die an Körperlichkeiten (Bodyismen) anschließen und Diskriminierung aufgrund von individuellen Benachteiligungen und von Verschiedenheiten in Aussehen, Alter und Gesundheitszustand bedeuten.

Die verschiedenen hierarchischen Verhältnisse werden vielfach zur Durchsetzung der ökonomischen Gesetze des Kapitalismus im Sinne der Erweiterung der Kapitalverhältnisse genutzt. Unter patriarchalen Bedingungen wird Frauen die Hauptlast der Reproduktionsarbeit von der Geburt über die Sorge für die Kinder, die Pflege und Betreuung von Älteren bis zur Küchenarbeit aufgebürdet. In Hausarbeit ohne Zahlung und im Sektor der persönlichen Dienstleistungen unterbezahlt und überwiegend bei schlechten Arbeitsbedingungen sorgen Frauen für die Bereitstellung des Arbeitskräftepotenzials für das Kapital, aber zugleich für sozio-moralische Haltungen der Heranwachsenden, für deren Wertehorizonte, für häusliche Gemeinschaften.

Rassismus ist mit andauernder Enteignung großer Teile der Bevölkerung in abhängigen ärmeren Ländern zugunsten des Kapitals und mit diskriminierender Ausbeutung rassifizierter Bevölkerungsteile auch in den reichen Ländern des Westens verbunden. Diskriminierung von Zugewanderten und bodyistische Ausgrenzungen ergänzen den Druck des Kapitals auf die Lohnarbeiter und lenken die »normalen« Lohnabhängigen von der Bedingtheit vieler ihrer Probleme durch den Profitmechanismus ab, indem ihr Unmut auf die »anderen« umgelenkt wird. Unternehmen benachteiligen bei Einstellungen nicht selten Mütter mit Kindern, Bewerberinnen und Bewerber mit ausländischer Herkunft, mit körperlichen und psychischen Einschränkungen oder sogar bei Abweichungen ihres Körpergewichts von verbreiteten Normvorstellungen.

Feministische, antiimperialistische, antirassistische Bewegungen, Initiativen gegen Fremdenfeindlichkeit und gegen Diskriminierung von Menschen mit Einschränkungen sind Antworten der Zivilgesellschaft auf die Intersektionalität von Herrschaftsverhältnissen. Sie verbinden traditionelle und neue Arbeitskämpfe mit den Kämpfen von Pflegekräften, Kitapersonal und Mieter*innen, mit Projekten für Geschlechtergerechtigkeit und gegen Rechtsextremismus, mit Aktionen von Fridays for Future und anderen Initiativen der Demokratisierung. Breite Bündnisse zwischen von unterschiedlichen Hierarchien Betroffenen sind eine elementare Bedingung für die Durchsetzung ihrer Interessen. In den ökonomischen Gesetzen des Kapitalismus angelegte Gegentendenzen zur Profitmaximierung und zur Zerstörung der Natur können von »außen« gestärkt werden. Die leidige Trennung oder gar Entgegensetzung von Arbeits- und sozialen Kämpfen einerseits und Kämpfen um progressive Identitäten in nichtökonomischen Sphären geht dagegen an der engen Verflechtung der verschiedenen Hierarchien und der entsprechenden emanzipatorischen Interessen vorbei.

Zurückkehrend zum Wirkungsmechanismus der ökonomischen Gesetze: Sie sind Gesetze der Ausbeutung von Mensch und Natur, Gesetze, die zu

Wachstum und Expansion bis zum Einsatz von militärischer Gewalt tendieren. Aber sie schließen auch Gegentendenzen ein – wie noch näher zu zeigen sein wird. Diese Gegentendenzen können gestärkt werden, wenn die Gewerkschaften sich mit demokratischen Akteuren in den gesellschaftlichen Teilsystemen außerhalb der Wirtschaft verbünden und umgekehrt.

»Verborgene Hintergründe« der Kapitalherrschaft

Diese Zusammenhänge hebt in der jüngeren Sozialismusdiskussion besonders einprägsam Nancy Fraser hervor, Professorin an der New School for Social Research, New York, und Ikone des Feminismus. In ihrem jüngsten Buch »Der Allesfresser. Wie der Kapitalismus seine eigenen Grundlagen verschlingt« kennzeichnet sie den Kapitalismus als ein kannibalistisches System, vergleichbar mit dem Ouroboros, der Schlange, die ihren eigenen Schwanz, sich selbst also frisst (Fraser 2023).

Marx folgend charakterisiert sie den Kapitalismus zunächst als basierend auf den ökonomischen Grundlagen der Realisierung von Mehrwert bzw. Profit durch die Ausbeutung der menschlichen Arbeitskraft in der Produktion. Dann aber definiert sie den Kapitalismus weit umfassender als eine Gesellschaft, in der verschiedene Sphären untrennbar und widersprüchlich miteinander verbunden sind: Produktion und soziale Reproduktion; menschliche Gesellschaft und nicht-menschliche Natur; private (ökonomische) Macht und staatliche (politische) Macht; Zentrum und Peripherie.

Fraser nennt die für das Kapital unverzichtbaren nichtökonomischen Sphären »verborgene Hintergründe« der Kapitalherrschaft. Ohne die soziale Reproduktion außerhalb der Produktion, ohne Ausplünderung der nichtmenschlichen Natur, ohne herrschaftssichernde Politik und ohne Zugriff auf die Ressourcen der Peripherie des kapitalistischen Weltsystems kann das Kapital in den Metropolen nicht existieren – zumindest nicht in seiner bisherigen Gestalt. Aber der große Widerspruch, so Nancy Fraser, besteht darin, dass das Kapital diese mehrdimensionalen Hintergründe seiner Herrschaft unbedingt als Lebenselixier braucht, gleichwohl jedoch dabei ist, sie zu verschlingen.

Die Sphäre der sozialen Reproduktion erodiert: Zehntausende Lehrerstellen sind nicht besetzt. Der Sanierungsbedarf der Schulen wächst in Milliardenhöhe. Das Gesundheitssystem ist teuer, aber reich an Leistungsdefiziten. Oft monatelang sind die Wartezeiten auf einen Termin bei Fachärzten – von der katastrophalen Unterentwicklung der Gesundheitsleistungen in ärmeren Ländern der Erde ganz zu schweigen. Das Pflegepersonal ist überlastet. Das Wohnen ist längst kein eingelöstes Menschenrecht mehr, es ist dem Mietwucher internationaler Konzerne unterworfen.

Klimakrise, Zerstörung der Artenvielfalt, Wasserkrisen, Ausdehnung von Wüsten, Austrocknung und Erosion von Böden, extreme Dürren und Überschwemmungen sind die Zeichen dafür, dass der Kapitalismus seine natürlichen Existenzgrundlagen zerstört. Die Umweltkrise steuert auf irreversible Kipppunkte zu.

Der ökonomische Kapitalismus braucht seinen politischen Überbau. Er bedarf der Politik, die ihre Formen mit der historischen Entwicklung des Kapitalismus und mit den Veränderungen gesellschaftlicher Kräfteverhältnisse permanent verändert. Polizeistaat, rechtsstaatliche Demokratie und Washington-Konsens für abhängige verschuldete Länder, sozialstaatlich gestützte Demokratie und Autoritarismus, »werteorientierte« Meinungsbildung und Rechtspopulismus und in jedem Falle Absicherung der Eigentums- und Herrschaftsverhältnisse durch Staatsgewalt sind die politischen Gestalten des Kapitalismus.

Doch er unterhöhlt die politischen Dimensionen seiner Daseinsweise. Autoritäre Herrschaftsformen greifen die Gewaltenteilung an, wie der Trumpismus in den USA und der in Brasilien weiter existierende Bolsonarismus, wie die Angriffe in Polen, Ungarn und Israel auf die Justiz. In Russland, in der Türkei, in der Ukraine und in vielen anderen Staaten werden oppositionelle Kräfte unterdrückt. Rassismus spaltet die Gesellschaften und destabilisiert sie. Der Kapitalismus entzieht sich damit selbst seine Legitimationsgrundlagen. Er zerstört tendenziell seine Verankerung in der Bevölkerung. Nicht zuletzt können sich Unternehmen ihrer künftigen Handlungsbedingungen nicht mehr sicher sein. Planungsunsicherheit in Zeiten von strategischem Entscheidungsdruck schwächt das Kapital.

In jüngster Zeit sind nahezu fieberhafte Anstrengungen der USA, Deutschlands, Frankreichs, der EU und anderer Mächte der westlichen Welt zu beobachten, mit Ländern des Globalen Südens Abkommen über Lieferungen von Energieträgern, seltenen Erden und anderen Ressourcen zu schließen. Unter den Bedingungen der Dekarbonisierung und Digitalisierung wird der Zugriff des »Nordens« auf Ressourcen der »Peripherie« zu einer existenziellen Frage für den Kapitalismus. Die früheren Kolonisatoren versprechen den neuen »Partnern«, künftig auf Augenhöhe mit ihnen handeln zu wollen. Aber die Länder des Südens misstrauen solchen Versicherungen aufgrund der eigenen Erfahrungen. Die anhaltende Enteignung des Globalen Südens durch den Norden mittels Landnahme, Weltmarktpreisen, Schuldendienst, Zerstörung ihrer Umwelt durch Auslagerung schmutziger Industrien in die ärmeren Länder, Zugriff ausländischer Pharmaunternehmen auf ihre Genressourcen, Ruin Hunderttausender kleiner Bauern durch Abhängigkeit von genetisch manipuliertem unfruchtbarem Saatgut à la Monsanto, brain drain und andere neokoloniale Praktiken bewirken, dass Schwellen- und Entwicklungsländer sich vom Westen abwenden und nach eigenen Wegen suchen. Der Kapitalismus bewegt sich auf den Verlust seiner peripheren Existenzbedingungen zu.

Nancy Fraser betrachtet ihre komplexe Analyse des Kapitalismus als Überschreitung der marxschen Kapitalismustheorie, die auf die Analyse der ökonomischen Grundstruktur des Kapitalismus konzentriert war. Sie hebt nichtökonomische Wesenszüge des Kapitalismus hervor, die für ihn existenziell sind. Zugleich macht sie deutlich, dass der Kapitalismus seine eigenen nichtökonomischen und politischen Stützpfeiler auf kannibalische Weise verschlingt. Er fordere dadurch Akteure in seinen verschiedenen Daseinssphären heraus, breite Bündnisse miteinander einzugehen. Arbeiterbewegung, Feminismus, Antirassismus, Antiimperialismus, Antikolonialismus und Ökobewegung bis zum Antiextraktivismus müssten sich solidarisch verbünden.

> Es gehört zur Wirkungsweise der ökonomischen Gesetze des Kapitalismus, dass er mit seinen außerökonomischen Hintergrundpotenzialen seine ausbeuterische Ökonomie erst möglich macht. Indem er diese Potenziale aber aushöhlt, untergräbt er die Wirkungsbedingungen seiner eigenen ökonomischen Gesetze.

Indem er etwa die soziale Reproduktionsarbeit beschneidet, bewahrt er das private Kapital vor profitschmälernden sozialen Kosten und zerstört zugleich Bedingungen künftiger Entwicklung. Er bewegt sich seinen ökonomischen Handlungszwängen gemäß und untergräbt zugleich Voraussetzungen künftiger Kapitalgewinne.

Indem er die Naturgrundlagen menschlicher Existenz und seiner selbst zerstört, verschafft sich der Kapitalismus Wachstumsressourcen. Er entspricht auf solche Weise dem Impetus des Profit- und Akkumulationsgesetzes, aber nicht den längerfristigen ökonomischen Interessen an nachhaltiger Wirtschaft.

Indem die Politik dem Herrschaftsinteresse des Kapitals untergeordnet wird, folgt sie den Zwängen, die in der Wirtschaft wirken. Aber sie tut das, während sie in hohem Maße die politischen Korrekturpotenziale verspielt, deren die Privatwirtschaft im Interesse des Gesamtkapitals bedarf.

Indem viele den ökonomischen Gesetzen des Kapitalismus entspringenden Belastungen von Menschen und Natur auf den Globalen Süden abgewälzt werden, verfährt das Kapital seinen eigenen ökonomischen Zwangsgesetzen gemäß. Aber es untergräbt dabei weltwirtschaftliche Kooperationsmöglichkeiten. Geopolitisch begründet zerstört es lebenswichtige Lieferketten. Es missachtet Tendenzen im Wirken der ökonomischen Gesetze zu einer nachhaltigen Weltwirtschaft, die durchaus dem Kapitalinteresse entsprechen.

Zwischenfazit

Erstens ein kurzer kritischer Rückblick auf die verschiedenen Stadien und Varianten kapitalistischer Entwicklung, zweitens theoretische Überlegungen zum Wirkungsmechanismus ökonomischer Gesetze und drittens ein Rückgriff auf Systemtheorie, auf das Konzept der Intersektionalität und auf feministische Theorien haben zweierlei sichtbar gemacht: erhebliche Spielräume für progressives Handeln gesellschaftlicher Akteure im Rahmen der ökonomischen Gesetzen des Kapitalismus und im Widerspruch dazu die Begrenzung positiver Handlungsräume bis zur Gefährdung der Menschheit durch das Wirken ebendieser Gesetze.

Das Doppelgesicht des Gottes Janus wies in der römischen Mythologie darauf hin, dass alles in der Welt der Götter einen Gegenpol in sich birgt: Schöpfung und Zerstörung, Licht und Dunkelheit, Anfang und Ende, Zukunft und Vergangenheit. In der Ökonomie nimmt diese Dialektik handfeste Gestalt an. Die ökonomischen Gesetze des Kapitalismus funktionieren wie Janus als Öffner und Schließer von Toren. Sie öffnen progressive Handlungsmöglichkeiten und setzen diesen zugleich Grenzen.

Beide Dimensionen sollen im Folgenden näher betrachtet werden – erstens auf dem Feld der *Friedens- und Sicherheitspolitik* und zweitens für die *Klima- und Umweltpolitik.* Im ersten Kapitel dieses Buches war Gemeinsame Sicherheit der Gegenstand. Ein Bezug zwischen dem Wirken ökonomischer Gesetze und Gemeinsamer Sicherheit wurde zunächst nicht systematisch hergestellt. Anders hatte ich die Akzente in meinem – 1988 nach zwei Jahren politisch bedingter Verzögerung der Publikation erschienenen – Buch »Chancen für einen friedensfähigen Kapitalismus« gesetzt. Damals ging es darum, sich der Chancen der Friedensbewegung in ihrem Engagement für Gemeinsame Sicherheit zu vergewissern. War friedliche Koexistenz, war Gemeinsame Sicherheit eine realistische Perspektive, nachdem doch Generationen der Linken mit guten Gründen unter Verweis auf die realen Verhältnisse die Auffassung vertreten hatten, dass die ökonomischen Gesetze des Kapitalismus seiner inneren Natur entsprechend zu Aggressivität bis zu militärischer Gewalt führen? In den Mittelpunkt rückte ich daher Überlegungen zum Verhältnis von ökonomischen Gesetzen des Kapitalismus und Entscheidungen über Krieg und Frieden.

Wichtig war damals, von der *Realität* aggressiver Tendenzen des Kapitalismus, von der praktizierten Präferenz des Westens für eine Politik der Abschreckung die grundsätzliche *Fähigkeit* des Kapitalismus zu einer Politik Gemeinsamer Sicherheit zu unterscheiden, um daraus Schlussfolgerungen für sozialistische Friedens- und Sicherheitspolitik zu ziehen. Wichtig war, in der Friedens- und Sicherheitspolitik der DDR von der Reform- und Friedensfähigkeit des Kapitalismus im Rahmen seiner ökonomischen Gesetze auszugehen und diese Fähigkeit zu stärken, statt vor allem spiegelbildlich zum Westen Feindbilder zu pflegen.

Daran wird hier angeknüpft – gerade im Angesicht der Rückkehr eines großen Krieges nach Europa und des schrecklichen Krieges im Nahen Osten. Schon damals war zudem zu fragen, wie weit im Rahmen der ökonomischen Gesetze des Kapitalismus eine Bewahrung der natürlichen Umweltbedingungen menschlichen Lebens möglich ist und welche Grenzen dagegenwirken, auf die mit einer sozial-ökologischen Transformation zu antworten ist. Wenden wir uns also einem ersten zentralen Feld im Verhältnis von Ökonomie und Politik zu, dem Feld des Kampfes um Frieden oder Krieg. Danach wird dieses Verhältnis auf einem zweiten zentralen Feld, dem Verhältnis der Gesellschaft zur Natur, zu betrachten sein.

2.4 Ökonomische Gesetze: Tendenzen zu Krieg und zum Frieden

Ökonomische Gesetze und Krieg

Erstens wurde bisher festgestellt: das Gesetz der Konkurrenz zwingt den kapitalistischen Unternehmen auf, höchstmöglichen Mehrwert bzw. Profit zu realisieren. Mehr Wert als vorgeschossen, Profitmacherei, das ist das zentrale Gesetz des Kapitalismus. Die Konkurrenz um die Steigung der Profite erzwingt die permanente Kapitalakkumulation, Expansion und Wachstum.

Zweitens: Konzentration und Zentralisation führten zum Übergang des Konkurrenzkapitalismus in den Monopolkapitalismus. In diesem Stadium des Kapitalismus bestimmt das Gesetz des Monopolprofits die Entwicklung. Außerordentlicher Profit im Vergleich zu den Profiten der Masse nichtmonopolistischer Unternehmen diktiert von nun an das Geschehen.

Das Monopol ist Monopol, indem es Konkurrenten nach Möglichkeit verdrängt, selbst expandiert und dabei alle Register der Gewalt bis zu Kriegen zieht. Mit seinen riesigen Ressourcen treibt es die Entwicklung der Produktivkräfte voran und verwandelt sie zugleich gegen Mensch und Natur in Destruktivkräfte.

Für die Gegenwart konstatierten die Autorinnen und Autoren der Studie »The network of global corporate control« nach der Finanzkrise 2008/09 ein extremes Niveau monopolistischer Machtkonzentration. Etwa 43.000 internationale Konzerne beherrschen rund vier Fünftel des globalen Umsatzes. Ihren Kern bilden 147 Machtgruppen, die die Kontrolle über 40% der globalen Unternehmensnetzwerke auf sich vereinigen. Die Verfasser dieser Studie rechnen drei Viertel der zu diesen Machtzentren gehörenden Unternehmen der Finanzbranche zu (Vitali/Glattfelder/Batistas 2011: 1–36). Klaus Dörre vermerkt zutreffend, dass seitdem die fünf führenden IT-Monopole zu den Exponenten dieser Kontrollhierarchie aufgeschlossen haben (Dörre 2021: 124).

Drittens: Ungleichmäßige Entwicklung der kapitalistischen Mächte und Gewalt: die Machtkonzentration ist eine zentrale Eigenschaft des Monopols. Zur inneren Natur des Monopols gehört der Zwang, auf dem Pfad rastlosen Wachstums seine Herrschaft über Naturressourcen, Arbeitskraftpotenziale und Einflusssphären permanent auszuweiten. Andernfalls droht die Qualität eines Monopols zu verschwinden.

Das Monopol ist unverträglich mit gleicher Verteilung von Macht und mit durchschnittlichem Profit für alle Konkurrenten. Monopol und ungleiche Entwicklung der Machtverhältnisse gehören zusammen. Diese Ungleichheit wurde zum kriegsschwangeren Problem und hält an, seitdem die Erde um die Wende zum 20. Jahrhundert in Kolonien und später in neokolonial beherrschte oder zumindest abhängige Regionen unter die Großmächte und die in ihnen beheimateten Monopole bzw. Oligopole aufgeteilt ist. Monopolisierung und Konkurrenz bewirken zusammen immer wieder Veränderungen im Kräfteverhältnis der Mächte.

> Die Ungleichmäßigkeit der ökonomischen und politischen Entwicklung des Kapitalismus ist ein Gesetz, das zwangsläufig zu Konflikten zwischen den Beteiligten, zwischen zeitweilig hegemonialen Mächten und aufsteigenden Konkurrenten oder zu gewaltsamen Versuchen der Absteiger führt, ihren Machtverlust aufzuhalten.

Lenin schlussfolgerte, die Vorgeschichte des Ersten Weltkrieges vor Augen: »Die Stärke der Beteiligten aber ändert sich ungleichmäßig, denn eine gleichmäßige Entwicklung der einzelnen Unternehmungen, Trusts, Industriezweige und Länder kann es unter dem Kapitalismus nicht geben.« (Lenin 1960, Werke, Bd. 22: 300f.) Und: »Unter dem Kapitalismus gibt es keine anderen Mittel das gestörte Gleichgewicht von Zeit zu Zeit wieder herzustellen, als Krisen in der Industrie und Kriege in der Politik.« (Lenin 1960, Werke, Bd. 21: 345)

Lenin verwies aber auch auf entgegenwirkende Tendenzen. Er unterschied das »pazifistische Lager der internationalen Bourgeoisie« und das »aggressiv bürgerliche, das reaktionär-bürgerliche Lager« (Lenin 1971, Werke, Ergänzungsband 1917 –1923: 423). Er betonte, dass das Monopolkapital bereit und fähig ist, unterschiedliche Herrschaftsformen auszuwechseln. Er hob dabei zwei Varianten hervor: »die erste Methode ist die Methode der Gewalt, die Methode der Verweigerung jeglicher Zugeständnisse an die Arbeiterbewegung. [...] Die zweite Methode ist die Methode des ›Liberalismus‹, der »Schritte in der Richtung auf die Entfaltung politischer Rechte, in der Richtung auf Reformen, Zugeständnisse usw.« (Lenin 1962, Werke, Bd. 16: 356)

> Die oben behandelte Wechselwirkung von Ökonomie und Politik ist für beides offen: für die politische Durchsetzung der in den ökonomischen Gesetzen des Kapitalismus wurzelnden Aggressivität und für die politische Realisierung der in den ökonomischen Gesetzen ebenfalls angelegte Tendenz zu einer friedlichen Variante des Kapitalismus.

Viertens: Es ist der Kreditmechanismus, der den Zusammenhang zwischen Kapitalakkumulation als ökonomisches Gesetz des Kapitalismus und Expansion bzw. Wachstum ständig reproduziert und anheizt. Die Konkurrenz erlaubt den Unternehmen nicht, mit neuen Investitionen so lange zu warten, bis die früheren Aufwendungen für Investitionen durch den Verkauf der mit ihnen produzierten Waren wieder zurückgeflossen sind, sich also amortisiert haben. Erweiterungsinvestitionen erfolgen mithilfe von Kreditaufnahmen durch die Unternehmen bei den Geschäftsbanken. Diese refinanzieren sich ihrerseits bei den Zentralbanken. Kredite werden allerdings nur aufgenommen, wenn die Unternehmen künftige Profite vom Wachstum der Wirtschaft erwarten. Nur Wachstum verspricht die Tilgung der Kredite samt ihrer Kosten, der Zinsen. Der Kredit- und Zinsmechanismus vermittelt und verstärkt also das dem Kapital durch die Konkurrenz ohnehin aufgezwungene Wachstum.

Fünftens: Expansionsinteressen der *einzelnen* Unternehmen: Auf dem Hintergrund 1.) der Konkurrenz um höchstmögliche Profite und der Kapitalakkumulation als Handlungszwang, 2.) der Dominanz von Monopolstrukturen und der dem Monopol eigenen Expansionstendenzen, 3.) des Gesetzes der ungleichmäßigen ökonomische und politische Entwicklung und 4.)

der Herausbildung des Finanzmarktkapitalismus mit seinen Möglichkeiten zur Finanzierung der Machtausweitung der ohnehin mächtigsten Kapitale wirken die vielfältigen konkreten ökonomischen Interessen einzelner Großunternehmen wachstumstreibend und konfliktär.

Das sind zunächst ökonomische Interessen an der kostengünstigen Aneignung von Ressourcen (Boden, Energiequellen und Rohstoffe, in jüngster Zeit etwa die Gier nach Seltenen Erden) rund um die Erde. In den militärischen Konflikten und Kriegen der letzten Jahrzehnte ging es häufig um Erdöl. Das Interesse expandierender Unternehmen ist der bevorzugte Zugang zu Absatzmärkten für die eigenen Güter und Leistungen. Für Investitionen im Ausland ist außerdem ein wichtiger Antrieb, das Arbeitskräftepotenzial anderer Länder unter Nutzung von Einkommensgefällen ausschöpfen zu können. Solche ökonomischen Interessen können am besten durch die enge politische Bindung ökonomisch schwächerer Länder an die wirtschaftsstarken Staaten realisiert werden. Die Großmächte versuchen daher in der Rivalität um imperiale Vormacht, Interessensphären gegeneinander abzustecken, auszuweiten oder wenigstens zu behaupten.

Sechstens: Ein besonders intensiver Treiber der Militarisierung ist der Militär-Industrie-Komplex. Er ist gekennzeichnet durch eine intensive Verflechtung zwischen der in der Rüstung engagierten Industrie, militärischen Führungskreisen und mit ihnen verbundenen staatlichen Apparaten.

Die traditionelle Vorstellung mancher linker Friedenskräfte, dass Rüstung und Krieg unmittelbar von Interessen der Rüstungsproduktion verursacht werden, verweist auf eine wichtige Seite des Kriegsmechanismus. Sie ist aber zu einfach. Sie bedarf erstens der Einbettung in den hier dargestellten Wirkungsmechanismus ökonomischer Gesetze. Zweitens werden in den folgenden Passagen darüber hinaus die politischen und ideologischen Wurzeln des Bellizismus zu untersuchen sein. Diese komplexe Sicht darf aber auf keinen Fall die Schuld der Rüstungsunternehmen an kriegerischen Entwicklungen verdecken. Im Gegenteil:

Im Jahr 2021 setzten nach Angaben des schwedischen Instituts für Friedensforschung SIPRI allein die hundert größten Waffenkonzerne der Welt mit dem Verkauf von Waffen und militärischen Dienstleistungen 592 Milliarden Dollar um. 40 dieser 100 umsatzstärksten Unternehmen haben ihren Sitz in den USA, 27 in Europa, 21 in Asien, darunter acht in China (siehe hierzu auch die Tabellen auf den folgenden Seiten).

Die Internationale Bewegung für die vollständige Abschaffung von Atomwaffen (ICAN) hat in der Studie »Don't bank the Bomb« nachgewiesen, dass allein an der Finanzierung der Produktion von Kernwaffen über 300 Finanzinstitute in mehr als 30 Ländern beteiligt sind. Dazu gehören nach

Tabelle 2: Top-100 Rüstungsunternehmen weltweit nach Umsatz im Rüstungsbereich von 2016–2021 (in Millionen US-Dollar)

Rüstungsunternehmen	2016	2017	2018	2019	2020
Lockheed Martin	43.468	47.985	50.536	56.606	62.562
Raytheon Technologies	42.000				
Boeing	20.180	20.561	34.050	34.300	32.400
Northrop Grumman	20.200	21.700	25.300	28.600	31.400
General Dynamics	19.696	19.587	27.507	29.512	29.800
Aviation Industry. Corp. of China	22.899	24.902	25.075	25.469	
BAE Systems	23.622	22.380	22.478	21.033	23.502
China State Shipbuilding Corporation	4.843	4.954	10.772	16.018	
China North Industries Group Corp. Ltd	14.206	14.778	14.602	15.249	
L3Harris Technologies	12.303	14.602	14.936		
Leonardo Spa	8.526	8.856	9.828	11.109	11.173
China South Industries Group Corp.	14.122	14.963	8.846	10.698	
China Electronics Technology Group	9.519	10.276	10.149	10.466	

Quelle: Statista Research Department 22.12.2022

den Recherchen für diese Studie elf deutsche Banken und Versicherungen, unter anderem die Allianz, Commerzbank, De-Ka Bank, Deutsche Bank, D2 Bank, die staatliche Kreditanstalt für Wiederaufbau (KfW) sowie die Landesbanken von Baden-Württemberg, Bayern und Hessen. Finanzbeziehungen haben folgende deutsche Banken laut Pfeiffer, 5./6. Mai 2012 mit folgenden Unternehmen im Rüstungsgeschäft: Bayern LB BAE-Systems mit Boeing und EADS, Allianz BAE-Systems mit Boeing, General Dynamics, Honeywell, Lockheed Martin und Northrop Grumman.

Die in seinen ökonomischen Gesetzen wurzelnde Tendenz des Monopolkapitals zu Gewalt und Krieg wird in besonderem Maße von den Interessen der Rüstungsproduktion getragen, ist aber auf sie nicht zu reduzieren. Politik und Geopolitik haben ein enormes Gewicht in den Entscheidungen über Krieg und Frieden.

Jedoch – sogar die ökonomischen Interessen des Großkapitals sind viel differenzierter als nur gewaltorientiert. Nicht allein, weil das Wirken der ökonomischen Gesetze stets auch das Handeln kapitalismuskritischer und antikapitalistischer Klassenkräfte einschließt, sondern auch deshalb, weil selbst im herrschenden Block an der Macht dem Militär-Industrie-Komplex Fraktionen entgegenstehen, deren Interessen purer Gewaltpolitik widersprechen.

Tabelle 3: Die zehn größten deutschen Rüstungsproduzenten 2020
(Unternehmen Rüstungsumsatz in Millionen Dollar)

Airbus*	11.990
Rheinmetall	4.240
ThyssenKrupp	1.990
Krauss-Maffei Wegmann (KMW)	1.410
Diehl	541
MTU**	500
MDBA***	300
Jenoptik*****	219
Heckler & Koch*****	202
Rohde & Schwarz, Siemens o. MAN	unklare Datenlage

* Europäisches Unternehmen mit deutscher Beteiligung; ** 2015; *** 2018;
**** 2017; *****2016
Quelle: Produktion. Technik und Wirtschaft für die deutsche Industrie.

Siebentens: Verselbstständigung des US-Weltmachtsyndroms bis hin zu Kriegen. Bernd Greiner, Gründungdirektor des »Berliner Kollegs Kalter Krieg/Berlin Center for Cold War Studies« und bis 2014 Leiter des Arbeitsbereichs »Theorie und Geschichte der Gewalt« am Hamburger Institut für Sozialforschung, hat in seinem Buch »Was die USA seit 1945 in der Welt angerichtet haben« überzeugend dargestellt, dass die ökonomischen imperialen Interessen der USA mit einem *verselbstständigten politischen Denkgebäude* verbunden sind. Im Zentrum dieses Denkens steht seit Jahrzehnten die ideologische Begründung des US-amerikanischen Führungsanspruchs in der Welt bis zu Versuchen der Legitimierung von Interventionskriegen.

Die USA waren im Gefolge der Großen Depression 1873 bis 1895 und spätestens nach dem Ersten Weltkrieg zur weltweit stärksten ökonomischen Macht aufgestiegen. Nach langen Kämpfen innerhalb der US-Machteliten setzten sich die »Internationalisten« durch, die gegen die »Isolationalisten« aus der ökonomischen Vormachtstellung der Vereinigten Staaten deren Berufung zur Weltordnungsmacht, zur »Erlösernation«, ableiteten. Wenn anders nicht möglich auch mit den Mitteln militärischer »Missionen«. Unter dem Titel »Zur Supermacht verdammt« schrieb der langjährige Berater des US-Außenministeriums Robert Kagan über die Vereinigten Staaten: »Ihre einzigartige Machtfülle versetzt sie nun einmal in eine einzigartige Rolle«, die »Errichtung einer neuen, ihren Interessen Schutz leistenden Ordnung«, einer »neuen amerikanischen Weltordnung« – »und die Vereinigten Staaten sind die einzige Macht, die eine solche Ordnung gewährleisten kann.«

(Kagan 2021: 70, 75) Über die Amerikaner schrieb Kagan: »Wir müssen begreifen, dass der Zweck der NATO und anderer Bündnisse nicht in der Abwehr unmittelbarer Gefahren für US-Interessen, sondern darin besteht, den Zusammenbruch jener Ordnung zu verhindern, die diesen Interessen am dienlichsten ist.« (Ebd.: 75)

Der Anspruch, als Ordnungsmacht der Welt ein allgültiges Entwicklungsmodell nach amerikanischem Muster aufzunötigen, brachte drei Grundelemente amerikanischen Vormachtdenkens hervor:

- Ordnungsmacht zu sein, erfordert neben Wirtschaftsmacht militärische Übermacht.
- Ordnungsmacht kann nur bleiben, wer den Willen zum Einsatz von Gewalt hat und jederzeit Glaubwürdigkeit dieses Willens beweist.
- Der Gegner muss in Angst vor der eigenen Übermacht gehalten werden.

Sogar die Selbstinszenierung als unberechenbarer Akteur, der jederzeit zu allem fähig handeln könnte und auf diese Weise die Gegenseite in Angst hält, gehört zu diesem Denken in Kategorien der Machtandrohung. Greiner verweist auf Ex-Präsident Nixon als Beispiel dafür. Dieser erklärte: »Ich nenne es die Madman-Theorie. Die Nordvietnamesen sollen glauben, dass ich für die Beendigung des Krieges schlicht alles tun würde. Wir spielen ihnen einfach die Informationen zu, dass dieser Nixon vom Kommunismus besessen ist, dass man ihn nicht bändigen kann, wenn er wütend wird, und dass er obendrein auch noch den Finger auf dem Atomknopf hat.« (Nixon, zitiert in: Haldeman 1978: 96) Madman-Konstruktion als Teil ideologischer Kriegsführung und Madman-Realität können allerdings leicht ineinander übergehen. Trump mag als ein solcher Fall gelten. Ob Putin Nixons Muster folgt, wie weit er tatsächlich rational handelt oder ob ihm die westlichen Medien hochgradige Irrationalität zuschreiben, um eigene Irrationalität begründen zu können, mag dahingestellt sein, zeigt aber die Gefährlichkeit des Denkens in Kategorien militärischer Macht, der Drohung mit ihr und mit ihrem Einsatz um der eigenen Glaubwürdigkeit willen.

»Wir müssen imstande sein, den Gegner in eine Lage zu bringen, aus der er sich nur durch den totalen Krieg herausziehen kann, während wir ihn gleichzeitig durch die Überlegenheit unserer Vergeltungsfähigkeit davon abhalten, diesen Schritt zu tun. [...] Diejenige Seite, die eher willens ist, einen totalen Krieg zu riskieren, oder die den Gegner von ihrer stärkeren Bereitwilligkeit überzeugen kann, dieses Risiko zu übernehmen, befindet sich in der stärkeren Lage [...]. Solche Maßnahmen erfordern starke Nerven [...]. Die Wirksamkeit wird von unserer Bereitschaft abhängen, den Risiken von Armageddon ins Auge zu sehen.« (Kissinger 1959: 123, 144f.; Kissinger 1956: 66; zitiert nach Greiner 2021: 36f.)

Um die unheilige Dreifaltigkeit von Militärmacht, demonstrativer Bereitschaft zu ihrem Einsatz und glaubwürdiger Demonstration solcher Bereitschaft zu jeder Zeit an jedem Ort der Erde ging es auch Präsident John F. Kennedy, als er den Krieg der USA gegen Nordvietnam erklärte: »Wir haben ein Problem damit, unsere Macht überzeugend zur Geltung zu bringen, und Vietnam scheint die richtige Gelegenheit.« (Kennedy 2007; zitiert nach Greiner 2020: 153) Darum dreht sich die ganze Sache auch bei den rund 800 Militärstützpunkten der USA in 140 Ländern der Erde.

Immer ging und geht es um Weltmacht, um deren notfalls militärische Durchsetzung, um Glaubwürdigkeit der Macht, die Ordnung der Welt zu diktieren. Genau darum geht es den USA auch in der Ukraine. Waffen liefert der Westen der Ukraine nicht zuletzt deshalb, damit sie den Sieg des Westens über den aufbegehrenden russischen Rivalen um imperiale Macht erkämpft. Putin handelt im Grunde nach dem gleichen Muster. Auch er suggeriert eine Mission Russlands – in diesem Fall zur Wiederherstellung einstiger Großmacht.

Achtens: »Toxische Nostalgie« im Dienst russischer Großmachtinteressen. In Russland ist ebenso wie im Westen zu beobachten, dass prioritär für die Politik und die von ihr instrumentalisierte Ideologie die Wahl des Krieges als Mittel zur Durchsetzung von Interessen der herrschenden Machtzirkel wird.

Im Westen werden Kriege im Namen von Freiheit und Demokratie geführt. Die russländische Führung erstrebt eine Rückkehr Russlands zu dem Status einer einflussreichen Weltmacht, der zumindest ein privilegierter Einfluss in den Nachbarstaaten des postsowjetischen Raums zukomme. Putin hat zur ideologischen Rechtfertigung seiner Großmachtziele eine »toxische Nostalgie« entwickelt. So definiert Naomi Klein seine Denkkonstruktion (N. Klein 2022: 104–112).

Einer der Hauptideengeber für Putin ist Alexander Dugin. Schon 1997 hatte er in seinem Buch »Die Grundlagen der Geopolitik« ein Ende der – nach seiner Ansicht illegitimen – Eigenständigkeit der Ukraine und anderer ehemaliger Sowjetrepubliken zugunsten einer russischen Vormacht in Eurasien gefordert (vgl. Wikipedia). Das Buch wird in der Militärakademie des Generalstabs der Streitkräfte der Russischen Föderation als Lehrbuch verwendet. Als weiterer Ideengeber Putins gilt der 1954 im Schweizer Exil verstorbene russische Philosoph und Ideologe der Neuen Rechten Iwan Iljin. Häufig von Putin zitiert, nannte er als die Säulen russischer Identität: »Gott, Vaterland und der nationale Vozd.« Diesen, einen herausragenden Führer, betrachtete er als Verkörperung staatlicher Macht. Russland sei eine eigene, dem Westen überlegene Zivilisation, »ein historisch gewachsener und kulturell gerechtfertigter Organismus« als Gegenpol zu westlicher Dekadenz. Diese russische Welt (»Russki Mir«), die Putin in seinen Reden beschwört, habe eine historische Wurzel, die Kiewer »heilige Rus«, dass »dreieinige russische Volk«, das Russland, Belarus und die Ukraine umfasse – gegen alle Abtrünnigkeit, die zu korrigieren sei. Der Krieg gegen die Ukraine erhält mit dieser nostalgisch-nationalistisch-eurasischen Einordnung eine höhere Weihe.

Diese imaginierte »russische Welt« sieht die russländische Führung als bedroht an durch das Vorrücken der NATO bis an die Grenzen Russlands. Ob die NATO vor dem Ukrainekrieg tatsächlich eine reale militärische Bedrohung Russlands war, mag dahingestellt sein. Für die internationalen Beziehungen ist entscheidend, wie ihr Handeln wahrgenommen wird. Diese Wahrnehmung in der Kombination mit der Berufung auf eine tausendjährige Geschichte eines großen russischen Reiches ergibt die politisch-ideologische Aufladung der kapitalistischen Wirtschaft Russlands mit ihren eigenen imperialen Tendenzen bis zum Krieg.

Zwischenfazit

Was bereits im ersten Kapitel in der Entgegensetzung von Abschreckungsdoktrin und Doktrin Gemeinsamer Sicherheit deutlich wurde, tritt hier abermals hervor: Die Gefahren imperialen Vormachtdenkens für alle beteiligten Seiten und Menschen in allen Regionen der Erde werden derart groß, die Kosten für die Menschheit so astronomisch hoch und die Erfolgschancen konfrontativer Politik so gering, dass ein Aufbruch zu neuen Denkräumen unausweichlich wird. Die Spekulation auf Sieg über den Feind sowohl aufseiten Russlands wie aufseiten der Ukraine, der USA und der NATO, sind das Gegenteil solchen Ausbruchs aus den gewohnten unheilvollen Politikmustern. Das Kalkül, um den Preis von Legionen Toten und Verwundeten, von Millionen Flüchtlingen, wirtschaftlichem Rollback und kultureller Verwüstung zu dauerhaftem Frieden gelangen zu können, bedeutet Bruch mit dem Maßstab der Menschlichkeit.

Moralisch sei, der überfallenen Ukraine Beistand gegen den Aggressor zu leisten, so heißt es. Das trifft zu. Dem ukrainischen Volk gebührt Solidarität für seine Verteidigung. Wenn jedoch die militärische Hilfe des Westens, auf einen Siegfrieden über Russland zielend, Gespräche zur Vorbereitung eines Waffenstillstandes, äußerste Anstrengungen zur Gewinnung von vermittelnden Mächten im Konflikt, diplomatische Waffenstillstandsverhandlungen und Verhandlungen über die Konturen einer künftigen europäischen und weltweiten Friedensordnung weitgehend verdrängt, schlägt die Solidarität in die Eskalation des Krieges mit der wachsenden Gefahr seiner Entgrenzung bis zu einem großen atomaren Krieg um.

> Das imperiale Denken in Kategorien des Krieges ist auf beiden Seiten des Krieges in der Ukraine und in anderen Weltregionen zu einem verselbstständigten Ursachenkomplex auf politisch-ideologischer Ebene geworden.

Im Widerstreit zu solcher Politik und zu den in den ökonomischen Gesetzen des Kapitalismus angelegten imperialen Tendenzen ist das Grundinteresse aller Kräfte des Friedens, dass eine »Zeitenwende« anstelle von mehr Rüstung und Kriegsgeschrei einen anderen Inhalt gewinnen muss: Sich in Verhandlungen Gemeinsamer Sicherheit zuzuwenden und die Konfrontation zu überwinden. Klarheit darüber zu gewinnen, wohin das Ende dieses Krieges, des Krieges im Nahen Osten und anderer Kriege führen soll.

> Die ökonomischen Strukturen des Kapitalismus, so wurde hier entwickelt, tendieren zu Expansion und Gewalt bis zu Kriegen. Aber sie schließen zugleich Interessen an einer friedlichen internationalen Wirtschaft und Weltordnung ein. In letzter Instanz gedeiht die Wirtschaft im Frieden besser als im Krieg. Alles kommt darauf an, welche dieser beiden in der Ökonomie gründenden Richtungen durch die Politik und in den Diskursen unserer Zeit zur Geltung gebracht und durchgesetzt werden.

Bisher wurden acht Zusammenhänge zwischen monopolkapitalistischer Wirtschaftsstruktur und Gewalt bis zu Kriegen dargestellt. Die zuvor begründete Auffassung vom Wirken ökonomischer Gesetze war jedoch, dass sie in der Regel Tendenzen und Gegentendenzen einschließen. Daran ist hier anzuknüpfen: Welche Zwänge zu friedlicher Entwicklung des Kapitalismus stecken in seinen ökonomischen Gesetzen? In Zeiten des Aufwinds für Gewalt und Bellizismus halte ich diese Frage für besonders aktuell.

Ökonomische Gesetze – Tendenzen zum Frieden

Unternehmerinteressen

Gewichtige Unternehmensinteressen stehen dem Einsatz von Gewalt in den internationalen Beziehungen und gar dem Krieg entgegen. Kriege schaden selbst der Wirtschaft von Ländern, die sich schließlich als Sieger erklären. Der Irakkrieg hatte fünf Jahre nach Beginn der USA-Intervention Berechnungen von Nobelpreisträger Joseph Stiglitz und Linda Bilmes zufolge drei Billionen Dollar verschlungen. Die Vereinigten Staaten hätten mit dieser Summe ihren Ölbedarf für 27 Jahre bezahlen können (Stiglitz/Bilmes 2008; Hermann 2022: 83). Kriege stören die für die Globalisierung kennzeichnenden hochkomplexen internationalen Lieferketten. Autos bleiben auf Halde, weil Chips nicht geliefert werden. Als die Huthi-Rebellen vom Jemen aus auf das Gemetzel zwischen Israel und Hamas mit dem Beschuss von Schiffen im Roten Meer reagierten, um die Hamas zu unterstützen und Lieferungen an Israel zu stören, stellte die Tesla-Gigafactory im brandenburgischen Grünheide zu Beginn des Jahres 2024 für zwei Wochen die Fertigung von Elektroautos ein. Wichtige Bauteile mussten statt durch das Rote Meer und den Suezkanal über den Umweg um Südafrika transportiert werden.

Weitblickende Unternehmer an der Spitze von Großunternehmen hatten vor dem Ersten Weltkrieg bei Kaiser Wilhelm II interveniert, um ihn vom Krieg abzuhalten. Sie taten dies durchaus im eigenen Geschäftsinteresse; sie betrachteten den Krieg als schädigend für ihre internationale Expansion. Harald Schumann und Christiane Grefe haben in ihrem Buch »Der globale Countdown« daran erinnert (Schumann/Grefe 2008: 14–17). Der Konzernchef Hugo Stinnes argumentierte gegen Heinrich Claß, einen Führer der rechtsradikalen »Alldeutschen Bewegung«, dass sein Unternehmen durchaus in der Lage sei, Kohle in Italien und Erze in Schweden, Spanien und in der französischen Normandie auf friedlichem Wege in die Hand zu bekommen: »Also drei oder vier Jahre Frieden, und ich sichere die deutsche Vorherrschaft in Europa im Stillen.« (Ebd.: 16) Der damalige Vorstandsvorsitzende von BASF, Robert Hüttenmüller, versuchte in einem vertraulichen Vortrag im Auswärtigen Amt Deutschlands, der politischen Führung den Krieg auszureden. »Die deutsche chemische Industrie« habe durch »harte Arbeit und schwere Kämpfe ihre Erfolge auf dem Weltmarkt erzielt«, mahnte Hüttenmüller und warnte, »tiefgreifende Störungen des Weltfriedens« könnten sie an ihrer weiteren Entfaltung hindern. (Zitiert bei Schumann/Grefe: 16). Der Hamburger Bankier Max Warburg versuchte, wie er in seinem Tagebuch notierte, noch eine Woche vor Beginn des Weltkrieges den Kaiser von dessen Kriegsplänen abzubringen.

Wichtige Kapitalfraktionen wollten eine Expansion ohne Krieg. Ihre Warnungen vor dem Krieg wurden abgewiesen. Das Ergebnis ist bekannt. Der Erste Weltkrieg kostete 17 Millionen Menschen das Leben und brachte den Überlebenden Leid und schwerste Rückschläge. In dem Jahrzehnt seit Mitte der 1980er-Jahre setzten sich innerhalb der U.S.-Machteliten zeitweilig jene Kräfte durch, die Rüstungskontrolle für die realistische Antwort auf die Gefahr eines Nuklearkrieges zwischen den USA und der Sowjetunion hielten. Im Ergebnis heftiger Auseinandersetzungen zwischen den »Falken« und den »Tauben« in beiden Supermächten kamen wichtige Verträge über Rüstungskontrolle und Abrüstung zustande (Czempiel 1989; Klein 2016).

Auch in jüngster Zeit machen Spitzenmanager von Weltkonzernen bei der U.S.-Regierung ihre Interessen an friedlichen Weltwirtschaftsbeziehungen, vor allem zu China, deutlich. Führende Chipproduzenten der USA realisieren erhebliche Anteile ihrer Gewinne auf dem chinesischen Markt, Intel ein Viertel, Nvidia ein Fünftel ihrer globalen Umsätze. Dieses Geschäft ist durch den amerikanischen Wirtschaftskrieg gegen China bedroht. »In der Folge beschweren sich die Konzerne zunehmend bei der US-Regierung und fordern mehr Zurückhaltung gegen China. Im vergangenen Monat sprachen die Chefs von Nvidia, Qualcomm und Intel in Washington vor und verwiesen darauf, dass ihnen Milliarden im Geschäft mit China entgingen – Milliarden, die sie bräuchten, um die politisch gewünschten Chipfabriken in den USA zu bauen.« (Kaufmann nd DIEWOCHE vom 6./8.2023)

Die Sanktionen gegen Russland als Antwort auf seinen Krieg gegen die Ukraine schädigen westliche Unternehmen, die in Kooperations- und Handelsbeziehungen zu Russland und China stehen. China, aber auch Russland zählen zu den größten Exportländern, sie sind für viele Unternehmen der OECD-Welt unverzichtbare Lieferanten. Je prekärer der Zugriff auf Energieträger wird, desto destruktiver wird für die Wirtschaft des Westens der Versuch wirken, Energieimporte aus Russland zu minimieren. Der Wechsel zu anderen Wirtschaftspartnern wird meist sehr teuer, weil diese die ihnen zufallende Angebotsmacht nutzen, weil Handelswege länger werden und weil nicht selten die Ersatzlösungen wie das Flüssiggas aus den USA extrem umweltschädlich sind.

Russland ist mit einem geschätzten Anteil von etwa 20% an den globalen Rohstoffressourcen »an sich« ein kaum verzichtbarer Wirtschaftspartner für Deutschland. Es liegt selbst unter den Bedingungen von Wirtschaftssanktionen gegen das Land mit Exporten im Wert von 531,89 Milliarden Dollar im Jahr 2022 auf Platz 14 der weltweit größten Exporteure. Der Krieg zerstört die Chancen, die dieses Exportpotenzial für die westlichen Importeure birgt. Die von Deutschland importierte Warenmenge aus Russland ging im Jahr 2022 um 41,5% zurück, stieg wertmäßig allerdings aufgrund der durch den Krieg ausgelösten starken Preissteigerungen für Energie auf 35,3 Milliarden Euro an. Die deutschen Warenexporte nach Russland sanken 2022 im Vergleich zum Vorjahr um 45,2% auf 14,6 Milliarden Euro. Der Krieg führt zu einer Schwächung der deutschen Wirtschaft.

Die Rangliste in den Tabellen auf den folgenden Seiten verweist auf das erstrangige Gewicht der Volksrepublik China als Weltwirtschaftspartner.

Noch umfangreicher als die deutschen Exporte nach China sind die Importe von dort. Im Jahr 2022 wurden Waren im Wert von 192 Milliarden Euro aus China importiert. Damit war China zum siebten Mal in Folge Deutschlands wichtigster Handelspartner vor den USA und den Niederlanden. Erstrangige Bedeutung hat der chinesische Markt beispielsweise für

Tabelle 4: Die größten Exportländer weltweit im Jahr 2022
(in Mrd. US-Dollar)

China	3.593,60
USA	2.064,79
Deutschland	1.655,48
Niederlande	965,52
Japan	746,92
Südkorea	683,59
Italien	656,93
Belgien	632,85
Frankreich	617,82
Hongkong	609,93

Quelle für beide Tabellen: Statista 2023

Tabelle 5: Wert der deutschen Exporte nach China von 2010 bis 2022
(in Mrd. Euro)

2010	53,79
2011	64,86
2012	66,91
2014	74,37
2015	71,18
2016	76,05
2017	86,14
2018	93,00
2019	95,98
2020	95,84
2021	103,50
2022	106,85

die deutsche Automobilindustrie, 2022 verkauften die deutschen Autobauer nach Angaben des Verbandes der Automobilindustrie (VDA) 4,4 Millionen Autos in China.

Zu den Waren, deren Import existenzielle Bedeutung für Hochtechnologieunternehmen nicht zuletzt in Deutschland hat, gehören die Seltenen Erden. Sie werden zuweilen als das Gold des 21. Jahrhunderts bezeichnet. Sie sind unentbehrlich für bestimmte Metalllegierungen und Spezialgläser, für die Herstellung von Hochleistungsbatterien, Mobiltelefonen, Laser und Flachbildschirmen, für E-Fahrzeuge, Windräder und nicht zuletzt für moderne Waffensysteme. Aus China stammen 65,9% der von Deutschland importierten Seltenen Erden, darunter 94,4% der Importe von Scandium und Yttrium und 75,4% der Verbindungen von Lathan, Neodym, Praseodym und Sanarium (www.tagesschau.de/wirtschaft/weltwirtschaft/deutschland...). Der Rang eins der Volksrepublik China unter den Exportländern mit großem Vorsprung vor den USA deutet auf die erstrangige Bedeutung von Wirtschaftsbeziehungen zu diesem aufsteigenden Global Player hin. Beim Import von Waren liegt China hinter den USA auf Platz zwei der importierenden Länder, ist also für viele Unternehmen ein unverzichtbarer Absatzmarkt.

Das bedeutet: Die monopolkapitalistische Konkurrenz um höchstmögliche Profite tendiert zu Gewalt und Kriegen, schließt aber auch gewichtige Interessen kapitalistischer Unternehmen an stabilen internationalen Beziehungen friedlicher Kooperation ein – ob mit Ländern demokratischer Verfassung oder als Autokratien bezeichnete Staaten. Wie oben bereits formuliert: Die ökonomischen Gesetze des Kapitalismus wirken auf höchst widersprüchliche Weise und sind mit gegensätzlichen Tendenzen der Entwicklung verbunden.

Überlebensinteressen der Gesellschaft und des Kapitals
Über das Geschäftsinteresse von privaten Unternehmen hinaus gewinnt eine andere Ebene von Interessen an globaler friedlicher Kooperation eine alles andere überlagernde Bedeutung. Die Klimakrise und andere Umweltkrisen sind nur in weltweiter Kooperation einzudämmen und zu überwinden. Ohne ökologische Kooperation der USA, Chinas, Russlands, der EU, anderer großer Mächte und der Länder des Globalen Südens wird die Menschheit in naher Zukunft ihre eigene Existenz verspielen. Mit der menschlichen Zivilisation wird auch das kapitalistische System selbst infrage gestellt.

Staatliche Programme in einer zuvor nie gekannten Größenordnung zielen auf den ökologischen Umbau der Gesellschaften. Doch sie sind überwiegend mit der staatlichen Förderung privater Großunternehmen verbunden. Ein 30 Milliarden schweres Projekt des U.S-Konzerns Intel zur Chipproduktion in Magdeburg soll laut Beschluss der Bundesregierung mit öffentlichen Geldern in Höhe von 6,8 Milliarden Euro gefördert werden. Ende Dezember 2023 war allerdings im Regierungsstreit um Verschuldung oder Schuldenbremse unklar, ob diese staatliche Förderung tatsächlich wie geplant stattfinden wird. Sicher scheint, dass von den zehn Milliarden Euro Investitionen in ein Chipwerk des Taiwanesischen Weltkonzerns TSMS in Dresden fünf Milliarden aus staatlichen Mitteln der Bundesrepublik fließen werden. Die Umstellung der Stahlproduktion bei Thyssen-Krupp auf den Einsatz von grünem Wasserstoff wird ebenfalls mit zwei Milliarden staatlich subventioniert. Der grüne Kapitalismus ist der Versuch, die ökologische Krise im Rahmen des privatmonopolistischen Kapitalismus mithilfe von staatlicher Planung, Lenkung und Finanzierung zu überwinden. Das Wirken der ökonomischen Gesetze des Kapitalismus (Profit zu machen, sich in der Standortkonkurrenz zu behaupten, zu akkumulieren) schließt in wachsendem Maße den Zwang zu umweltorientierten strategischen Entscheidungen ein.

In den Vereinigten Staaten wurde, wie bereits dargestellt, eingebettet in den Inflation Reduction Act von rund 700 Milliarden Dollar das größte Klimaschutzprogramm der USA-Geschichte in Höhe von 375 Milliarden über zehn Jahre aufgelegt. Es soll mit diesem Förderungspotenzial Unternehmen aus aller Welt zu Investitionen in den USA veranlassen. Damit werden Kooperationsbeziehungen gefördert, aber in Gestalt verschärfter Konkurrenz mit China und der EU: gegensätzliche Tendenzen also im Wirken der ökonomischen Gesetze des Kapitalismus.

Die EU reagiert auf den Inflation Reduction Act mit den »Next Generation EU«-Paket. Die darin eingeschlossene »Recovery and Resilience Facility« ist stark auf Klimaschutz und Digitalisierung konzentriert. Das Paket enthält Elemente internationaler Kooperation. Es sieht eine gemeinsame – lange Zeit abgelehnte – Schuldenaufnahme und fiskalische Transfers der reichen EU-Länder an weniger entwickelten Länder vor. Aber das Gesamtpaket ist ein Konkurrenzprojekt gegen China und auch gegen die USA, nicht angelegt auf globale Kooperation: wiederum gegensätzliche Tendenzen im Wirken der ökonomischen Gesetze des Kapitalismus.

Projekte wie der »Inflation Reduction Act« und »Next Generation« schließen Kooperation im Dienst von Konkurrenz und von Konfrontation vor allem mit China ein. Abermals werden Möglichkeiten und Grenzen eines grünen Kapitalismus sichtbar. Tendenzen eines Postneoliberalismus bergen Möglichkeiten globaler friedlicher Kooperation. Aber eingebrannt in die Gesetze von Konkurrenz und Profit bleiben sie einem Gegentrend unterworfen. Sie bleiben hinter dem Gebot globaler Kooperation im 21. Jahrhundert entschieden zurück – im Unterschied zu den Chancen, die in der von China geführten »Belt and Road Initiative« enthalten sind.

2.5 Ökonomische Gesetze und Natur – Wachstumsfuror und Gegentendenzen

Im Folgenden sind die in den ökonomischen Gesetzen des Kapitalismus, in Politik und Ideologien angelegten entgegengesetzten Entwicklungen auf einem zweiten Feld zu untersuchen, auf dem zentralen Feld der Kämpfe um das ökologische Überleben gegen die Zerstörung der Naturgrundlagen menschlicher Existenz. Analog zum Vorhergehenden sind zunächst die Ursachen der anhaltenden Umweltzerstörung zu umreißen, um danach entgegengesetzte Kräfte zu benennen.

Wachstumsfuror

Erstens: Profit realisieren zu müssen; Profite wieder zu investieren, zu akkumulieren also; Kredite dafür aufzunehmen und auch deshalb zu wachsen, um dem Schuldendienst nachzukommen – das sind Zwangsgesetze der kapitalistischen Konkurrenz.

> Die gleichen ökonomischen Gesetze, die zu Kriegen tendieren, schließen einen systemimmanenten Wachstumszwang des Kapitalismus ein. Wachstum um jeden Preis ist die Daseinsweise des Kapitalismus.

Der tiefste Grund dafür ist das Kapitaleigentum an Wirtschaftsressourcen. Das private Kapitaleigentum trennt die Kapitalisten voneinander. Darauf beruht der für den Kapitalismus charakteristische Wirkungsmechanismus seiner ökonomischen Gesetze. Ob und wie weit die von ihren Unternehmen hervorgebrachten Güter und Leistungen der gesellschaftlichen – heute durch Marketingstrategien und staatliche Programme weitgehend beeinflussten – Nachfrage entsprechen, stellen die Unternehmer aufgrund dieser Trennung erst auf den vielfach von Monopolmacht verzerrten Märkten fest. Erst in der Konkurrenz zu anderen Unternehmen stellt sich heraus, wie hoch der Wert ist, den die einzelnen Unternehmen realisieren können. In der Konkurrenz entscheidet sich, welche Profitrate oder Rendite und welche Profitmasse sie erreichen. Die Konkurrenz diktiert ihnen, höchstmöglichen Profit zu erzielen und so viel wie möglich zu akkumulieren, um in den nächsten Runden der Konkurrenz erneut zu bestehen. Wer nicht wächst, geht unter. Selbst Weltkonzerne und global operierende Banken können sich der Unantastbarkeit ihrer Marktpositionen nicht sicher sein. Der Untergang von Lehman Brothers in der Finanzkrise 2007/08 und das Aus 2023 für die Schweizer Großbank Credit Swiss – die vom internationalen Finanzstabilitätsrat bis zu ihrer Übernahme durch die UBS zu den 30 systemrelevanten Banken der Welt gezählt wurde – zeugen für die Unerbittlichkeit der Profit- und Konkurrenzgesetze.

Der Kapitalismus braucht für seine Existenz Wirtschaftswachstum, um beinahe jeden Preis. Wäre sein Maß, wie behauptet, die individuelle Freiheit, hätte er sozial gleiche Bedingungen für die freie Persönlichkeitsentfaltung aller bereitzustellen. Er hätte die Naturbedingungen des Lebens zu erhalten. Der Zwang zum »immer mehr« auch vom Falschen müsste entfallen. In demokratischen öffentlichen Diskussionen könnte darüber entschieden werden, ob um der Gesundheit der Menschen willen und weil eine Umweltkatastrophe abgewendet werden muss, weil Kriege unfassbares Leid bedeuten, ob aus solchen und anderen Gründen einem kulturvollen Leben in einer intakten Natur der Vorzug zu geben ist vor einem Wachstumsfuror, der all dies ausschließt. Von einem gewissen Niveau materiellen Wohlstands und stofflicher Konsumtion an, nimmt die Lebenszufriedenheit oder gar das Glück von Menschen nicht mehr oder bestenfalls nur für ganz kurze Zeit zu (vgl. Wilkinson/Pickett 2010; Layard 2009). Wichtiger als maßloses Wachstum wird das Gemeinwohl, das ein starkes Gewicht von Gemeineigentum und öffentlicher Regulierung voraussetzt. Doch mit solchem Maß wäre die Gesellschaft keine kapitalistische mehr. Die westlichen Demokratien sind aber ungebrochen kapitalistische Gesellschaften, von der Konkurrenz um höchstmöglichen Profit getriebene Wachstumsgesellschaften.

Zweitens: Dieses Wachstum erhält immer wieder neue Anstöße dadurch, dass die Entwicklung der Produktivkräfte neue Felder der Kapitalverwertung hervorbringt, die die einzelnen Kapitale bei Strafe ihres Untergangs ausnutzen müssen. Lange Wellen der Prosperität beruhten in der Wirtschaftsgeschichte des Kapitalismus auf Basisinnovationen der Produktivkraftentwicklung. Die Dampfmaschine ermöglichte die maschinelle Textilindustrie und die Entwässerung der Kohlegruben. Die Kohle machte den massenhaften industriellen Einsatz der Dampfmaschine möglich. Kapitalistische Industrialisierung und Fossilismus wurden bestimmend für den Frühkapitalismus bis zur Mitte des 19. Jahrhunderts. Ihre Symbiose wirkt bis in die Gegenwart und mündet in die Klimakrise des 21. Jahrhunderts. Die Eisenbahn und die Stahlindustrie standen im Zentrum der zweiten Hälfte des Jahrhunderts. Elektroindustrie und Chemie bestimmten das Wachstum in der ersten Hälfte des 20. Jahrhunderts (Kondratjew 1926: 573–609). Nach dem Zweiten Weltkrieg waren vor allem Petrochemie und Automobilindustrie wichtige Wachstumsträger. Etwa seit 1990 ist die Informations- und Kommunikationstechnik richtungsbestimmend und prägt die Digitalisierung von Wirtschaft und Gesellschaft.

In einer Vielzahl von Branchen und für immer mehr Produkte wird die Leistungskraft integrierter Schaltkreise oder Halbleiter, kurz von Chips, entscheidend für das Überleben von Unternehmen, für die Stellung von Staaten in der globalen Arbeitsteilung, für ihr politisches Gewicht und ihre geopolitische Rolle.

Aufstieg oder Abstieg von Weltunternehmen hängen davon ab, ob sie den Übergang zur qualitativ nächsten Stufe gesteigerter Verdichtung von Transistoren auf winzigen Siliziumplättchen mitbestimmen oder den Anschluss verlieren. Gordon Moore, Mitgründer von Fairchild Semiconductor und von Intel, sagte im Jahr 1965 voraus, dass sich die Rechenleistung von Chips innerhalb weniger Jahre jeweils verdoppeln würde. Diese Annahme gilt in der Chipbranche als das Mooresche Gesetz, das den konkurrierenden Unternehmen exponentielles Wachstum aufzwingt. Sie sind getrieben von der Konkurrenzangst, den nächsten Sprung der Leistungskraft von Halbleitern zu verpassen. Andy Groove, langjähriger CEO von Intel, schrieb in seinem Bestseller »Nur die Paranoiden überleben« zur Wirkung des Konkurrenzgesetzes in der Chip-Branche »Furcht vor der Konkurrenz, Furcht vor dem Bankrott, Furcht, sich zu irren oder etwas zu verlieren« seien die treibenden Kräfte der Entwicklung (Groove, zitiert nach Miller 2023: 171).

Als japanische Unternehmen, nachdem sie bereits die amerikanischen IT-Giganten das Fürchten gelehrt hatten, die Entwicklung von speziellen Mikroprozessoren für Personal-Computer (PC) verpassten, fielen sie wieder hinter die Konkurrenz aus den USA zurück. Als Intel die Entwicklung von Chips für Smartphones zu spät in Angriff nahm, gewann Apple das Rennen um den Riesenmarkt für Mobiltelefone, die wie ein Computer funktionieren. Als die führenden IT-Unternehmen der USA den Anschluss an die für die modernste Chipherstellung entscheidende Spitzenposition in der EUV-Lithographie verloren, ging das Monopol in dieser Schlüsselposition an das niederländische Unternehmen ASML. Eine einzige Maschine von ASML zur Fertigung der kleinsten hoch leistungsfähigsten Chips der Welt besteht aus 457.329 Bauteilen und kostet über 100 Millionen Dollar. Die nächste Generation von EUV-Lithographieanlagen könnte pro Maschine einen Wert von 300 Millionen erreichen. Dieses Monopol gilt als kaum antastbar. Die Produktion der weltweit hochleistungsfähigsten Chips selbst ist in Taiwan bei TSMS (Taiwan Semiconductor Manufactoring Company) monopolisiert, in Südkorea bei Samsung. Das schließt vielfältige Kooperationselemente der großen US-Unternehmen mit TSMC und ASML durchaus ein.

Kaum zu ermessen sind die Räume für Produktivität und Erkenntnistiefe, die mit der digitalen Revolution ausgeweitet werden. Ungeheuer die ökologischen Gefahren und die für den Frieden, die in dem vom Chipfuror angetriebenen Wachstum lauern. Jede neue Chipgeneration bringt neue vernichtungsmächtige Waffen hervor. Jeder Schub in der Halbleiterindustrie peitscht wie neue Blutzufuhr das Wirtschaftswachstum zulasten der Natur an.

Wissenschaftlich-technische Innovationen sind nicht selbstläufig Wachstumstreiber. Sie eröffnen neue Räume der Kapitalexpansion und profitabler Akkumulation. Sie zu nutzen, ist ein Handlungszwang, ist ökonomisches Gesetz für das Kapital. Dieser Prozess korrespondiert mit Entwicklungen, die in den Diskussionen über »kapitalistische Landnahmen« widergespiegelt werden.

Drittens: Äußere und innere Landnahmen gehören seit dessen Geburt zum Kapitalismus. Das heißt, immer wieder hat sich das Kapital Sphären für seine Verwertung erschlossen, die zuvor dem Profitsystem nicht unterworfen waren. Marx analysierte die »innere Landnahme« in einem wortwörtlichen Sinne in Gestalt der Einhegung von Gemeindeland und der Expropriation der Bauern von Grund und Boden. Ackerland, von dem sie bis dahin lebten, wurde in Viehweide im Besitz von Landlords verwandelt. Die Schafzucht dort wurde zum Lieferanten der kapitalistischen Textilproduktion. »Äußere Landnahme« vollzog sich als Raubzug der Handelskapitalisten, die sich die Ressourcen aus Übersee erpresserisch aneigneten und sich am Sklavenhandel maßlos bereicherten. Im imperialistischen Stadium des Kapitalismus war der Kolonialismus die scheußliche Gestalt äußerer Landnahme.

Der Kapitalismus hat sich immer wieder nichtkapitalistischen Regionen, Milieus, Tätigkeiten und Institutionen unterworfen. Er bringt als Antwort auf seine Krisen und auf Zeiten der Wachstumsschwäche eine bisher ungebrochene Abfolge von Landnahmen hervor. Burkart Lutz resümierte: »Insofern lässt sich jeder Wachstumsschub als eine Phase je spezifischer ›Landnahme‹ durch den expandierenden industriell-marktwirtschaftlichen Teil der Volks- bzw. Weltwirtschaft beschreiben.« (Lutz 1989: 62) Der Kapitalismus wächst nicht allein im gewohnten Rahmen und in herkömmlichen Wirtschaftssphären, er verleibt sich permanent neue gesellschaftliche Räume ein.

Rosa Luxemburg hielt die Existenz nichtkapitalistischer Käufer kapitalistisch produzierter Waren für die unverzichtbare Bedingung der Realisierung des in den Waren steckenden Mehrwerts bzw. Profits: »Wer kann also Abnehmer, Konsument für die gesellschaftliche Warenportionen sein, deren Verkauf erst die Akkumulation ermöglichen soll? So viel ist klar: es können dies weder Arbeiter noch Kapitalisten selbst sein.« (Luxemburg 1985, Werke, Bd. 5: 426)

»Man kann drehen und wenden, wie man will, solange wir bei der Annahme bleiben, dass es in der Gesellschaft keine Schichten mehr gibt, als Kapitalisten und Lohnarbeiter, ist es für die Kapitalisten als Gesamtklasse unmöglich, ihre überschüssigen Waren loszuwerden, um den Mehrwert zu Geld zu machen und so Kapital akkumulieren zu können.« (Ebd.: 428) Als solche anderen Schichten betrachtete Luxemburg bäuerliche und Handwerkskreise und Konsumenten anderer Länder. Die Lohnarbeiter könnten mit ihren begrenzten Löhnen den von ihnen produzierten, in den Waren enthaltenen und von den Kapitalisten angeeigneten Mehrwert nicht realisieren. Und dass sich die Kapitalisten wechselseitig die produzierten Produktionsmittel abkaufen, in denen Mehrwert verkörpert ist, hielt Luxemburg für sinnlos. Der Kapitalismus sei folglich auf Gedeih und Verderb auf nichtkapitalistische Milieus angewiesen. Würden diese verschwinden, wäre dies das Ende des Kapitalismus.

Andere linke Protagonisten bestreiten diese Annahmen. Karl Georg Zinn beispielsweise argumentiert, dass der erreichte Kapitalbestand bereits so riesig ist, die Ersatzinvestitionen (Amortisationen) daher so groß, dass ihr Volumen, die Abkehr von überflüssigen Verwendungszwecken und eine steigende Ressourceneffizienz allemal den wünschenswerten Fortschritt auch ohne Wachstum, ohne erweiterte Reproduktion, ohne »Landnahmen« ermöglichen.

Viele verweisen darauf, dass der Kapitalismus bisher noch vermochte, sich in ungebrochener Folge stets neue Sphären der Kapitalverwertung und-realisierung zu erschließen (vgl. Dörre 2009):

Zu lukrativen Geschäftsfeldern werden im Verlauf von Privatisierungsprozessen Bildung, Alterssicherungssysteme, Pflege -und Betreuungsdienste und sogar der Gesundheitsbereich gezählt. Für das Wohnen wurde das Gemeinnützigkeitsprinzip aufgehoben und durch den Renditemaßstab internationaler Finanzkonzerne ersetzt. Innere Landnahme ist das gemeinsame Prinzip, das dem kapitalistischen Wachstum immer neue Schübe versetzt.

Soweit die Reproduktions- oder Sorgearbeit nicht in schlecht bezahlte, meist von Frauen verrichtete Lohnarbeit im Dienstleistungssektor verwandelt und dadurch direkt der Kapitalverwertung unterworfen ist, sofern sie also unbezahlte häusliche Care-Arbeit bleibt, erspart dies dem Kapital riesige Aufwendungen. Zulasten vor allem der Frauen und auch von migrantischen weiblichen Hausangestellten wird die Betreuung der Kinder, die Pflege der Älteren, kurz die gesamte Reproduktion des Arbeitskraftpotenzials für das Kapital kostenlos erledigt. Gerade dadurch, dass das Kapital große Teile der Reproduktionsarbeit nicht direkt in sein Geschäftsfeld verwandelt, schafft es sich in diesem Falle entscheidende kostenlose Wachstumsbedingungen. Auch auf diese Weise okkupiert das Kapital die Reproduktionsarbeit jenseits der Produktionssphäre.

Ganz anders funktioniert die Landnahme in Gestalt der Herausbildung des Finanzmarktkapitalismus. Sie vollzieht sich nicht als einfache Ausweitung von Finanzgeschäften. Finanzmärkte von völlig neuer Qualität und Dimension sind entstanden. Finanzinnovationen, beispielsweise Derivate und die explosive Ausweitung von Derivatemärkten, erweitern die Profitchancen vergleichbar mit der früheren Landnahme ganzer Kontinente. Das Kapital erschloss sich qualitativ neue Wachstumssphären – verbunden jedoch mit schweren Finanz- und Wirtschaftskrisen.

Allerdings geht auch die ursprüngliche Landnahme als Vertreibung von Bauern von ihrem Boden im Finanzmarktkapitalismus mit dessen modernen Instrumentarien gesteigert weiter. Weltweit dauert eine Bodenrauschwelle an. Riesige Bodenflächen werden aufgekauft, um sie in Plantagen zu verwandeln, auf denen Nahrungsmittel, Palmöl und Zuckerrohr für die Spritproduktion und für den Export erzeugt werden – vorbei an den Bedürfnissen der einheimischen Bevölkerung. Akteure der neuen Landnahme sind Banken und Investmentfonds, Energie- und Rohstoffkonzerne, finanzstarke Staaten, Agrobusiness und »Dienstleistungs«-Unternehmen, die renditeverdächtige Böden in aller Welt auskundschaften und korrupten Staaten dabei helfen, Millionen kleiner Bauern zu enteignen und ihren Grund und Boden an die Hauptakteure des neuen Bodenkolonialismus zu verhökern.

Monokulturen und großflächige Bewässerungssysteme führen zu Verlusten der Bodenqualitäten und der Grundwasservorräte. Der Klimawandel wirkt mit Dürren, Überschwemmungen und Versalzung von Böden als Brandbeschleuniger der Verknappung und Verschlechterung der Böden. Die Bodenspekulanten nutzen dies, um die Bodenpreise in die Höhe zu treiben. Sie vergrößern dadurch die Armut im Globalen Süden, die wiederum dort die Fähigkeiten beschränkt, dem Klimawandel zu begegnen (vgl. Bommert 2012). Die Aneignung palästinensischen Bodens durch israelische Siedler ist eine besonders konfliktgeladene Form der Landnahme. Sie begann mit dem traumatischen Ereignis der Vertreibung von mehr als 700.000 Palästinensern aus dem heutigen Staatsgebiet Israels in den Jahren 1947 bis 1949. Mit der Ausweitung israelischer Siedlungen bis zum heutigen Tag dauert dieser Prozess an. Er gehört zur Vorgeschichte des Terrorangriffs der Hamas auf Israel am 7. Oktober 2023.

Die imperiale Aneignung von Böden rund um die Erde ist eine höchst augenfällige Gestalt der Landnahme, verbunden mit dem Verlust der Lebensgrundlagen von Millionen Betroffenen. Im wissensbasierten modernen Kapitalismus wird das Kapitaleigentum aber auch weniger sichtbar auf ganz verschiedene immaterielle Güter ausgeweitet.

Eine besondere Form der Landnahme ergibt sich aus der kapitalistischen Verwertung der Genforschung. Bis vor Kurzem nicht entschlüsselte Tiefenstrukturen des Lebens werden zu einem neuen Wachstumsfeld. Mit der Patentierung entdeckter Gene von Pflanzen, Tieren und Menschen werden monopolartige Eigentumsrechte auf die Bausteine des Lebens selbst erstreckt. Profiteure dieser modernen Landnahme sind Pharmakonzerne, Unternehmen der Saatgut- und Pflanzenschutzwirtschaft, der agrarindustrielle Komplex und Investoren in der Tier- und Humanmedizin.

Beispielsweise sind Millionen Bauern von ertragreichem genmanipuliertem Saatgut abhängig geworden. Es hat die für sie fatale Eigenschaft, nicht aus der daraus gewonnenen eigenen Ernte im Folgejahr wieder zur Saat eingesetzt werden zu können. Die Bauern müssen alljährlich das teure Saatgut neu kaufen. Viele sind dazu nicht in der Lage und verlieren mit ihren seit Generationen bewährten Wirtschaftsformen ihren Boden und ihre Existenzbedingungen. Profiteure sind Konzerne wie Bayer/Monsanto, Novalis und Aventis.

Ein großer Teil der genetischen Ressourcen auf der Erde befindet sich im Lebensumfeld indigener Völker. Internationale Konzerne lassen sich ihren Zugriff auf das Genpotenzial patentieren, um es unter anderem in der pharmazeutischen und medizinischen Forschung in Profit zu verwandeln. Zu den Verlierern gehören die indigenen Bewohner der auf solche neue Weise ausgebeuteten Regionen der Erde. Das so generierte Wachstum wird von ihnen und den Käufern gentechnischer Produkte teuer bezahlt. Das gilt trotz der

»Konvention über biologische Vielfalt« und anderer Vertragswerke, in denen sich alle Beteiligten zum Erhalt der genetischen und Artenvielfalt und zu einem fairen Vorteilsausgleich zwischen den Staaten als Souverän über ihre Naturressourcen und andere Nutzer verpflichtet haben.

Eine ganz besondere Dimension der wachstumstreibenden Landnahme basiert auf der Digitalisierung. Menschliche Beziehungen, Schicksale und Erfahrungen werden in unterschiedlicher Weise zur Ware auf bisher nichtexistierenden Märkten (Rifkin 2000: 130f.; 226f.). Ein wachsender Teil der Erlebnisse der einzelnen ist immer häufiger nicht das Ergebnis des eigenen lebendigen Umgangs mit Familie, Freunden und in anderen sozialen Beziehungen. Immer mehr sind es kommerziell arrangierte Erlebnisse, die das Leben und den Lebensrhythmus von Millionen Menschen in erheblichem Maße bestimmen – nach dem Maß des Profits der Erlebnisanbieter in einschlägigen Szenen, der Anbieter im Fernsehen, vorwiegend in den Privatsendern, in den Printmedien, im Internet, in den Fußballstadien, in der Freizeit- und Touristikbranche und in Politikspektakeln.

In einer bestimmten Spezies von Talkshows und Reality-Produktionen, in den Posts und Videoclips, die in der Social Media-Sphäre kursieren, werden die persönlichen und intimen Verhältnisse, Beziehungskisten, Karrieren und Dramen im Leben von einzelnen zum Erleben von Millionen. Die kommerzielle Bereitstellung von Erlebnissen produziert zunehmend große Abschnitte des Lebens als fremdbestimmtes Leben zum Wohle der Eigentümer in der Medienwelt, im Cyberspace und im Profisport, der Werbefirmen und der Mächtigen in der Politik. Mittels KI können sich die Gamenutzerinnen und -nutzer in fiktive Welten hineinversetzen. Ihr Leben ist nur noch zu einem Teil reales Leben. Ein anderer Teil davon findet in künstlichen Welten statt. Mark Slouka schrieb schon 1995: »Je mehr Stunden pro Tag in synthetischen Umgebungen verbracht werden […] desto stärker wird das Leben insgesamt zur Ware. Irgendjemand produziert es für uns; wir kaufen es ihm ab. Und werden zu Konsumenten unseres eigenen Lebens.« (Slouka 1995: 75)

> Das Leben selbst wird unter den Bedingungen der Digitalisierung zum Objekt der Landnahme.

Einst war es die Religion, die den Gläubigen ein Leben jenseits des Erdendaseins verhieß. Heute wird das transreale Leben schon in die alltägliche Lebenswelt hineingeholt.

Die neue Art der Landnahme erzeugt Wirtschaftswachstum durch die Vermarktung des Lebens selbst, die über die Nutzung von Informations- und Kommunikationsplattformen, von Suchmaschinen, Dienstleistungs-

und Versandplattformen funktioniert. Mit dem milliardenfachen Zugriff der Nutzerinnen und Nutzer auf die Angebote im Netz wächst die Masse der Informationen über ihr eigenes Verhalten, ihre Empfindungen, Wünsche, Ängste, Emotionen und Gewohnheiten, die sie bei den Betreibern der Plattformen kostenlos und meist unbewusst hinterlassen. Diese konzentrieren einen Verhaltensüberschuss bei sich. Zum einen ermöglichen die Datenmassen Lernprozesse der Künstlichen Intelligenz und führen zur Vervollkommnung von Algorithmen für die gewünschte Auswertung der Daten. Die Datenextraktion wird zu einem neuen Imperativ der Kapitalakkumulation und damit des Wachstums.

Zum andern werden die Daten zu Persönlichkeitsprofilen und Verhaltensvorhersagen verdichtet, auf den entsprechenden Märkten gehandelt und in Milliardenprofite verwandelt. Die IT-Konzerne gewinnen die Macht, das Verhalten von Hunderten Millionen Menschen unbemerkt in ihrem Profitinteresse zu lenken. Für politische Parteien, planende Institutionen, Geheimdienste, Marketingfachleute, Medien und Handelsunternehmen sind diese Waren besonderer Art inzwischen unverzichtbar.

> Die digitale Landnahme ist zu einem Grundprozess des gegenwärtigen Kapitalismus geworden. Der Mensch selbst ist ihr Objekt.

Die menschheitsgefährdendste Form der Landnahme ist die Unterwerfung der gesamten Natur unter die Kapitalverwertung. Das geschieht in mehrfacher Hinsicht: durch Aneignung von Rohstoffen und von fossilen Energieträgern, als sei die Erde unerschöpflich; durch Überlastung der Natursenken mit Emissionen, Produktions- und Konsumtionsabfällen, als sei die Natur unverwundbar; durch die Entwicklung ökoeffizienter Technologien, von denen ein die Umwelt rettendes Wachstum erhofft wird, das aber die Schäden imperialer Herrschaft des Kapitals über die Natur nicht auszugleichen vermag.

Die verheerenden Folgen dieser Art Landnahme sind bekannt. Zwar erschließt sie Voraussetzungen für weiteres Wachstum. Aber nirgendwo sonst tritt die janusköpfige kapitalistische Entwicklung so gefährlich hervor, wie in den durch das Kapital bestimmten gesellschaftlichen Naturverhältnissen. Die Erwärmung der Erdatmosphäre beschwört eine Klimakatastrophe herauf. Weite Erdregionen drohen in naher Zukunft durch unerträgliche Hitze und Trockenheit unbewohnbar zu werden. Die Erwärmung der Ozeane, das Abschmelzen der Gletscher an den Polen der Erde führen zum Anstieg der Meeresspiegel und zur Überschwemmung der Lebensräume Hunderter Millionen Menschen. Bei weiterer Erderwärmung werden Hunderttausende Tierarten aussterben, sodass die Existenzgrundlagen von Teilen der Menschheit schwinden. Die Klimakrise könnte in den nächsten Jahrzehnten Migrationsströme nie gekannten Ausmaßes hervorbringen. Das könnte in den Zuwanderungsländern den inneren Frieden extrem gefährden und weiteren Aufwind für rechtsextreme und rechtspopulistische Kräfte bedeuten. Schon gegenwärtig breitet sich der Autoritarismus international aus.

Angefeuert werden das Wachstum und die mit ihm verbundenen Krisen nicht zuletzt durch das globale Bevölkerungswachstum. Die Erdbevölkerung wird von etwa acht Milliarden Menschen im Jahr 2023 auf rund 9,7 Milliarden 2050 anwachsen. Auch die meisten Wachstumskritiker bestreiten nicht, dass diese demografische Entwicklung Wirtschaftswachstum erfordert. Die Menschen in Ländern mit hohem Bevölkerungswachstum haben ein Recht auf menschenwürdige Lebensverhältnisse. Das globale Bevölkerungswachstum wird in den nächsten Jahrzehnten ein wesentlicher Wachstumstreiber bleiben.

> Längst hat sich das Wachstum von einem überwiegenden Segen, der allerdings schon in der gesamten Geschichte des Kapitalismus von Ausbeutung, Unterdrückung, Armut, Krieg und Umweltzerstörung begleitet war, in einen Fluch verwandelt. Noch immer öffnet das Wachstum mehr Menschen Chancen für ein besseres Leben; aber inzwischen überwiegt, dass es den Fortschritt der menschlichen Zivilisation gefährdet.

Zu prüfen ist, welche Prozesse den dargestellten Wachstumszwängen entgegenwirken, an denen eine wachstumskritische Politik ansetzen könnte.

Wachstum – entgegenwirkende Faktoren

Es ist an erster Stelle die Endlichkeit der Erde, die unendliches Wachstum verbietet. Aber diese Grenzen des Wachstums setzen sich nur in einer Fülle von Naturkatastrophen durch. Nur wenn sie zu einschneidendem Richtungswechsel in der Politik führen.

Ökonomen verweisen darauf, dass selbst ein wertmäßig gleichbleibender Zuwachs an produzierten Gütern und Leistungen im Verhältnis zu einem anschwellenden Kapitalbestand eine sinkende Rate des Wirtschaftswachstums ergibt. Tatsächlich zeichnet sich eine langfristige Tendenz zur Abschwächung des Wirtschaftswachstums ab. Sie begünstigt eine Abkehr von schrankenlosem Wachstum. Ein gemäßigtes Wachstum ist allerdings nur eine mäßige Beruhigung; auch die Erzeugung eines gleichbleibenden oder sinkenden Zuwachses verschlingt noch Ressourcen und belastet die Natursenken.

»Das BIP pro Kopf wird in der reichen Welt von 2010 bis 2050 kaum noch wachsen. In China hingegen wird es sich verfünffachen. Sieben der vierzehn großen Schwellenländer folgen diesem Beispiel, den anderen wird es nicht gelingen, durchzustarten. Das Wachstum im Rest der Welt (140 meist kleine und arme Länder) wird bis 2050 gering bleiben, weil sich an den Wachstumsbedingungen wenig ändern wird.« (Randers/Maxton 2016: 48)

Demografen rechnen bei einer Verbesserung des Lebensstandards nach 2040 bis Ende der 2050er-Jahre mit einer Stagnation und danach mit einem Rückgang des Bevölkerungswachstums und auf lange Sicht mit einem absoluten Sinken der Anzahl der Menschen auf der Erde – wie heute bereits in wirtschaftlich weit entwickelten Ländern. Aber deren Wirtschaftswachstum bei schrumpfender Bevölkerung verweist darauf, dass ein Bevölkerungsrückgang nicht zwingend zu einem Ende des Wirtschaftswachstums führen muss und überdies erst zu spät für die Rettung der Naturgleichgewichte kommen wird. »In den meisten Ländern der reichen Welt (OECD-Mitglieder ohne die Vereinigten Staaten) geht die Bevölkerung bereits seit 2010 zurück; nur die USA werden weiterhin langsam wachsen. China wird sich ab 2015 für ein Jahrzehnt bei rund 1,3 Milliarden Menschen stabilisieren, dann wird die Bevölkerung ebenfalls abnehmen. Viele große Schwellenländer [...] werden 2030 aufhören zu wachsen. Nur der Rest der Welt [...] wird auch nach 2050 noch wachsen.« (Ebd.: 46)

Die Konkurrenzgesetze des Kapitalismus selbst erzwingen nicht nur eine Steigerung der Arbeitsproduktivität, sondern im Maße der Verknappung von Naturressourcen und verfügbaren Natursenken auch eine Verbesserung der Ressourceneffizienz. Längst entwickelt sich der Ressourcenverbrauch weniger schnell als das Wirtschaftswachstum. In den wirtschaftlich fortgeschrittenen Ländern findet eine relative Entkopplung von Wirtschaftswachstum und Naturverbrauch statt. Das dämpft das Wachstum. Die Profite der Unternehmen steigen mit den sinkenden Kosten pro Einheit des BIP. Doch wirkt eine negative Rückkopplung dieses Vorteils auf die Umwelt; ein Rebound-Effekt tritt ein. Die erhöhten Gewinne werden reinvestiert und belasten die Umwelt, nur anders als zuvor. Autos der gleichen Klasse beispielsweise verbrauchen weniger Benzin, aber es kommen mehr und verbrauchsintensivere große Limousinen und SUVs auf die Straße. E-Mobile entlasten den Verbrauch fossiler Energieträger, aber ihre Produktion verschlingt andere Naturressourcen, zum Beispiel Seltene Erden. Und sie bewirken keine wirkliche Mobilitätswende. Mehr Kilometer werden gefahren, oder das eingesparte Geld wird für andere Waren ausgegeben. Der Effizienzgewinn geht wieder verloren. Allerdings könnte dem die Politik Ge- und Verbote entgegensetzen.

Umweltkompatible Basisinnovationen tragen allerdings zur Senkung des mit dem Wirtschaftswachstum verbundenen Ressourcenverbrauchs bei. Ihre massenhafte Durchsetzung bringt ein Momentum der Nachhaltigkeit hervor. Vor allem sind das umwelteffiziente Technologien, erneuerbare Energien und Kreislaufwirtschaft. Investitionen in erneuerbare Energien versprechen Unternehmen im später laufenden Betrieb der Anlagen den praktisch kostenlosen und unerschöpflichen Zugriff auf Sonne, Wind und geothermische Energiequellen ohne weitere Schädigung der Natur. Ein umfassender Übergang zur Kreislaufwirtschaft würde die Rückgewinnung und Verwertung eines großen Teils der eingesetzten Rohstoffe ermöglichen. Auch dieser volkswirtschaftliche Strukturwandel erfordert ebenso wie die Durchsetzung umwelteffizienter Technologien umfangreiche Investitionen.

Der glückliche Umstand beim Übergang zu umwelteffizienten Technologien, erneuerbaren Energien und Kreislaufwirtschaft ist, dass er Unternehmen neue Felder der Kapitalverwertung eröffnet. Wachstum in diesen Sphären kann nachhaltiges Wirtschaften unterstützen. Neue Arbeitsplätze entstehen. Das Horrorbild der Wachstumsfetischisten, die Entthronung des BIP als Maß allen Fortschritts würde zu Massenarbeitslosigkeit, Wohlstandsverlust und Dauerkrisen führen, wird widerlegt. Degrowth wäre das Gebot für umweltschädigende Branchen und Lebensweisen. Umweltfreundliche Produktions- und Lebenssphären würden die Entwicklung bestimmen.

> Auf dem unvermeidlichen Weg zu gemäßigtem und Nullwachstum entstehen in einer Übergangsphase mit Investitionen in klima- und umweltgerechte Bereiche neue Wachstumsfelder für das Kapital. Die Menschheit gewinnt eine kurze Atempause für die Rettung ihrer natürlichen Existenzgrundlagen, wenn sie diese Übergangszeit für den Rückbau umweltzerstörender Branchen und für ressourcensparende nachhaltige Lebensweisen nutzt. Teile des Kapitals können davon profitieren.

Es entspricht den Zwängen der ökonomischen Gesetze des Kapitalismus, jegliche sich bietende Wachstumschance zu nutzen. Das schließt Investitionen in eine nachhaltige Wirtschaft durchaus ein. Unterwegs zu einer Wirtschaft ohne Wachstum tun sich noch einmal Chancen für solche Branchen auf, deren Ausbau zu sinkendem Ressourcenverbrauch und zum Rückgang von Emissionen und Abfall beiträgt. Ausgerechnet der Rückgriff auf selektives Wachstum, auf das Wachstum umweltentlastender Bereiche, vor allem physischer und sozialer Infrastrukturen, eröffnet den Ausblick auf eine Gesellschaft ohne Wachstum.

Wachstumsbegrenzend und auf ein Ende der kapitalistischen Wachstumsgesellschaft hinsteuernd wirken nach Ansicht von Ulrike Herrmann aber nicht nur die Effizienzpotenziale technischer Innovationen, sondern auch die Beschränktheit dieser Potenziale (Herrmann 2022). Sie nimmt die Potenziale der für einen ökologischen Umbau, vor allem für eine Energiewende, entscheidenden Technologien ins Visier und kommt zu dem Schluss, dass sie zwar Erfolge versprechen, aber allesamt zu wenig verfügbar oder zu schwach in ihrer Wirkung sind, technisch zu wenig ausgereift oder bei Weitem zu teuer für eine breite Einführung und zum Teil für die Umwelt sogar gefährlich.

Viele Tücken hat die Sequenzierung, d. h. das Einfangen und die unterirdische Lagerung von CO_2. Die Filtertechnik ist technisch nicht ausgereift und verschlingt Unmengen an Energie. Der Transport von abgeschiedenen Treibhausgasen über Pipelines in Endlager verbraucht ebenfalls viel Energie. Frühere Lagerstätten von Öl, Erdgas und Kohle würden nicht ausreichen, weil das Volumen der Treibhausgase das Volumen der ursprünglichen fossilen Ressourcen bei Weitem übertrifft. Überdies drohen die in die Erde gepressten Treibhausgase wieder auszutreten (ebd.: 123–129).

Die Ersetzung von fossilen Energien durch Atomenergie wäre eine Sackgasse. Weltweit müssten dafür etwa 15.000 neue Reaktoren entstehen. Gegenwärtig sind global 441 in Betrieb. Dieser Strukturwandel wäre extrem teuer, der strahlende Atommüll eine Belastung für Zehntausende Jahre, die Endlagerung völlig ungeklärt und Gefahren durch Reaktorunfälle nicht auszuschließen (ebd.: 123–129).

Solaranlagen benötigen viel Platz, der in den Industrieländern nicht genügend vorhanden ist. Solarenergie und Windstrom fallen nur sehr unregelmäßig an. Solarpaneele in Nordafrika wären ein Ausweg für Europa. Aber der Stromtransport zum Beispiel aus Marokko nach Deutschland würde rund 750.000 Strommasten erfordern und zu teuer werden. Der Transport mithilfe von Pipelines und Schiffen, die bisher nicht in der erforderlichen Anzahl zur Verfügung stehen, würde die Verwandlung von Windstrom in Wasserstoff und später dessen Rückverwandlung in Strom voraussetzen. Die Verwandlungsprozesse sind extrem energieaufwendig; vom ursprünglich in der Wüste erzeugten Strom gingen bis zu dessen Nutzung in Deutschland 70% verloren (ebd.: 130–145). Die politischen Bedingungen in den afrikanischen Staaten sind unsicher, die Bilanz einer solchen energiepolitischen Konzeption für die einheimische Bevölkerung in Afrika höchst zweifelhaft.

Die Speicherung von Energie in Batterien, Pumpspeicherwerken und auf andere Weise sowie ein Lastenmanagement des Stromverbrauchs werden Probleme aufwerfen, die ebenfalls einem schnellen ökologischen Umbau entgegenstehen. Beispielsweise wird der Bedarf an knappen Mineralien für Batterien explodieren, die Kosten dafür ebenfalls.

Per Saldo konstatiert Ulrike Herrmann, dass von Technologien eine Versöhnung von Wirtschaftswachstum und Natur nicht zu erwarten ist: » [...] diese Hoffnung wird scheitern, weil die Ökoenergie nicht reichen wird, um ›grünes Wachstum‹ zu befeuern. Klimaschutz ist nur möglich, wenn die Wirtschaft schrumpft.« »Dieses schwierige Thema ist bisher wenig erforscht, weil es an das Undenkbare rührt: Der Kapitalismus bricht zusammen, sobald das Wachstum ausbleibt.« (Ebd.: 162, 199) Herrmann, die vor drei Jahren ihrem Bestseller noch den Titel »Kein Kapitalismus ist auch keine Lösung« gegeben hatte, empfiehlt nun: »Der Rückbau des Kapitalismus muss geordnet von statten gehen. Zum Glück gibt es bereits ein historisches Modell, das als Vorbild taugen könnte: die britische Kriegswirtschaft ab 1939« mit strikter staatlicher Rationierungs- und Verteilungspolitik (ebd.: 19). Allerdings ist zu vermerken, dass der britische Kapitalismus Kapitalismus geblieben ist, mit allen Wachstumsfolgen, die Herrmann beklagt.

> Der Gott Janus blickte zurück und zugleich nach vorn. Er galt den Römern als der Gott des Endes und des Anfangs zugleich. Heute naht das Ende der Wachstumsgesellschaft. Der Rückblick auf die Wachstumskurve in der Geschichte des Kapitalismus verweist auf die zunehmend destruktive Wirkung des Wachstums. Das Wachstum selbst hat so sein Ende eingeleitet. Aber in dieses Ende eingelagert hat es technische Innovationen hervorgebracht, die eine Postwachstumsgesellschaft tragen könnten. Ein Blick nach vorn wird daraus aber nur, wenn der Horizont demokratischer Akteure nicht technisch begrenzt bleibt. Wenn er auf gesellschaftliche Umwälzungen konzentriert wird, die das Ende des Wachstums in einen Anfang jenseits von ihm umkehren.

Genau diese Einbettung in neue Verhältnisse geschieht selbst dort nicht, wo Unternehmen und Staat nachhaltig wirkende Technologien beschleunigt einführen. In der Stahlindustrie beispielsweise soll die Umstellung der Stahlerzeugung vom Einsatz der Steinkohle auf den Einsatz von grünem Wasserstoff die enormen CO_2-Emissionen dieser Branche beenden. Das Programm »Stahlindustrie 2030« sieht dafür einen zusätzlichen Förderbedarf von 35 Milliarden Euro vor. Im Juni 2023 stimmte die EU-Kommission der staatlichen Förderung des Thyssenkrupp-Konzerns zur Umstellung auf Wasserstoff zu. Aus dem Bundeshaushalt soll eine Beihilfe von etwa 1,3 Milliarden Euro kommen, vom Land Nordrhein-Westfalen 700 Millionen. Der Konzern selbst wird etwa eine Milliarde Euro in die neue Direktreduktionsanlage investieren. In der »Roadmap Chemie 2050« wird für den ökologischen Umbau der chemischen Industrie bis 2050 ein zusätzlicher Investitionsbedarf in Höhe von 68 Milliarden Euro vorgesehen.

Das bedeutet, kapitalistische Großunternehmen entdecken nach Jahrzehnten der Verzögerung einer ökologischen Transformation im Übergang zu umweltfreundlicheren Technologien neue Wachstumschancen. Deren Nutzung erfordert so hohe Kapitalvorschüsse, dass der Staat eingreifen muss, um die neuen Geschäftsfelder profitabel zu machen. Das kommt partiellen Änderungen in der Wirkungsrichtung der ökonomischen Gesetze gleich: mit ihrer die Umwelt zerstörenden Wirkung gehen umweltfreundliche Wirkungen einher.

> Aber der Rahmen der Staatsinterventionismus bleibt unverändert, gestärkt wird die Macht kapitalistischer Monopole/Oligopole. Ihr Profit bleibt richtungsbestimmend. Die staatlichen Investitionen bleiben eingebettet in einen kapitalistischen Akkumulationsmechanismus, der gesamtvolkswirtschaftlich zwangsläufig destruktives Wachstum hervorbringt.

Der Gott Janus blickte eben nicht vorwärts statt rückwärts, er ist vorwärts und rückwärts zugleich gewendet. Während einerseits ökologisch wirksame Investitionen vorangetrieben werden, wird andererseits weiter in fossilistische Branchen investiert. Derzeit werden global fast 200 Großprojekte in der Öl- und Gaswirtschaft vorangetrieben – von Hunderten Kohlekraftwerken ganz zu schweigen. Sie werden schätzungsweise eine Milliarde Tonnen CO_2-Emissionen verursachen (Mahnkopf 2022: 72). Auf der Weltklimakonferenz Ende 2021 in Glasgow hatten sich die Staaten verpflichtet, ab 2023 keine neuen Kohle-, Gas- und Ölprojekte öffentlich zu fördern. Das REPower-Programm der EU-Kommission vom März 2023 fällt dahinter wieder zurück. Es erlaubt für fünf bis zehn Jahre die Kohleverbrennung in der EU um 5% zu steigern. Das entspricht 100 TWh pro Jahr. In der Bundesrepublik sollen Flüssiggasterminals bis zu einer Kapazität von zehn Milliarden m^3 ausgebaut werden – vor allem zum Wohl der Frackinggas-Profiteure in den USA. Im Senegal fördert Deutschland mitten in einem Naturschutzgebiet die Erschließung eines großen Gasfeldes (ebd.: 72f).

Absolute Entkopplung oder Chaos

Theoretische Abwägungen und wissenschaftlich gesicherte Daten über das Andauern des Wirtschaftswachstums und seine menschheitsgefährdenden Folgen ergeben:

> Der Kapitalismus kann nicht ohne Wachstum existieren. Seine ökonomischen Gesetze sind Zwangsgesetze des Wachstums, Gegentendenzen eingeschlossen. Der Kapitalismus frisst seine eigenen Naturgrundlagen auf. Das ist seine entscheidende Grenze. Eher kann der Kapitalismus ohne Krieg existieren als ohne Wachstum.

Im herrschenden Machtblock werden die Wohlstandsgewinne des Wachstums höher als seine destruktiven Folgen gewertet, oder der Klimawandel wird sogar geleugnet. Probleme sollen nach wie vor durch Wachstum gelöst werden, vor allem durch technologische Innovationen.

Aber innerhalb der herrschenden Klasse finden Veränderungen statt. Jene Fraktionen werden stärker, die die katastrophalen Folgen eines weitgehend unkontrollierten Wachstums als Bedrohung des kapitalistischen Systems ansehen. Anders als die extrem konservativen und marktradikalen Kräfte setzen sie auf weitreichende Reformen von oben. Auch sie halten am Wirtschaftswachstum fest, aber sie propagieren einen grünen Kapitalismus, gestützt auf grüne Parteien und sozialdemokratische Kräfte. Ihre Strategie ruht auf der Hoffnung, dass eine absolute Entkopplung von Wirtschaftswachstum und Ressourcenverbrauch sowie das Aufnahmepotenzial der Natursenken dem Kapitalismus die Zukunft sichern werden.

Ralf Fücks, ehemaliger Bundesvorsitzender der Partei Bündnis 90/Die Grünen, langfristiger Vorstand der Heinrich-Böll-Stiftung und Gründungsvorstand des Zentrums Liberale Moderne, ist ein typischer Advokat einer Wachstumspolitik, die auf dieser Hoffnung beruht: »Grünes Wachstum oder Kollaps, das ist die Alternative.« (Fücks 2013: 36) »In der nächsten Etappe geht es darum, wirtschaftliches Wachstum, Ressourcenverbrauch und CO_2-Emissionen zu entkoppeln. Sage niemand, das sei nicht möglich.« (Ebd.: 39) Es bleibe »nur die Flucht nach vorn: zur Entkopplung von Wirtschaftswachstum und Naturverbrauch. Das ist der Kern der Grünen Revolution« (ebd.: 68). Fücks befindet sich damit auf der Linie der EU-Kommission. Diese proklamierte: »Eine Strategie für intelligentes, nachhaltiges und integratives Wachstum«, ein »ressourcenschonendes Europa, um das Wirtschaftswachstum von der Ressourcennutzung abzukoppeln« (EU-Kommission 2010: 6).

Den Gegenpol zu den Wachstumsbefürwortern und Wachstumsfetischisten bilden die Kritikerinnen und Kritiker des Wachstums. Ihr Spektrum reicht von radikalen Ökorevolutionären, von Befürwortern eines Negativwachstums/Degrowth bis zu Vertretern eines Nullwachstums im Kapitalismus oder in einer Gesellschaft, die nur noch wenige Eigenschaften des Kapitalismus hat.

Konsequente Wachstumskritiker halten eine absolute Entkopplung von Wirtschaftswachstum und Naturverbrauch nicht für möglich. Eine relative Entkopplung findet in industriell entwickelten Ländern längst statt. Verbesserte Ressourceneffizienz führt dazu, dass der Ressourcenverbrauch und die Emissionen langsamer zunehmen als die Wirtschaft wächst. Aber das heißt nur, dass die Umweltzerstörung langsamer verläuft als dies ohne gesteigerte Ressourceneffizienz geschehen würde.

Einer der profiliertesten Wachstumskritiker, Tim Jackson, hat überzeugend begründet, dass eine absolute Entkopplung im Kapitalismus unmöglich ist. Er hat sieben Jahre hindurch im Auftrag der britischen Regierung deren Regierungskommission für Sustainable Development geleitet. Das Hauptergebnis dieser Arbeit war der Bericht »Wohlstand ohne Wachstum?«, der später zu seinem Buch »Wohlstand ohne Wachstum – das Update. Grundlagen für eine zukunftsfähige Wirtschaft« führte (Jackson 2017). Dort geht er von der Überzeugung international führender Wissenschaftler*innen aus, dass die Bewahrung der Menschheit vor einem Klimakollaps die Senkung der Kohlenstoffemissionen um 90 bis 95% bis 1950 erfordere. Anders ausgedrückt müsste der CO_2-Ausstoß bei 90-prozentiger Kohlenstoffreduktion pro Dollar Wirtschaftsleistung unter 20 g gesenkt werden. Bei 95-prozentiger Reduktion wäre sogar eine Senkung auf 10 g pro Dollar Wirtschaftsleistung erforderlich. Dies gelte, wenn die extreme globale Einkommensungleichheit fortgesetzt würde. Wenn die Einkommen weltweit dem Niveau der wirtschaftlich fortgeschrittensten Länder angenähert werden sollten, dann wäre für eine 90-prozentige Senkung der globalen CO_2-Emissionen eine Verringerung des Kohlenstoffausstoßes auf 5 g pro Dollar Wirtschaftsleistung und bei 95-prozentiger Senkung sogar auf 2 g CO_2 notwendig. Ähnliche Anforderungen gelten für die Minderung des gesamten Ressourcenverbrauchs um 90 bis 95%.

Der Verweis darauf, dass Industrieländer mehrere Jahre hindurch eine absolute Entkopplung von Wirtschaftswachstum und Ressourcenverbrauch erreicht haben, gilt Jackson nicht als überzeugender Beleg dafür, dass dies auch künftig und global möglich sein werde. Denn erstens ist dies um den Preis vermehrter Belastung der Natur im Globalen Süden durch die Auslagerung emissions- und abfallintensiver Industrien dorthin gelungen. Und zweitens vor allem: die errechneten Ziele zur Senkung der Treibhausgasemissionen und des Ressourcenverbrauchs würden eine nicht erreichbare Vervielfachung der jährlichen Fortschritte erfordern. »Um andererseits eine zehnfache Reduktion der Kohlenstoffemission zu erreichen, müsste der durchschnittliche Kohlenstoffgehalt der Wirtschaftsleistung im Jahr 2050 niedriger sein als 20 g CO_2 pro Dollar, eine 26-fache Verbesserung gegenüber dem derzeitigen globalen Durchschnitt (und eine 15-fache Verbesserung gegenüber dem gegenwärtigen Durchschnitt der Länder mit hohem Einkommen – D.K.). Das würde eine Reduktion der globalen Emissionsintensität um durchschnittlich 8,6% im Jahr bedeuten, fast zehnmal so schnell, wie sie in den letzten 50 Jahren tatsächlich gesunken ist und gute 50-mal schneller als in den letzten zehn Jahren.« (Ebd.: 154) Das angenommene 2-g-Ziel gar würde um 200-mal niedriger liegen als die gegenwärtige globale Kohlenstoffintensität (ebd.: 155ff.). Selbst in den kühnsten Träumen ist ein dermaßen erhöhtes Tempo und ein solches Ausmaß von Umwälzungen angesichts von strukturellen Blockaden solcher Entwicklung kaum vorstellbar.

> Wachstumszwänge des Kapitalismus blockieren das für das Überleben der Menschheit notwendige Ausmaß und Tempo des sozial-ökologischen Umbaus. Sie sind stärker als wachstumshemmende Faktoren. In ihrem Rahmen sind erhebliche Fortschritte zu nachhaltiger Entwicklung möglich, aber nicht in der erforderlichen rettenden Dimension. Entscheidend ist die Frage, warum das so ist.

Dies sind, nochmals zusammengefasst, die wichtigsten Gründe dafür:

- Solange die privatmonopolistischen Eigentums- und Konkurrenzverhältnisse dazu führen, dass parallel zu »grünen« Investitionen die Kapitalakkumulation natürlich auch in umweltzerstörenden Branchen andauert, wird der Kapitalismus ökologisch janusköpfig bleiben.
- Solange der Profit und nicht das Gemeinwohl hochgradig das Wachstum bestimmt, werden ökologische Fortschritte durch den Reboundeffekt wieder aufgefressen.
- Solange in den reichen Ländern der Welt eine ressourcenverschlingende imperiale Lebens- und Konsumtionsweise vorherrscht, werden Fortschritte in der Umweltpolitik wieder unterlaufen. Exemplarisch dafür ist die Kreuzschifffahrt. Peter Frankopan hat in seinem Buch »Zwischen Himmel und Erde. Klima – eine Menschheitsgeschichte« darauf verwiesen, dass allein der weltgrößte Kreuzfahrtanbieter 2017 an den Küsten Europas mehr schädliche Abgase freigesetzt hat als alle 260 Millionen Pkws Europas zusammengenommen.« (Frankopan 2023)
- Solange systemisch bedingt die soziale Ungleichheit im Kapitalismus zunimmt, statt deutlich in soziale Gleichheit und Gerechtigkeit umgekehrt zu werden, wird es nicht gelingen, die Mehrheit der Bevölkerung für den sozial-ökologischen Umbau samt Wandel ihrer Lebensweisen zu gewinnen. Die Menschen werden dann immer ablehnen, die Lasten zu tragen, während die Reichen sich davon loskaufen.

- Solange im Dreiecksverhältnis von staatlicher Lenkung und Planung, von kapitalistischen Märkten und von zivilgesellschaftlichem Handeln alternativer Akteure letztlich die von Großunternehmen beherrschten Märkte entscheiden, wird die Regulationsweise hinter den Anforderungen einer sozial-ökologischen Gesellschaftstransformation zurückbleiben – selbst wenn Umweltprogramme unter Einsatz früher undenkbar umfangreicher Staatshaushaltsmittel die ökologische Transformation fördern.
- Solange die Demokratie durch mehr Macht bei den transnationalen Unternehmen als bei den Parlamenten, durch den Lobbyeinfluss von Unternehmerverbänden auf die Gesetzgebung, durch die Übermacht systemtragender Medien in der öffentlichen Meinungsbildung ausgehöhlt bleibt, wird die Politik den umweltfeindlichen Tendenzen in der Wirtschaft nicht erfolgreich begegnen können.
- Solange dies alles gilt, werden die Krisen des Kapitalismus seine immanenten Tendenzen zu Gewalt und Kriegen stets aufs Neue befeuern.

Radikale Ökorevolutionäre erwarten daher Rettung nur, wenn das Unwahrscheinliche geschieht, die Überwindung des Kapitalismus in absehbarer Zeit. Christian Zeller zum Beispiel betont in seinem Buch »Revolution für das Klima« die »zeitliche Dringlichkeit eines radikalen Bruchs«. »Die Klimakatastrophe verlangt *sofortiges* Handeln, und dieses Handeln bedarf eines Bruchs sowohl mit der Akkumulationslogik als auch mit der kapitalistischen Herrschaftsweise«, »einen *vollständigen Bruch* mit der bisherigen Akkumulation des Kapitals.« (Zeller 2020: 179, 205, 209). Da Kapitalismus nicht ohne Wachstum und kapitalistisches Wachstum nicht ohne verheerende Folgen vorstellbar ist, hat dieser Standpunkt seine innere Logik.

Wie aber, wenn der schnelle Große Bruch nicht zu erwarten ist?

Wie aber, wenn solche Logik des sofortigen Bruchs mit der Realität der Kräfteverhältnisse kollidiert? Wenn der Große Bruch nicht abzusehen ist? Angelangt an diesem Punkt der Überlegungen ist es möglich, in den linken Diskurs einen eigenen Standpunkt einzubringen.

Erstens: Der herrschende Diskurs ist durch zwei irrationale und existenziell gefährliche Dogmen gekennzeichnet:

Frieden soll mit absoluter militärischer Überlegenheit des Westens erreicht werden, in der Ukraine durch Sieg über Russland auf dem Schlachtfeld. Diese Abschreckungsstrategie führt zu so gründlichen Zerstörungen und zu so viel Hass, dass auch selbstdeklarierte »Sieger« keine Sieger sein können. Im Krieg zwischen Israel und der Hamas ist das absehbar. Die Abschreckungsdoktrin birgt überdies die Gefahr eines nuklearen Krieges und des gemeinsamen Untergangs der Menschheit. Sie ist unannehmbar.

Die *Natur* soll nach der vorherrschenden Konzeption eines »grünen Kapitalismus« durch »qualitatives Wachstum«, durch absolute Entkopplung von Wirtschaftswachstum, Ressourcenverbrauch bzw. Belastung der Natursenken gerettet werden. Aber das Wachstum ist so sehr ein Zwangsgesetz des Kapitalismus, dass dieser trotz aller umweltpolitischen Reformen auf irreparable Kipppunkte in den Naturgleichgewichten zusteuert, die teils sogar schon erreicht sind. Wachstum ist keine Rettung, es ist der Weg in die Katastrophe.

Zweitens: Der Kapitalismus ist reform- und friedensfähig. In seinem Rahmen ist – permanent bedroht allerdings durch die Gefahr von Rückfällen in militärische Gewalt – Gemeinsame Sicherheit möglich. Umweltorientierte staatliche Politik vermag unkontrollierte Wachstumszwänge einzudämmen. Sie könnte unter dem – gegenwärtig keineswegs ausreichenden – Druck alternativer gesellschaftlicher Akteure im glücklichen Falle ermöglichen, dass erneuerbare Energien fossile Energieträger zurückdrängen, die Ressourceneffizienz erheblich gesteigert wird und die Kreislaufwirtschaft große Teile der Ökonomie verändert.

> In den ökonomischen Gesetzen des Kapitalismus wirken Tendenzen zu Krieg und Zerstörung der Umwelt und in eben diesen Gesetzen selbst Gegentendenzen.

Für die gesellschaftliche Linke und alle progressiven Kräfte insgesamt heißt das: Im Rahmen des Kapitalismus ist eine innersystemische progressive Transformation zu einer ökologisch nachhaltigeren, sozialeren und stärker friedensorientierten Gesellschaft möglich. Eine radikale Realpolitik der Linken muss zwar gegen die in den ökonomischen Gesetzen des Kapitalismus angelegte Gewalt, gegen Militarisierung und Kriege durchgesetzt werden, aber sie kann sich auf ökonomische Gegentendenzen stützen. Das ist die positive Botschaft. Die negative Einsicht ist, dass die ökonomischen Gesetze des Kapitalismus weiter destruktiv wirken und aggressive, umweltfeindliche Politik hervorbringen. Um diese Grenzen, die friedlicher und umweltbewusster Politik entgegenstehen, vollständig zu überwinden und Rückfälle auszuschließen, muss die systeminterne Transformation des Kapitalismus mit dem Einstieg in eine systemüberwindende große sozial-ökologische Transformation verbunden werden (Wright 2015; Klein 2013, 2019, 2022).

Drittens: Weder Beschränkung auf friedensorientierte und ökologische Reformen im Rahmen eines grünen Kapitalismus noch der große revolutionäre Bruch in nächster Zukunft sind eine realistische Perspektive. Weil die ökonomischen Gesetze des Kapitalismus dauerhaftem Frieden entgegengesetzt und auf die Natur zerstörend wirken, reichen Reformen, die das Kapitaleigentum nicht antasten, nicht aus. Es geht über sie hinaus auch um den Einstieg in tiefere Brüche. Weil das widersprüchliche Wirken dieser Gesetze Interessen sowohl des Kapitals wie der Lohnabhängigen und ihrer möglichen Bündnispartner an Frieden und menschengerechter Natur zur Geltung bringt, kann es gleichwohl für weitreichende progressive Reformen im Kapitalismus ausgenutzt werden.

> Der Gedanke, in einer doppelten Transformation die Stärken von Reform und Revolution »aufzuheben« und ihre jeweiligen Schwächen zu überwinden, ist inzwischen nicht mehr neu. Wenig üblich in linken Diskursen ist allerdings, beide Momente der Transformation in Beziehung zur widersprüchlichen Wirkung der ökonomischen Gesetze des Kapitalismus zu setzen. Ohne solchen Bezug bleibt eine sozialistische Transformationstheorie jedoch unvollständig. Die zwei Gesichter des Gottes Janus stecken schon in der ökonomischen Struktur des Kapitalismus, in den gegensätzlichen Wirkungsrichtungen seiner ökonomischen Gesetze. Wir begegnen Ihnen nicht allein in Widersprüchen und Kämpfen auf politischer Ebene.

Progressive Politik kann gewinnen, wenn sie bewusst an ökonomischen Interessen an nachhaltiger Entwicklung anstelle von unkontrolliertem Wachstum anknüpft. Sie gewinnt strategischen Zuschnitt, wenn sie die Grenzen dieser Möglichkeit und die Kräfte benennt, die diese Grenzen verschulden: fossilistische Industrien, Rüstungsunternehmen, IT-Konzerne, Automobilkonzerne, die Zentren des Finanzkapitals, den Agrarindustriekomplex und in allen Wirtschaftsbereichen Unternehmen, denen ihr eigenes Überleben in der Konkurrenz und jegliche, auch umweltzerstörende, Wachstumschancen näher sind als das langfristige Überleben der Menschheit.

Viertens: Der hier entwickelte Befund lautet: In der Wirtschaft wirken gegenwärtig die Wachstums- und Expansionskräfte, die zu Kriegen und Umweltzerstörung tendieren, stärker als die ökonomisch verankerten Gegentendenzen zu friedlicher Kooperation und Bewahrung menschengerechter Naturverhältnisse. Folglich kommt alles darauf an, dass sich die progressiven demokratischen Kräfte in der Politik dazu ermächtigen, den in der Ökonomie wirkenden Interessen an Frieden, sozialem Fortschritt und gesunder Natur zum Übergewicht zu verhelfen. Rettende Politik im Gegensatz zu der heute herrschenden destruktiven Politik muss das Primat über die Wirtschaft gewinnen. Dafür bedarf die Politik jedoch eines einschneidenden Wertewandels. Um das Verhältnis zwischen ethischen Grundlagen der Politik und politischer Ökonomie geht es im folgenden Kapitel.

Kapitel 3
Politische Ökonomie und Moral

Ohne einschneidenden Wandel des Weltbildes großer Teile der Öffentlichkeit, ohne gravierende Veränderungen in der Moral, die das Handeln der Menschen leitet, könnte die Welt für lange Zeit in ihrem gegenwärtigen unerträglichen Zustand eingezäunt bleiben, den Wolfgang Streeck detailliert beschrieben hat und den herausragende Intellektuelle unterschiedlichster Couleur wie Immanuel Wallerstein, Randall Collins, Michael Mann, Georgi Derlugian, Craig Calhoun, Nancy Fraser und Noam Chomski für eine der möglichen Zukünfte halten: Eine Welt von Krisen geschüttelt, zerrissen zwischen obszönem Reichtum und bitterster, oft tödlicher Armut, in Kriegen entmenschlicht und rastlos dabei, die Naturgrundlagen menschlicher Existenz zu zerstören. Eine Welt, die von Mehrheiten der Bevölkerung nur hingenommen wird, weil sie entweder armutsbedingt und ausgelaugt vom täglichen Überlebenskampf keine Kraft mehr zur Gegenwehr finden oder vom Konsum betäubt in politische Apathie gedrängt sind. Eine Welt, die nur noch behauptet werden kann, weil das von den Machteliten verbreitete Weltbild die Realitätswahrnehmung der Menschen weitgehend zerstört, ja, weil ihre Denkfähigkeit selbst hochgradig demontiert wird – durch eine Flut von nebensächlichen Informationen, in der das Verständnis elementarer Gesellschaftsprobleme untergeht; durch das Herauslösen von Fakten aus ihrem tatsächlichen Kontext, durch ihre Fehldeutung mithilfe falscher Kontextualisierung; durch endlose Wiederholung herrschender Suggestivbegriffe; durch die Unterhaltungs- und Freizeitindustrie als Ablenkungsmaschinerie; durch mediale Steigerung von Ängsten bis zur Lähmung von Widerstand und dadurch, dass Unmut, Frust und Protest gegen die Anderen, die Fremden, gegen das Außen der eigenen Gesellschaft gelenkt werden; durch Populismus und Rassismus. Mit dem Substanzverlust der Demokratie verlor auch die Moral ihre humanistische Substanz.

Hannah Arendt schrieb: »Wenn man ständig betrogen wird, ist die Folge nicht mehr, dass man den Lügen glaubt, sondern dass niemand mehr irgendetwas glaubt. [...] Und ein Volk, das nichts mehr glauben kann, kann sich auch nicht mehr entscheiden. Es ist nicht nur seiner Handlungsfähigkeit beraubt, sondern auch seiner Denk- und Urteilsfähigkeit. Und mit solchem Volk kann man dann machen, was man will.« (Arendt 1978)

Selbst die glänzendsten zivilisatorischen Errungenschaften der Menschheit werden ihres ursprünglich humanistischen Inhalts beraubt und verkommen zu Säulen der Macht. In brillanter Weise hat Rainer Mausfeld den

Prozess der Entleerung einst progressiver Begriffe und ihrer Verkehrung zu Machtinstrumenten analysiert. In seinem Werk »Hybris und Nemesis« hat er beschrieben, wie die herrschaftssichernden Narrative der frühen Gesellschaften schließlich von einer Gegenerzählung in Gestalt der Athenischen Demokratie abgelöst wurden, wie diese bewundernswerte zivilisatorische Form der Gesellschaft aber selbst wieder zur Herrschaftsform der Eliten über das Volk herabgewürdigt wurde.

Im alten Mesopotamien wurde die Herrschaft der Könige als unantastbares Resultat ihrer Vermittlungsfunktion zwischen der Götterwelt und dem Menschendasein verstanden. Ähnlich galt die kosmische Ordnung der Welt in Ägypten als von den Göttern gewollt und durch die Herrschaft der gottgleichen Pharaonen geheiligt. Die Eliten leiteten ihre Macht aus ihrer Rolle als Stellvertreter der Götter und aus ihrer Abstammung in diesem Geiste ab. Die Kaiserdynastien in China sahen das »Mandat des Himmels« als ihnen von höherer Macht verliehen an – allerdings gebunden an die Verpflichtung, es zum Wohle des Volkes zu nutzen.

> Anstelle dieser Mythen von einer gottgegebenen, durch die Eliten vermittelten Ordnung wurde mit der Athenischen Demokratie ein »ungeheuerlicher Gedanke« verwirklicht, wie Mausfeld schreibt. Der Kern dieses Gedankens war, dass die Macht von der Gemeinschaft freier Bürger Athens, vom Volke, vom Demos ausgehen sollte. Radikale politische Gleichheit aller freien Bürger – nicht der Sklaven, Frauen und Fremden – war die Grundlage dieser Demokratie. In der Volksversammlung, die das politische Entscheidungsorgan über die wichtigsten Angelegenheiten der Gesellschaft war, galt gleiches Rederecht für alle Freien.

Diese Grundidee entsprach so sehr dem menschlichen Bedürfnis der Befreiung von Unterordnung unter fremde Herrschaft, dass sie in den Jahrhunderten nach der Athenischen Demokratie alle Rückfälle in Tyranneien und andere Formen der Herrschaftsausübung überdauerte und in der Epoche der Aufklärung zu neuer Blüte gelangte (Mausfeld 2023: 234). Ihre Wortführer sahen die Volkssouveränität als das entscheidende Legitimationsprinzip für eine gute Gesellschaftsordnung an. Die Souveränität über die Gesetzgebung sollte beim Volke liegen und nirgendwo anders. Was als Moral rechtlich kodifiziert wird, sollte nur durch die Bürger selbst bestimmt werden, nicht von den Eliten gegen das Volk. Selbst das Eigentum sollte anders als von John Locke, einem der bedeutendsten frühen Denker des Liberalismus, definiert, nicht aus dem Naturrecht abgeleitet sein, sondern durch demokratische Rechtsschöpfung begründet werden.

> Der überwältigenden Anziehungskraft einer vom Volke getragenen Demokratie trugen sogar die ganz und gar antidemokratischen, aufgrund ihres Eigentums herrschenden Machteliten Rechnung – allerdings mit umgekehrtem Vorzeichen. Sie fügten der Herausbildung des zivilisatorischen Ideals der Demokratie eine nicht minder ungeheuerliche »Erfindung« hinzu: die Verwandlung der ursprünglich herrschaftsfeindlichen Demokratie in ihr Gegenteil, in das zentrale Instrument eigener Herrschaftssicherung.

Demokratie wurde im Namen der Freiheit des Individuums zur bestmöglichen aller Gesellschaftsformen erklärt – aber von der Freiheit blieben in erster Linie Wahlen als Auswahl der führenden Politiker aus einem überschaubaren Personalangebot unter der Voraussetzung der medialen Zurichtung des Wählervolks gemäß den Interessen der Herrschenden. Als unantastbare Grundlage individueller Freiheit gilt in der bürgerlichen Gesellschaft das private Kapitaleigentum.

Ein entscheidender Schritt auf diesem Wege war die Kreation der »repräsentativen Demokratie«. Die Schöpfer dieser ihres ursprünglichen Gehalts unbeschränkter Volkssouveränität beraubten Demokratie gingen davon aus, dass die Masse des Volkes unfähig zu verantwortungsvollen politischen Entscheidungen sei. Das Volk müsse daher seine Souveränität einer kleinen Schicht von Berufenen als Repräsentanten der Wählerschaft überlassen. James Madison, einer der Gründerväter der amerikanischen Demokratie, verstand die amerikanische Verfassung als Schutz gegen eine mögliche »Pöbelherrschaft«. Denen im Unten der Gesellschaft wurde abgesprochen, nach moralischen Maßstäben beurteilen zu können, um selbst die Moral zu missbrauchen.

Die Einführung der Gewaltenteilung mit ihren Vorteilen für die Begrenzung von Machtexzessen wurde zugleich als Relativierung einer ungeteilten gesetzgebenden Volkssouveränität ausgestaltet. Walter Lippmann charakterisierte die repräsentative Demokratie als eine »Zuschauerdemokratie«, die aus guten Gründen das Volk als »verwirrte Herde« von der Machtausübung fernhalte. Leo Strauss, einer der herausragenden Konservativen des 20. Jahrhunderts in den USA, konstatierte ungeniert, das »Salz der modernen Demokratie sind diejenigen Bürger, die nichts außer den Sportseiten und dem Comicteil lesen.« (Mausfeld 2023: 255–382)

Robert Kagan, prominenter neokonservativer Vordenker in den USA und leidenschaftlicher Fürsprecher einer Weltordnung nach dem Muster der USA unter deren Vormacht, hat in der »Washington Post« vom 30. November 2023 schonungslos deutlich gemacht, wie weit in den Vereinigten

Staaten die Demokratie heute heruntergekommen ist. Er fürchtet wohl von einem heraufziehenden neuen McCarthyismus auf dem Weg in eine dysfunktionale Diktatur Donald Trumps, dass die Demokratie bei einer zu offensichtlichen Deformation als Herrschaftsinstrument versagen könnte. Im Kongress, der zentralen legislativen Institution der Vereinigten Staaten, werden in den Machtkämpfen der beiden großen Parteien soziale Reformpakete der Regierung Biden abgeschmolzen. Die Gerichtssäle der Judikative, so erwartet Kagan, sollen in den kommenden Prozessen gegen den mehrfach angeklagten Präsidentschaftskandidaten Donald Trump von diesem missbraucht werden, um die Machtlosigkeit der Richter im Kräftemessen mit ihm öffentlich vorzuführen – einem Mann, der sich von seinen Anhängern für seinen Versuch eines Staatsstreichs beim Sturm auf das Capitol feiern lässt. Die Exekutive beschreibt Kagan als beherrscht vom großen Geld und unter dem Druck von Teilen der Bevölkerung, die von den Medien gegen »das System« aufgehetzt werden, getragen von Staatsangestellten, die von den politischen Drahtziehern vielfach in persönlichen Abhängigkeiten gehalten werden, getrieben von Ängsten vor dem Ausschluss von Karrieren und aus den Netzwerken der Macht (Kagan 2024: 43–56). Die viel gepriesene liberale Demokratie samt ihrer Machtbalancen befindet sich in einer tiefen Krise. Humanistische Moral verliert damit ihre institutionelle politische Stütze.

Der neoliberale Kapitalismus hat die Erosion der Demokratie und die Zerstörung eines kritischen öffentlichen Bewusstseins auf die Spitze getrieben. Die digitale Revolution wird von den politischen Machteliten im Verein mit den IT-Monopolen genutzt, um einen »Überwachungskapitalismus« durchzusetzen (Zuboff 2018).

Auf der sichtbaren Oberfläche ihres Wirkens stellen sich die digitalen Monopole in den Auftritten ihres Spitzenpersonals als Wohltäter der Menschheit dar – als Vermittler von umfassender Information und von Wissen für jede und jeden, als Schöpfer einer Weltgemeinschaft miteinander Kommunizierender, als Portal zu Gütern aller Art in kürzester Lieferzeit, als zuverlässiger Wegweiser mittels Google Maps, als Spieleanbieter für die Freizeit. Die nahezu grenzenlose neue Informationsfülle scheint eine neue Stufe informierter Demokratie hervorzubringen. In Wahrheit hat sich eine neue Dimension überwiegend verdeckter Manipulation von täglich hunderten Millionen Nutzern der IT-Plattformen herausgebildet. Jeder Zugriff auf Daten im Netz hinterlässt elektronische Fußabdrücke. Die bei den IT-Konzernen konzentrierten Datenmassen werden – in der Regel unbemerkt von den Nutzern der digitalen Angebote – zu Persönlichkeitsprofilen und Verhaltensvorhersagen gebündelt. Diese »Produkte« werden als hochprofitable

Waren gehandelt. Die Nachfrager sind Marketingunternehmen, die Werbewirtschaft, Medien, Parteien, Think Tanks, das Militär, Planungsstäbe, Geheimdienste und andere staatliche Institutionen. Big Data ermöglicht den Käufern dieses neuen Warentyps nicht nur das Wissen über die geheimsten Empfindungen, Wünsche, Ängste, Neigungen, Abneigungen, Emotionen, Gewohnheiten und sozialen Beziehungen von Milliarden Nutzerinnen und Nutzern. Ihre Datenhoheit verleiht den Monopolisten der Information vor allem die Macht, die User ihrer Dienste wirksam zu beeinflussen, ihr Denken und Verhalten zu lenken.

Dies ist der Zaubertrick der IT-Magier: Sie ziehen die Aufmerksamkeit ihrer Kundinnen und Kunden auf die sichtbare Oberfläche ihrer Plattform-Dienstleistungen. Aber unter dem Mantel dieser Ablenkung agieren sie mit zuvor unerreichter Intensität auf einer zweiten, weitgehend unsichtbaren Ebene der Massenmanipulation. Dort arbeiten sie mit ungehemmter Wirkungsmacht an der weiteren Demontage der Demokratie. Nach der Art der großen Zauberkünstler spiegeln sie mit der Breite ihrer Informationsangebote die Ausweitung der Demokratie vor, während sich hinter dem Spiegel deren Abbau vollzieht. Mehr atomisiertes Einzelwissen gerät zu vertieftem Unwissen über das Ganze.

> Die Plattform-Ökonomie ist aufs Engste mit der Deformation des Mehrheitsbewusstseins und der Moral verbunden. Ursprünglich humanistische Inhalte der Moral werden in ihr Gegenteil verkehrt.

Aber der Öffentlichkeit wird erklärt, Moral sei ausschließlich im Westen verortet, anderswo sei sie nicht wirklich zu finden. Oder sie wird selbst diktatorischen Regimen verbal konzediert, wenn dafür Öl, Gas oder Seltene Erden eingehandelt werden können. Politik, die sich solcher demontierten Moral bedient, schützt das Kapitaleigentum, das diese Doppelmoral hervorbringt. Das Wechselspiel zwischen ökonomischer und ideologischer Macht gefährdet ernstlich den Fortbestand der Menschheit.

Alle in den ökonomischen Grundstrukturen des Kapitalismus, im Wirken seiner ökonomischen Gesetze wurzelnden Zwänge zu Kapitalakkumulation, Wachstum, Expansion, Gewalt, Krieg und Umweltzerstörung werden gegenwärtig nicht politisch gebändigt, sondern durch die Deformierung von Demokratie und Moral gefördert und entfesselt. Die in der kapitalistischen Ökonomie selbst wirkenden Gegentendenzen zur Mäßigung dieser Entzivilisierung werden begrenzt und unterdrückt. Wer im politischen Raum Mäßigung, Vernunft, Toleranz und Kompromisse fordert, wird bestenfalls als Illusionist, eher aber als abtrünnig, defätistisch, als des Verrats verdächtig behandelt. Das Zusammenwirken von destruktiven Wirkungen der Ökonomie des Kapitalismus, einer verantwortungslosen Politik der Herrschenden und ihrer entleerten Moral führen an Kipppunkte des innergesellschaftlichen Zusammenhalts, der Naturgleichgewichte und der internationalen Beziehungen heran.

Die Menschheit steuert auf eine Existenzkrise zu. Selbst ihre stabilsten Zentren sind davon nicht ausgeschlossen. Eingefangen in die eigene westliche Hybris wird die Wahrnehmung ihrer Existenzgefährdung verdrängt. Der Westen wähnt sich auf dem Weg zur Lösung der Menschheitsprobleme. Realitätsverlust prägt sein Weltbild und das geistig-moralische Rüstzeug, mit dem er die Zukunft bewältigen will.

> Rettung ist nur von einer doppelten Umkehr zu erwarten. Von einer moralischen Revolution, die an alle großen politischen Entscheidungen das Maß der Menschlichkeit anlegt und davon geleitet von einem Bruch mit den kapitalistischen Eigentums- und Machtverhältnissen in zukunftsentscheidenden Bereichen der Gesellschaft. Das eine wird ohne das andere nicht gelingen.

Ein Ausweg wird aufs Äußerste dringlich. Er kann nirgendwo anders als in den Köpfen der handelnden Akteure und als beim Wandel der Werte beginnen, von denen diese sich leiten lassen. Die ökonomischen Grundstrukturen bestimmen in letzter Instanz den Charakter von Gesellschaften. Aber ein von Grund auf progressiver Wandel dieser Strukturen kann nur von einem politisch-geistigen Aufbruch, von einer dafür mobilisierenden moralischen Revolution ausgehen.

Die große Mehrheit der Bevölkerung in der westlichen Welt lebt in weitgehend abgeschlossenen Denkkäfigen, mit einem verengten Weltbild, beeinflusst von einer entmoralisierten Moral. Janus, der uns hier wiederholt als der Zwiegesichtige begegnete, galt in der römischen Mythologie auch als Gott der Tore und Türen, der die Macht hat, sie zu öffnen oder zu schließen. In bildnerischen Darstellungen wurde er daher zuweilen mit einem Schlüsselbund als Symbol dieser besonderen Macht dargestellt. Würden wir dieser Vorstellung von seinem Wirken folgen, dann muss er in der Geschichte der bürgerlichen Demokratie dafür gesorgt haben, dass den Untertanen das Tor zur Einsicht in die Herrschaftsstrukturen des Kapitalismus verschlossen blieb. Versperrt ist für die Mehrheit der Zugang zu alternativen Denkweisen, verriegelt der Zugriff auf die einstigen Ideale der griechischen Demokratie und der Aufklärung, verschlossen die Schatzkammer vieler historischer Erfahrungen und moralischer Maßstäbe, die die Menschheit sich in ihren Kämpfen um bessere Welten schon erarbeitet hatte.

Die Gefahren unserer Epoche und die Chancen, die sie – noch – bereithält, lassen den gesellschaftlichen Kräften, die noch nicht von Apathie, Hoffnungslosigkeit und Verlust ihrer Visionen geschlagen sind, keine Wahl. Sie müssen den Schlüsselbund des Janus in die eigenen Hände nehmen. Vielleicht, doppelgesichtig wie er geschildert wird, erkennt er ja das drohende Ende und lässt sich abnötigen, seine göttliche Macht zur Öffnung von Toren und Türen für eine menschengerechte Moral diesmal nicht an Könige, sondern an das Volk zu übertragen. Auf die Tagesordnung geraten ist eine moralische Revolution.

Auf fünf Aspekte der gegenwärtigen Moraldiskussion soll hier aufmerksam gemacht werden:

Erstens: »Aussprechen, was ist«. Dieser Maxime Rosa Luxemburgs folgend ist zunächst das bereits Dargestellte zum Zustand der Moral in Deutschland zusammenzufassen. Hervorzuheben ist, auf welche Weise kapitalistische Ökonomie und Moral miteinander verbunden sind.

Zweitens: Besondere Aufmerksamkeit gebührt einem neuen Höhepunkt der Entleerung der Moral. Es zeichnet sich ab, dass eine neue »kognitive Kriegsführung« dabei ist, unter Berufung auf »unsere Werte« die Moral dem Instrumentarium der Kriegsführung um das Denken und die Gefühle der Menschen einzuverleiben.

Drittens: Endlich zu begreifen ist hierzulande, dass in großen Teilen der Welt der Wandel des ursprünglichen humanistischen Gehalts der Moral als Ausdruck westlicher Doppelmoral erkannt und kritisiert wird. Im Globalen Süden wird eingefordert, die Werte nichtwestlicher Länder zu respektieren und mit dem Überlegenheitswahn der OECD-Welt zu brechen.

Viertens: Alternativen Kräften ist vor allem aufgegeben, dem Missbrauch der Moral durch die Herrschenden eine humane Erneuerung der Moral entgegenzusetzen. Positive moralische Werte und Normen gewinnen in der gegenwärtigen Scheidewegsituation der Menschheit erstrangige Bedeutung, gerade angesichts ihres vielfachen Missbrauchs. Eine gerechte Klima- und Umweltpolitik, friedliche Lösung von Konflikten, sozial gleiche Teilhabe an den Grundbedingungen der Persönlichkeitsentfaltung aller und Erneuerung der Demokratie erfordern ein »Neues Denken« nach humanistischen Maßstäben.

Fünftens: Gefährlich wäre, der Illusion zu folgen, die Machteliten und ihre politische Klasse hätten die notwendige Hinwendung zu rettender Moral bereits weitgehend vollzogen, sodass es daher nur noch einer Vertiefung des eingeschlagenen glücklichen Weges durch geeignete Reformschritte bedürfe – ohne Veränderungen in den ökonomischen und gesellschaftlichen Grundstrukturen.

Die Auseinandersetzung mit dieser Illusion wird uns wieder zu der Frage nach dem Verhältnis von notwendigen tiefen Brüchen in den ökonomischen Eigentums- und Machtstrukturen und moralischem Wandel zurückführen.

3.1 Entleerte Moral

Eine Moral der Herrschenden hat Konjunktur, die sich ihres landläufig gemeinten ursprünglichen Inhalts längst entledigt hat. Je mehr sich der Zustand der Umwelt Kipppunkten ihrer Zerstörung nähert, desto mehr bedürfen die dafür verantwortlichen ökonomischen und politischen Eliten der schützenden Suggestion, dass bei ihnen doch eine moralische Umkehr zu Verantwortung für die Rettung des Planeten längst problemlösenden Einzug gehalten habe. Je mehr Menschen in der Ukraine, im Gazastreifen und in anderen Kriegen sterben, desto lauter wird der Öffentlichkeit erklärt, dass die Moral erfordere, bis zum militärischen Sieg durchzuhalten.

Natürlich haben sich die Mächtigen nicht offen und vollständig von den positiven Sinngehalten der Moral abgewendet. Von Forderungen nach Gleichheit und nach sozial gleicher Teilhabe allerdings schon. Solidarität der Subalternen ist ihnen ein Gräuel. Das Wirtschaftswachstum ihre heilige Kuh, auch wenn es die Natur zerstört. Aber gleichwohl, sie predigen ihre westlichen Werte und Normen als die wahren Sinngehalte der Moral.

Für das arbeitende Volk ist als Moralprinzip vor allem die Arbeitsmoral vorgesehen: dass der Mensch »die Arbeit so betreibt, als ob sie absoluter Selbstzweck – ›Beruf‹ – wäre« (Weber 1991: 52). Max Weber schrieb über die Verkehrung des Lebenssinns durch den Kapitalismus: »Der Mensch ist auf das Erwerben als Zweck seines Lebens, nicht mehr das Erwerben auf den Menschen als Mittel zum Zweck der Befriedigung seiner materiellen Lebensbedürfnisse bezogen. Diese für das unbefangene Empfinden schlechthin sinnlose Umkehrung des, wie wir sagen würden, ›natürlichen‹ Sachverhalts ist nun ganz offenbar ebenso unbedingt ein Leitmotiv des Kapitalismus, wie sie dem von seinem Hauche nicht berührten Menschen fremd ist.« (Ebd.: 44) Wie im Kapitel 2.2 dargestellt, bedurfte es blutiger Repressionen, um die Arbeit für das Kapital zur Grundlage bürgerlicher Moral zu erheben. Inzwischen ist es selbstverständlich geworden und erst in jüngster Zeit infrage gestellt, das Wachstum des Bruttoinlandsprodukts als Maß aller Dinge zu betrachten. »Ohne Arbeit kein Wachstum und ohne Wachstum keine Arbeit!« Dem Homo oeconomicus ist das Wachstum eingeschrieben wie ein Naturgesetz.

Dem Kapitalismus ist gelungen, den Markt als Bezugssystem in den Individuen selbst zu verankern (Michalitsch 2006: 94). Zum moralischen Habitus ist geworden, sich »selbst zu vermarkten«, sich »gut zu verkaufen« und »Härte zu zeigen« (Grubner 2021: 48), um in der Marktkonkurrenz zu bestehen. Als Ergebnis jenes Wachstums, das lange Zeit zu mehr Wohlstand für große Teile der Bevölkerung in den industriell entwickelten Ländern führte, zeigen sich Kriege und die Zerstörung der Umwelt. Der Kapitalismus ist längst nicht mehr allein ein ökonomisches System, er ist zugleich »emotionaler Kapitalismus« (ebd.).

Der ökonomische Imperialismus, schrieb Frank Schirrmacher, vor seinem frühen Tod Herausgeber der FAZ, habe sich um die Dimension eines »mentalen Imperialismus« erweitert (Schirrmacher 2013: 197). Er habe die Seele des Menschen okkupiert (ebd.: 226). Eindringlicher als kaum ein anderer aus den Kreisen der politisch-kulturellen Machteliten beschrieb Schirrmacher, wie der ökonomische Konkurrenzmechanismus den Menschen, den ohnehin schon durch den Kapitalismus geprägten Homo oeconomicus, unter neoliberalen Bedingungen vollends auf eine Art »Ego-Maschine« reduziert. Die Marktakteure – Unternehmer, Lohnabhängige und andere Schichten – werden darauf konditioniert, entweder Gewinner oder Verlierer zu sein. Dieses binäre Muster schiebt sich in alle Sphären ihres Lebens. Die Menschen, so spitzte Schirrmacher in seinem letzten Buch »Ego. Das Spiel des Lebens« zu, haben »nur zwei Gene: eines für Egoismus und eines für Profit (und vielleicht noch ein drittes für Angst).« (Ebd.: 140)

Die ökonomischen Konkurrenzbeziehungen deformieren die herrschenden Moralvorstellungen. Selbstsucht, Rücksichtslosigkeit, Prestigestreben und Gewaltbereitschaft werden der Moral einverleibt, soweit diese Verhaltensweisen denn von den »Richtigen« im Kampf gegen die »Anderen« eingesetzt werden. Solidarität mit den Schwächeren und Verantwortung für den Umgang mit der Natur sind solcher Art Moral fremd. Nachdem eine sich selbst entfremdete Moral das Mehrheitsbewusstsein durchdrungen hat, wirkt sie auf die ökonomischen Verhältnisse zurück, stärkt die Konkurrenzverhältnisse, die Profitgier und insgesamt ein sozial und ökologisch ungebändigtes Wachstum.

Michel Foucault verallgemeinerte, dass die Macht im modernen Kapitalismus in erheblichem Maße über die Verhaltensführung der Menschen funktioniert (Foucault 2006: 191). Julia Lis schrieb anknüpfend daran: »Eine entscheidende Methode der Verhaltensführung scheint dabei gerade über die Moral zu funktionieren, die die Herrschaft über die Gewissen der Menschen ermöglicht und damit ihr Verhalten zu lenken vermag.« (Lis 2021: 158)

So funktioniert, was Foucault Gouvernementalität genannt hat: die Verbindung des Regierens von oben seitens der institutionalisierten Staatsmacht mit der Selbstregulierung der einzelnen von innen, geleitet durch die – weitgehend von den herrschenden Verhältnissen und den in sie eingebundenen Medien geformte – Moral der Individuen. Überdies wird die mentale Welt der Menschen hochgradig durch die Macht der IT-Konzerne beeinflusst. Was Menschen denken und fühlen und nach welchen inneren Maßstäben sie handeln, wird von ihnen nicht nur passiv erfasst, sondern gestützt auf die angeeigneten Daten aktiv beeinflusst.

Das gilt nicht nur für das Alltagsverhalten der Bürgerinnen und Bürger, für ihren Umgang mit innergesellschaftlichen Problemen, sondern auch für ihre Einstellungen zu den Geschehnissen über nationale Grenzen hinweg, zur Migration, zur Entwicklungspolitik, zu Krieg und Frieden, zu globalen Umwelt- und Klimakrisen. Solange die Bevölkerungsmehrheit die Vorstellung verinnerlicht hat, ein größtmögliches Wirtschaftswachstum sei der Schlüssel zur Lösung der meisten gesellschaftlichen Probleme, wird sich der Klimawandel weiter auf eine Katastrophe zubewegen. Jährlich werden weiter Tausende Tier- und Pflanzenarten aussterben. Kriege werden weiter von allen Beteiligten im Namen einer Moral geführt, in der der jeweilige Gegner als Verkörperung des schlechthin Bösen erscheint. Die eigenen Interessen werden dagegen im Reich des Guten verortet. Putin rechtfertigt den russischen Angriffskrieg gegen die Ukraine u. a. damit, dass sie von faschistischem Führungspersonal befreit werden müsse, und nutzt dabei, dass dort tatsächlich faschistisches Gedankengut Zuspruch hat, wie die verbreitete Verehrung für den Hitlerkollaborateur Stepan Bandera verdeutlicht.

Im Westen verläuft die Moralisierung der eigenen Kriegsführung unter dem Label »wertebasierter Außen- und Sicherheitspolitik«. In der Antwort der deutschen Bundesregierung auf eine Kleine Anfrage von Abgeordneten der LINKEN im Bundestag heißt es ohne Einschränkung: »Die wertebasierte internationale Ordnung ist – wie für die USA – auch Eckpfeiler der deutschen Außenpolitik.« (Bundesregierung 2022) Der Kongress der Vereinigten Staaten leistete sich eine seltene Klarstellung des Inhalts dieser Ordnung als eine »um die USA zentrierte Welt, deren Alliierte sowie Partner, um deren gemeinsame Werte und Interessen durchzusetzen, freie, offene, demokratische, inklusive, regelbasierte, stabile sowie vielfältige Regionen zu erhalten und zu fördern.« (U.S. Government Publishing Office 2022)

»Um die USA zentriert«, um deren Interessen und die ihrer Verbündeten durchzusetzen! Das ist der Kern der »regelbasierten internationalen Ordnung«, zu der sich die deutsche Bundesregierung bekennt. Das ist der wahre Inhalt aller Moral, die diese Ordnung für sich in Anspruch nimmt. Dieser Inhalt wurde in den USA unmissverständlich schon formuliert, lange bevor die Umschreibung »regelbasiert« in Mode kam. In der State Department Policy Study vom 24.2.1948 heißt es: »Wir sollten aufhören, über vage und – für den Fernen Osten – irreale Ziele wie Menschenrechte, das Anheben des Lebensstandards und Demokratisierung zu reden. Der Tag ist nicht fern, an dem wir geradeaus in Begriffen der Macht sprechen müssen.« (State Department Policy Study 1948)

In der Sache sind die USA dieser Strategie treu geblieben, der Sprache der Macht. Sie haben das in einer Vielzahl von Interventionskriegen und von Aktionen ihrer Geheimdienste in anderen Ländern bewiesen.

In der sprachlichen Ausdrucksweise hält die Mehrheit der Herrschenden gegenwärtig oft für zweckmäßig, sich des Gestus von Moralanwälten zu bedienen, wenn sie von »Schutzverantwortung« und von notfalls erforderlichen »humanitären Interventionen« sprechen und damit imperiale Interessen der USA und anderer NATO-Staaten meinen. Als der damalige US-Verteidigungsminister Colin Paul am 5. Februar 2003 vor dem UN-Sicherheitsrat den Krieg der Vereinigten Staaten gegen den Irak begründete, tat er das mit dem moralischen Anspruch, die Welt vor den Massenvernichtungswaffen zu schützen, die Saddam Hussein angeblich besaß. Diese Lüge kostete nach Schätzungen der angesehenen Medizinzeitschrift »Lancet« 650.000, nach anderen Quellen mehr als eine Million Menschen das Leben. Im Irak breitete sich Chaos aus. Terrorakte, Hungersnöte und Seuchen plagten das Land. 70% der Bevölkerung hatten ein Jahr nach dem offiziellen Ende des Krieges kein sauberes Wasser, 28% der Kinder waren unterernährt. Die Fotos von Folterungen irakischer Gefangener durch amerikanisches Wachpersonal in den berüchtigten Kerkern von Abu Ghraib belegten, was die Moral der Invasoren wert ist.

Rainer Mausfeld resümiert: »Insgesamt sind nach offiziellen Angaben oder Schätzungen von Menschenrechtsorganisationen die USA seit dem Zweiten Weltkrieg durch Angriffe auf andere Länder für den Tod von 20 bis 30 Millionen Menschen verantwortlich.« (Mausfeld 2019: 40) Als gesichert gilt, dass die Antwort der USA auf den Terrorangriff vom 11. September 2001 gegen das World Trade Center und das Pentagon im »Krieg gegen den Terror« vier bis fünf Millionen Menschen das Leben kostete.

> Der Anspruch der westlichen Führungskreise, eine zeitgemäße Moral auf ihrer Seite zu haben, ist verlogen. Die »werteorientierte Weltordnung«, die mit dieser Politik erreicht werden soll, ist in Wahrheit eine von den imperialen Interessen der US-amerikanischen Führungsmacht und ihrer Verbündeten bestimmte hierarchische Weltordnung, die zur Not auch mit Kriegen, Stellvertreterkriegen, Hinrichtungen als feindlich geltender Personen im Ausland mittels Drohnen und Geheimdienstoperationen hergestellt werden soll. Im Fall des Ukrainekrieges wird die imperiale Politik der russischen Führung genutzt, um der eigenen imperialen Politik das Gewand der Verteidigung von Freiheit und Demokratie zu geben.

Wer dies anprangert, gerät schnell unter den Verdacht, der Demokratie selbst feindlich gesonnen zu sein. Doch es gilt, sorgsam zwischen dem unschätzbaren Zivilisationsgewinn der Demokratie in modernen Gesellschaften (Meinungs- und Organisationsfreiheit, Pluralismus, Rechtsstaatlichkeit, individuelle Freiräume, Vielfalt der Lebensformen) und dem Missbrauch der Demokratie als Herrschaftsform der Machteliten zu unterscheiden. Natürlich ist jede Form und Errungenschaft realer Demokratie gegen Machtinteressen großer Kapitale, gegen Rechtsextremismus und Rechtspopulismus, Rassismus und Antisemitismus zu verteidigen. Natürlich schließt das auch ihre Verteidigung gegen Angriffe äußerer Mächte ein.

> Die Verteidigung und Entfaltung aller Elemente realer Demokratie ist gerade in einer Situation aufbrechender Konflikte, Krisen, Kriege und anderer Gefahren eine zentrale Aufgabe aller demokratischen Kräfte.

Das bedeutet aber nicht, dass die westliche Demokratie, doppelgesichtig wie sie real ist – nämlich Chance sein für den Einfluss des Volkes auf die gesellschaftliche Entwicklung, aber überwiegend missbraucht als Herrschaftsform – die Verkörperung humanistischer Ideale und Moral ist. Die Moral wird in den letzten Jahren sogar mit wachsender Intensität als Instrument psychologischer Kriegsführung genutzt.

3.2 Moral und kognitive Kriegsführung

Die Berufung auf Moral dient nicht allein, wie Foucault herausarbeitete, einer Verinnerlichung der gegebenen gelobten Gesellschaftsverhältnisse im Denken und Fühlen der einzelnen. Die Instrumentalisierung der Moral wird zu einem wichtigen Bestandteil des »Cognitive Warfare«. Am 21. Juli 2021 fand ein NATO-Symposium zur Weiterentwicklung der »Kognitiven Kriegsführung« statt, in dessen Verlauf die »Human Domaine«, die menschliche Sphäre, als ein zwar in längst bekannter Kriegspropaganda wurzelnder, aber doch qualitativ neuer Kriegsschauplatz definiert wurde. Wie Jonas Tögel in seinem Buch »Kognitive Kriegsführung. Neueste Manipulationstechniken als Waffengattung der NATO« analysiert hat, »befindet sich die NATO derzeit auf dem Weg, einen neuen, sechsten Kriegsschauplatz festzulegen, auf dem mit den Waffen der kognitiven Kriegsführung gekämpft werden soll.« (Tögel 2023: 25) Krieg findet herkömmlicherweise zu Land, Wasser und Luft statt. Dann kamen der Weltraum und der Cyberspace dazu.

> Nun aber avancieren das Bewusstsein, das Unterbewusstsein, die Psyche, die gesamte Gefühlswelt von Individuen und Massen zum sechsten Schauplatz der Kriegsführung.

Diese Einordnung wurde in den Publikationen »NATOs Sixth Domain of Operations« (Cole/Le Guyader 2020) und »Weaponization of neurosciences«, ebenfalls von Le Guyader verfasst, vorgenommen und auf dem offiziellen NATO-Symposium vom Juni 2022 bekräftigt. Im Konzept des Cognitive Warfare geht es um den Einfluss auf den ganzen Menschen, um seine Lenkung im Interesse der jeweiligen Kriegspartei, um das Weltbild der einzelnen und ganzer Gesellschaften. Im Krieg schlägt das Feindbild – als Antipol zur moralischen Selbstinszenierung – schnell in eine Verteufelung und Dämonisierung der Gegenseite um. Schon in relativen Friedenszeiten wird dies vorbereitet. Wenn das erreicht wird, erfüllt die psychologische Kriegsführung ihren Zweck.

Tögel zitiert einen der einflussreichsten politischen Intellektuellen in der jüngeren amerikanischen Geschichte, Walter Lippmann, der schon vor Jahrzehnten antizipierte, worum es in der psychologischen Kriegsführung heute geht: »Wir müssen uns erinnern, dass das, was in Kriegszeiten von Seiten des Feindes von der Front berichtet wird, immer Propaganda ist, und was von uns von der Front berichtet wird, Wahrheit und Aufrichtigkeit ist, die Sache der Menschlichkeit und ein Kreuzzug für den Frieden.« (Tögel a.a.O.: 15)

Harald Welzer hat darauf verwiesen, dass sogar den Tätern im Naziregime von den Mördern an dessen Spitze das Gefühl vermittelt wurde, als Vollstrecker einer höheren Moral zu morden und selbst dabei »moralisch« zu bleiben. Millionen Juden wurden umgebracht, um einer angeblichen Verschwörung des Weltjudentums zu begegnen, im Namen der »Reinheit der nordischen Rasse«, die durch die Juden bedroht sei. Der Holocaust und andere Genozide wurden nicht zuletzt möglich, weil in den Tätern die Überzeugung verinnerlicht wurde, nur »unwertes Leben« auszulöschen, im Grunde nicht Menschen, sondern eine Art Untermenschen zu töten (vgl. Welzer 2013). Nur auf diese Weise werden innere Hemmschwellen ganz »normaler« Menschen gegen das Morden Unschuldiger überwunden.

Im August 2023 sendete der Deutschlandfunk eine Reportage, in der ukrainische Soldaten und Überlebende im Stellungskrieg nach ihrer Befindlichkeit befragt wurden. Sie brachten zum Ausdruck, dass sie wohl nie wieder werden würden wie vor dem Krieg. Dass sie von dem Gedanken verfolgt würden, Russen Auge in Auge umgebracht zu haben, um nicht selbst umgebracht zu werden. Doch sie hielten sich an dem Gedanken fest: »Aber sie waren ja auch wie die Tiere.« Keine Menschen also. Israels Verteidigungsminister Gallant hat diesen Topos zwei Tage nach dem im Oktober 2023 von der Hamas angerichteten Blutbad in die regierungsamtliche Sprache aufgenommen: »Ich habe eine vollständige Belagerung des Gazastreifens angeordnet. Es wird keinen Strom geben, keine Lebensmittel, keinen Treibstoff, alles ist geschlossen. Wir kämpfen gegen menschliche Tiere.«

Die psychologische Kriegsführung, die sich des Gut-Böse-Schemas bedient, wirkt schon dann, wenn pazifistisches Denken verunglimpft wird, wenn etwa die Verurteilung des durch nichts zu rechtfertigenden Hamas-Terrors vom 7. Oktober 2023 nicht mit dem Nachdenken über jahrzehntelange Willkür verbunden werden darf, der die Palästinenser durch reaktionäre Kräfte des Staates Israel unterworfen sind. In einer »ARD-Begriffsdatenbank für Journalist*innen in öffentlich-rechtlichen Medien« vom 18. Oktober 2023 heißt es zum Beispiel: »Was unbedingt vermieden werden muss, sind Worte wie ›Gewaltspirale‹ und auch ›Eskalation in Nahost‹.« Ausgangspunkt sei der Angriff der Hamas am 7. Oktober 2023, »denn die Eskalation ging hier einzig von der Hamas aus, die Israel angriff«. Vor diesem Angriff keine Geschichte! Die Vorgeschichte des Terrors von Seiten der Hamas soll ausgeblendet werden, denn sonst wäre über den Anteil der israelischen Vertreibungs- und Siedlerpolitik an den Spannungen in Nahost zu sprechen. Der Begriff Spirale würde zweckwidrig auf wechselseitige Schuld zuvor verweisen. Auf 38 Seiten wird in diesem Sprachregelungsglossar zur Berichterstattung im Nahostkonflikt festgelegt, mit welchen Begriffen über diesen Konflikt zu berichten ist und welche Begriffe als irreführend zu meiden sein.

> Kurz, ein neues Gewicht psychologischer Kriegsführung fordert mehr denn je seit Ende des ersten Kalten Krieges Menschlichkeit als Maß des Handelns progressiver Kräfte gegen Verfälschungen und Machtmissbrauch von Moral heraus.

3.3 Der Globale Süden prangert Doppelmoral an

Im Globalen Süden verläuft ein dem herrschaftlichen Moraldiskurs im Westen entgegengesetzter gänzlich anderer Diskurs. Ein großer Teil der Länder des Globalen Südens, aber auch der Friedensbewegung in den westlichen Metropolen, wirft den USA und der NATO eine Doppelmoral vor. Antje Vollmer mahnte in ihrem letzten Beitrag, überschrieben als »Vermächtnis einer Pazifistin«: »Wie konnten wir nur annehmen, dass das große China und die Hochkulturen Asiens die Zeit der willkürlichen Freihandels- und Opiumkriege je vergessen würden? Wie sollte der leidgeprüfte afrikanische Kontinent die zwölf Millionen Sklaven und die Ausbeutung all seiner Bodenschätze je verzeihen? Warum sollten die alten Kulturen Lateinamerikas den spanischen und portugiesischen Konquistadoren ihre Willkürherrschaft vergeben? Warum sollten die indigenen Völker weltweit das Unrecht illegaler Siedlungen und Landraubs einfach beiseiteschieben in ihrem historischen Gedächtnis?« (Vollmer 2023)

In einer Studie des US-Kongresses zu Auslandseinsätzen des US-Militärs von 1798 bis 2022 wurden 469 Einsätze verzeichnet, 251 davon nach dem Ende des Kalten Krieges 1991 (vgl. Torreon/Plagakis 2022). Achim Wahl nennt dafür Beispiele. »Sturz des Präsidenten Jacobo Árbenz 1954 in Guatemala, Putsch General Stroessners 1954 in Paraguay, 1961 CIA-Invasion in der kubanischen Schweinebucht, 1964 Putsch gegen Joa Goulart durch General Castello Branco in Uruguay, am 11.9.1973 der Putsch Pinochets gegen die Unidad Popular und den sozialistischen Präsidenten Salvador Allende, im März 1976 der Putsch in Argentinien, die USA unterstützten das brutale Somoza-Regime in Nicaragua und die Contras, 1983 die Militärinvasion in Grenada, 1989 die Militärintervention in Panama und schließlich der Putsch gegen Präsident Zelaya in Honduras.« (Wahl 2022: 19) Die CIA übernahm während der 1970er-Jahre in Chile, Argentinien, Brasilien, Uruguay und anderen von Militärdiktaturen beherrschten Ländern Lateinamerikas die systematische Ausbildung der Polizei und der Geheimdienste zur Folter von politischen Gefangenen. So wie im Mittelalter der »Hexenhammer« als Anleitung zu Folter und Verbrennung von angeblichen Hexen verbreitet war, wurde ein zweibändiges Handbuch der CIA zum Lehrbuch der Folterknechte in Lateinamerika (N. Klein, 2007: 30f.). »Wie viele Menschen in den Folterkammern des südlichen Lateinamerikas misshandelt wurden, lässt sich unmöglich genau berechnen, aber die Zahl liegt vermutlich irgendwo zwischen 100.000 und 150.000, von denen Zigtausende starben.« (Ebd.: 135)

Wenn in jüngerer Zeit Brasiliens Präsident Lula da Silva und andere Repräsentanten Lateinamerikas ihre Stimme für eine multilaterale Weltordnung erheben und den USA eine Vormachtrolle absprechen, haben sie dabei deren Doppelmoral im Auge, die in ihren Ländern verheerende Spuren hinterlassen hat.

Auf die gleiche Doppelmoral der USA verweisen in der nah- und mittelöstlichen Region die völkerrechtswidrigen Kriege in Afghanistan und im Irak, der NATO-Luftwaffeneinsatz in Libyen, das Schüren der Kampfhandlungen auf syrischem Boden und rund 14.000 Drohneneinsätze, die zum Tod von mehr als 2000 Zivilisten führten, ein Viertel davon Kinder. Folgenlos hingenommen wird durch die USA die völkerrechtswidrige Siedlungspolitik Israels auf palästinensischem Territorium (vgl. Kulow 2022: 27). Zum ideologischen Hintergrund dieses imperialen Verhaltens der Vereinigten Staaten gehören die Missachtung der in diesen Weltregionen seit Jahrhunderten existierenden eigenen Kulturen und ihrer religiösen Verankerungen sowie der Anspruch, überlegene Werte und Normen zu vertreten. Da die Mehrheit der Bevölkerung in dieser Region muslimisch ist, impliziert diese westliche Hybris eine permanente Islamfeindlichkeit und provoziert damit islamischen Extremismus: »Als besonders fatal bei alledem erwies sich jedoch, dass zwischen dem Islam als Religion und solchen, sich auf ihn berufenden politischen Gruppierungen ein Gleichheitszeichen gesetzt wurde. Mit der Konsequenz, nicht nur die betreffenden Gruppierungen, sondern nolens volens das Glaubensgebäude von weit mehr als einer Milliarde Menschen zum Feind des Westens zu erklären. Das heißt, nicht nur den Wertekanon und das generelle Weltbild von Bevölkerungsmehrheiten im nah- und mittelöstlichen Raum verächtlich zu machen. Sondern zugleich auch noch deren mit dem Islam untrennbar verbundene Geschichte, Kultur und Lebensweise herabzuwürdigen.« (Ebd.: 31) Die Folge sind verheerende Entfremdung und Spannungen in den internationalen Beziehungen und Zulauf zu terroristischen Kräften – von den USA mit dem »Krieg gegen den Terror« beantwortet. Das Resultat ist die Destabilisierung der gesamten Region des Nahen und Mittleren Ostens.

In Asien vertritt China den entscheidenden Gegenpol zur »wertebasierten Außen- und Sicherheitspolitik« des Westens. Auch zu Chinas Erfahrungen gehören opferreiche Kolonialkriege Großbritanniens, Japans, Deutschlands und anderer westlicher Länder gegen das Reich der Mitte. Heute ist die Volksrepublik China die stärkste Macht im Zusammenwirken der BRICS-Staaten, die für eine multilaterale Weltordnung stehen, in der die Vormachtinteressen der USA nicht mehr bestimmen. Die Allianz von Brasilien, Russland, Indien, China und Südafrika umfasst zwar Staaten mit durchaus unterschiedlichen Gesellschaftsstrukturen und teils gegensätzlichen Interessen. Aber sie sind verbunden in der Ablehnung US-amerikanischer Dominanz. Indien ist zusammen mit Australien, Japan und den USA in den Quadrilateral Security Dialogue (QUAD) eingebunden, hat sich aber einer Verurteilung Russlands wegen seines Ukrainekrieges nicht angeschlossen und ist beteiligt an der von China initiierten Belt and Road Initiative (BRI), dem Seidenstraßenprojekt. Brasilien und Südafrika drängen mit eigenen Vorschlägen auf einen Waffenstillstand in der Ukraine und auf Friedensverhandlungen. Und der BRICS-Verbund ist auf dem Weg zu seiner Erweiterung durch die Aufnahme des Iran, Argentiniens, Ägyptens, der Vereinigten Arabischen Emirate, Saudi Arabiens und Äthiopiens.

Als zwiegesichtig erweist sich die moralische Front gegen autoritäre Regime nicht zuletzt dann, wenn ökonomische Interessen im Spiel sind. Die Gefahr einseitiger Abhängigkeit und die Moral hätten geboten, fossile Energie nicht mehr aus Russland zu beziehen, so wurde uns erklärt. Aber wie passen dazu »Energiepartnerschaften« mit Aserbaidschan, das seit Jahren einen Angriffskrieg gegen Armenien führt, mit dem überwachungsstaatlichen Regime in Ägypten, mit Katar, wo Menschenrechte als lästig gelten? Auch aus dem autoritär beherrschten Kasachstan soll Erdöl einen Teil der Ölimporte der Bundesrepublik aus Russland ersetzen. Aber zunächst fließt es per Pipeline durch russisches Territorium – gegen Transitgebühr an Russland. Haupteigentümer des »Caspian Pipeline Project« sind die US-Energiekonzerne Chevron und Exxon, der kasachische Staat und das russische Unternehmen Rosneft. Vom russischen Schwarzmeerhafen Novorossiysk gelangt das Öl per Schiff in die Türkei und von dort in die EU. Nicht alle Beteiligten dürfen als ehrenwert gelten.

Nicht viel glaubhafter wirken moralische Ansprüche des Westens, wenn sanktioniertes russisches Öl auf andere wundersame Weise in die EU gelangt. Wenn nämlich China, Indien, Pakistan, die Türkei, Ägypten und die Golfstaaten russisches Öl preisgünstig kaufen und es zu hohen Preisen am Spotmarkt von Rotterdam weiter an jene verkaufen, die sich für ihre konsequente Bestrafung Russlands feiern lassen. Obwohl doch das Öl seine russische Herkunft trotz seiner Umwege nicht verloren hat.

Doppelmoral ist auch im Spiel, wenn russische Schiffe auf hoher See Erdöl in Schiffe einer Schattenflotte umladen. Etwa 600 Schiffe in undurchsichtigem Besitz, die internationalen Umweltstandards meist nicht genügen und oft nicht regulär versichert sind, werden zu dieser Schattenflotte gerechnet. Sie transportieren das russische Erdöl zu denen, die Sanktionen gegen den Import von Öl aus Russland verhängt haben (vgl. Lüders 2023: 24–26,43–46).

3.4 Moral auf Seiten alternativer Kräfte

Dem verzerrten Moraldiskurs der Machteliten entgegengesetzt verläuft die Suche nach Maßstäben für einen gebändigten postneoliberalen Kapitalismus, für seine Überschreitung in der Richtung einer solidarischen Gesellschaft und eines demokratischen grünen Sozialismus. Die Vorstellungen der verschiedenen Akteure von einer besseren Gesellschaft unterscheiden sich erheblich. Aber Interessen an einem Überleben der Menschheit ohne Kriege und an der Bewahrung ihrer natürlichen Lebensgrundlagen sind ihnen gemeinsam. Das führt zu verbreiteten Rückgriffen unterschiedlicher gesellschaftlicher Kräfte auf die humanistische Substanz des Moralbegriffs.

Friedens-, Klima- und Umweltbewegungen, progressive Teile des Establishments, weitblickende Unternehmer, feministische Akteure, Gewerkschaften und andere soziale Bewegungen, kritische Wissenschaftlerinnen und Wissenschaftler und kirchliche Kreise gehen davon aus, dass die Abkehr von der Abschreckungsdoktrin, der Bruch mit dem Wachstumsfuror und künftige soziale Gerechtigkeit ein weitreichendes Umdenken auf moralischen Grundlagen voraussetzen – befreit von einer Umdeutung der Moral gemäß den Interessen der heute Herrschenden. Uwe Schneidewind, der frühere Präsident des Wuppertal Instituts für Klima, Umwelt, Energie, Mitglied des Wissenschaftlichen Beirats der Bundesrepublik Globale Umweltveränderungen und des Club of Rome, brachte die Notwendigkeit eines neuen moralischen Aufbruchs auf den Punkt: »Die Große Transformation sollte immer vom kulturellen Ende gedacht werden. Nur so lässt sich verhindern, dass die Menschheit allein durch technologische und ökonomische Veränderungen getrieben ist. Denn im Kern ist Nachhaltige Entwicklung eine ›moralische Revolution‹ (Appiah 2011), die in neuen Wertevorstellungen (›Mindshifts‹, vgl. Göpel 2016) ihren Ausgangspunkt nimmt und darüber ihre zivilisatorische Kraft gewinnt.« (Schneidewind 2018: 478) Diese Konzentration auf ein unumgängliches tiefgreifendes Umdenken der Akteure jedes großen gesellschaftlichen Wandels, auf eine fundamentale kulturelle Wende, ist eine Stärke der Transformationskonzeption aus dem Wuppertal Institut und unverzichtbar. Kein großer Wandel geschieht in der Moderne, ohne dass ihm ein Sinneswandel der zukunftsbestimmenden gesellschaftlichen Kräfte vorausgeht.

Schon Talcott Parsons ging davon aus, dass tiefgreifender sozialer Wandel durch Wertewandel in der kulturellen Sphäre ausgelöst und vorangetrieben wird: »Es muss sich um Änderungen in der Definition des Lebenssinns der einzelnen Gesellschaftsmitglieder handeln, und um Änderungen der Definition des Charakters der Gesellschaft selbst.« (Parsons 1971: 38)

Wertewandel vollzieht sich nach Parsons nicht einfach auf rationaler Ebene, sondern impliziert, dass eine Internalisierung neuer moralischer Werte bei den Individuen stattfindet.

Immanuel Kant galt als oberstes Moralprinzip die unbedingte Beachtung der Menschenwürde (vgl. Schweppenhäuser 2021: 101). Im moralphilosophischen Diskurs der Aufklärung bis heute und in progressivem, der Moral verpflichteten politischen Handeln gilt die »Idee des Menschseins« (Theodor Adorno) als zentral. Für Ernst Bloch bedeutete das, »das wichtigste Kennzeichen menschlichen Seins, nämlich Moralisches«, allem progressiven Handeln zugrunde zu legen (Bloch 1985a: 1373). Als moralisch gelten: das Leben selbst als »höchstes Gut« zu behandeln, wie Amartya Sen formulierte (Sen 2000: 36); das Streben nach Freiheit für jede und jeden einzelnen und Teilhabe aller an den Bedingungen dafür; Gemeinwohlverpflichtung, Gleichheit und Solidarität. Dies alles verbunden mit der Unversehrtheit der Natur als elementarste Lebensgrundlage, »der Kern des Menschen als identisch mit dem Kern der Erde« (Bloch 1985a: 1550).

Marx betrachtete als tiefsten Sinn eines alternativen Gesellschaftsprojekts die »originelle und freie Entfaltung der Individuen« (Marx 1959, MEW. Bd. 3: 424). »Freie Individualität, gegründet auf die universelle Entwicklung der Individuen« (Marx 1983, MEW Bd. 42: 91). In den Kämpfen für die Überwindung der Profitdominanz haben die plurale Linke wie generell alle progressiven Kräfte der Gesellschaft gute Gründe, ihre Politik an Maßstäben einer humanistischen Moral zu orientieren.

Also doch eine moralische Revolution als Kern einer Großen Transformation? Nachdem in dieser Schrift doch gerade argumentiert wurde, dass dauerhafter Frieden, Abwendung einer Klimakatastrophe, Bewahrung einer menschengerechten Natur und soziale Gerechtigkeit einschneidende Brüche in den Eigentumsverhältnissen und Überwindung der Profitdominanz erfordern. Die Antwort auf diesen scheinbaren Gegensatz ist einfach: Wenn die Maßstäbe des Handelns in den Köpfen der Menschen angesichts globaler Gefahren eine Moral des bonum humanum erfordern, darf die ökonomische Struktur nicht so bleiben, dass ein solcher Wandel folgenlos bleibt. Sie darf nicht so bleiben, dass sie ursprünglich moralisches, solidarisches Verhalten als unverträglich mit marktgerechtem Konkurrenzverhalten von vornherein abstraft. Dann müssen auch die Maßstäbe des Wirtschaftens verändert werden. Die Regulationsweise muss auf ein anderes Ziel als den Profit ausgerichtet werden. Ernst Bloch betonte, »dass weder menschliche Würde ohne ökonomische Befreiung möglich ist noch diese, jenseits von Unternehmern und Unternommenen jeder Art, ohne die Sache Menschenrechte« (Bloch 1985b: 13).

Keine progressive Transformation ohne neues Denken, kein Erfolg einer moralisch am Menschsein orientierten Denkhaltung, wenn sie nicht zu alternativen Wirtschaftsstrukturen führt.

3.5 Moralische Revolution und notwendige Brüche in den ökonomischen Grundstrukturen

Die Frage ist aber, ob ein »neues Denken« bereits heute die Entwicklung bestimmt oder ob dieser Bewusstseinswandel überwiegend noch aussteht und sich in den bevorstehenden politisch-geistigen Kämpfen erst durchsetzen muss. Diese zweite Sicht wird hier exemplarisch in Gestalt einer kritischen Rezeption von Schneidewinds Konzeption einer moralischen Revolution entwickelt, weil Uwe Schneidewind lange Zeit an der Spitze des Wuppertal Instituts und in anderen verantwortungsvollen Positionen erheblich zu einem progressiven Transformationskonzept beigetragen hat. In dem Band »Die Große Transformation. Eine Einführung in die Kunst gesellschaftlichen Wandels« werden eindrucksvoll und orientierend für das Handeln alternativer Akteure mögliche Reformschritte für sieben »Arenen von Wenden« in entscheidenden Sektoren von Wirtschaft und Gesellschaft vorgeschlagen. Aber gerade deshalb ist es bedenklich, dass selbst in dem von Schneidewind verkörperten linksliberalen Spektrum irreführende Einschätzungen des erreichten Zivilisationsfortschritts vertreten werden.

Nach Uwe Schneidewinds Befund sei eine neue sozial-ökologische Vernunft bereits dabei, das Handeln sämtlicher »Pioniere des Wandels« zu bestimmen – der Unternehmen, zivilgesellschaftlicher Organisationen, politischer Akteure und wissenschaftlicher Einrichtungen. Überall sei ein grundlegender unternehmerischer Perspektivenwechsel (›Corporate Mindshift‹) im Gange (ebd.: 362). Für die Zukunftskunst einer Großen Transformation gelte: »Letztlich ist sie von einem individuellen Umdenken oder ›Mindshift‹ von Managerinnen und Managern getragen« (ebd.: 363). Die im Jahr 2015 verabschiedeten Nachhaltigen Entwicklungsziele (Sustainable Development Goals – SDGs) würden längst als Kompass für die gesellschaftliche Verantwortung von Unternehmern wirken. »In den meisten Unternehmen selbst ist die Botschaft längst angekommen: Es existiert kaum noch ein Unternehmen, das sich nicht auch um ökologische und soziale Anliegen kümmert.« (Ebd.: 365) »Im Zentrum unternehmerischer Tätigkeit steht demnach der gesellschaftliche Mehrwert, den Unternehmen erbringen.« (Ebd.) Der Westen scheint bereits dabei, die historischen Aufgaben unserer Epoche zu meistern.

Allerdings relativiert Schneidewind seine optimistische Einschätzung der kapitalistischen Unternehmen als System Changer. Bedenklich stimmt ihn der Blick auf die multinationalen Gesellschaften, auf »die Einbettung dieser Konzerne in die globalen Kapitalmarktstrukturen. Die Entscheidungen dieser Unternehmen werden zumeist von angestellten Managerinnen und Managern verantwortet, die im Wesentlichen nach dem Aktionärswert, d. h. den von ihnen erwirtschafteten Eigenkapitalrenditen auf das vorhandene Aktienkapital bewertet werden« (ebd.: 383 f.). Die Finanzmärkte sind die von allen Märkten am meisten deregulierten Märkte. Der dort regierende Shareholder Value setzt Rentabilitätsmaße auch für die Sphären der Produktion und sozialen Dienstleistungen. George Soros, Milliardär und langjähriger Chef der Investmentfonds Quantum Group, kam daher in seiner Analyse solcher Eigentums- und Machtstrukturen zu einem ganz anderen Urteil über die bestimmenden Maßstäbe in der Wirtschaft als Schneidewind: »Doch im gegenwärtigen kapitalistischen Weltsystem hat es zweifellos eine eindeutige Verschiebung zugunsten eines Verhaltens gegeben, das ausschließlich auf Gewinnmaximierung aus ist.« (Soros 1998: 154) Dieser führt weiter aus: »Am Ende, darüber sollten wir uns keine Illusionen machen, dreht sich alles um Profit und Reichtum […]. Vor allem aber weist das kapitalistische System ausgeprägte imperialistische Tendenzen auf.« (Ebd.: 151; 141f.) Gewiss hat die Fähigkeit des Kapitalismus zur Anpassung an die veränderten Herausforderungen seit dieser Einschätzung zugenommen, kehrt sie aber nicht in ihr Gegenteil um.

Schneidewinds Aussage, dass immer mehr Unternehmen ökologische und soziale Kriterien des Wirtschaftens beachten, trifft gleichwohl zu – soweit dies kurz- und mittelfristig profitabel ist und ihre Konkurrenzfähigkeit nicht belastet. Sie trifft nicht oder nur äußerst begrenzt zu, wenn es um die großen Strukturumbrüche geht, die eine Klimakatastrophe abwenden könnten, um wissenschaftlich-technische Umwälzungen, wenn diese erst langfristig oder gar keinen Profit versprechen, um eine mit dem Tempo in China annähernd vergleichbare Minderung der Armut, um Abrüstung, um radikale Aufwertung und Ausbau sozialer und physischer Infrastrukturen und um den Abschied von einer imperialen Lebensweise. Solche Einschnitte finden ihre Grenze in den Eigentums- und Herrschaftsverhältnissen des Kapitalismus.

Die Illusion, dass in den ökonomischen Machtzentren des Kapitalismus – im politischen Establishment, in den Führungsetagen der Finanzimperien, der Militär-Industrie-Komplexe, der IT-Konzerne, Energiemultis und des Agrobusiness bereits eine neue humanorientierte Moral das Handeln bestimme, zieht eine andere Täuschung nach sich. Mit der Hoffnung auf moralischen

Wandel der Machteliten tritt die Wahrnehmung der ihr Handeln in letzter Instanz bestimmenden ökonomischen Grundstrukturen in den Hintergrund. Der – überschätzte – Bewusstseinswandel in den Machteliten scheint den Weg evolutionären Wandels innerhalb der durch Kapitaleigentum und Profitdominanz bestimmten Grundstrukturen zu bahnen. Schneidewind kommt zwar zu der wichtigen Einsicht: »Nur durch gesellschaftliche Mobilisierung und politische Rahmensetzung wird es gelingen, die massiven Hebelwirkungen dieser großen Unternehmen für eine Nachhaltige Entwicklung wirklich zu entfalten [...] dann kann eine Große Transformation in von diesen Unternehmen geprägten Sektoren gelingen.« (Ebd.: 385) Doch letzten Endes treten in seiner Analyse finanzkapitalistische Strukturen so sehr in den Hintergrund und die Moralisierung der Machteliten wird für derart fortgeschritten gehalten, dass die Analyse der Unternehmenslandschaft überwiegend zum Lob auf die neuen Geschäftsmodelle des Kapitals gerät. Gelobt wird nachhaltiges Unternehmertum, »True Business Sustainability«. Ebenso wird »der Politik« zugeschrieben, sich bereits in einer moralischen Kehrtwende zu befinden.

Schneidewind fragt: »Hat angesichts zunehmender ökologischer und sozialer Herausforderungen der Kapitalismus in seiner heutigen Form noch eine Zukunft? Oder wird er gerade zur Lösung der Herausforderungen gebraucht?« (Ebd.: 9) Seine Antwort lautet, dass zwar die neoliberale Gestalt des Kapitalismus nicht nachhaltigkeits- und zukunftstauglich ist. Aber die Zukunft der globalen Wirtschaftsordnung, also des Kapitalismus, könne als deren »Weiterentwicklung«, »als ihr evolutionäres und insbesondere technologieoffenes« Projekt gedacht werden (ebd.: 67f.). »Im Kern geht es [...] um Transformationsprozesse, die durch viele kleine Schritte Veränderungen auslösen und die in der Summe moderne Wirtschaftssysteme zukunftsfähig weiterentwickeln.« (Ebd.: 93f.) Die Pointe lautet: »Der Weg ist evolutionär und nicht revolutionär.« (Ebd.: 104)

> Moralisierung des Bewusstseins der ökonomischen politischen Machteliten als Zugang zu systeminternem Wandel des Kapitalismus ohne große qualitative Brüche – so lautet die Quintessenz in der Mainstream-Überzeugung, dass dem Kapitalismus – in jüngster Zeit als humanistischer Gegenpol zu Putins und Xi Jinpings Autoritarismus verklärt – die Zukunft gehöre. Nur anders als er jetzt ist. Aber in der dominierenden Medienwelt: Eben doch nicht wirklich anders – weil er schon jetzt das Gute in der Welt gegen das Böse verkörpere. Hier dagegen wird die Überzeugung vertreten, dass eine Moralisierung der Politik, die zur Rettung der Zivilisation führen soll, auf eine doppelte Transformation von Wirtschaft und Gesellschaft zielen muss.

Mit einer systeminternen Transformation, also auf evolutionäre Weise, muss bereits im Rahmen des Kapitalismus weitreichender sozial-ökologischer Wandel erreicht werden. Denn er muss in historisch unglaublich schneller Weise noch vor einer Kumulation von Kipppunkten zu einer multidimensionalen Katastrophe stattfinden. Doch der Kapitalismus wird in der hoffentlich noch verbliebenen Zeitspanne für eine sozial-ökologische Wende nicht untergegangen sein.

Folglich gibt es *zwei transformatorische Wahrheiten*, wie hier mit der Analyse gegensätzlicher Tendenzen im Wirken der ökonomischen Gesetze des Kapitalismus dargestellt. Zum einen: Der Kapitalismus bietet erhebliche Reformspielräume für den Übergang zu einer demokratischeren, sozialeren und nachhaltigeren Gestalt der Moderne. Dies muss mit äußersten Anstrengungen ausgeschöpft werden. Zum anderen: Der Kapitalismus reproduziert zugleich seine systemischen Grenzen. Er tendiert weiter zur Zerstörung der natürlichen Grundlagen des Lebens, zu sozialer Polarisierung der Welt, zu militärischer Gewalt, zur Zerstörung des Menschlichen im Menschen. Er hat seine Janusköpfigkeit nicht abgestreift. Daraus folgt: Schon im systeminternen durch Reformen bestimmten Transformationsprozess müssen Projekte des Einstiegs in eine systemüberschreitende Große Transformation gesucht, ausgeschöpft und vorangetrieben werden. Die moralischen Auffassungen der Gesellschaft müssen bei aller Aufmerksamkeit für möglichst weitreichende Reformen für tiefe Brüche von revolutionärer Qualität geöffnet werden, die noch vor uns liegen.

Die zwei Gesichter des Gottes Janus wurden in der römischen Mythologie mehrfach gedeutet. Nicht zuletzt galt er als Gott des Endes und des Anfangs. Gelangt die Zivilisation mit den Kriegen in der Ukraine, im Gazastreifen, im Jemen und in anderen Ländern, mit der Klima- und Umweltkrise an das Ende ihrer Aufwärtsentwicklung? Oder sind die großen Krisen unserer Zeit der Schock, der zu einem Neubeginn ihres Aufstiegs führt? Des Janus Doppelgesicht mahnt, dass Ende wie Anfang gleichermaßen möglich ist. Jedoch: Viele Mahnungen ohne rettende Antworten und Taten kann sich die Menschheit nicht mehr leisten.

3.6 Leitgedanken für ein modernes Sozialismusverständnis

Welche Grundgedanken können in der gegenwärtigen Scheidewegkonstellation orientierend für eine solidarische, friedens- und umweltorientierte Gesellschaft werden? In den Gewerkschaften, sozialen Bewegungen, Bürgerinneninitiativen und mehr oder weniger linken Parteien existieren eine Vielfalt einzelner Programme, Konzepte und Projekte auf allen Politikfeldern.

Deshalb liegt nahe, Leitgedanken einer zusammenführenden Erzählung der modernen Linken hervorzuheben. Vorschläge dafür sind in der Diskussion (Dellheim u.a. 2012; Paech 2012; Klein 2013, 2022; Honneth 2015; Winker 2015; Wright 2017; Dörre/Schickert 2019; Dörre 2021; Zelik 2020; Zeller 2020; Brie 2022, 2023; Saito 2023). Diese Diskussion ist hier nicht zu referieren. Festzuhalten ist aber, welche Grundideen in diesem Diskurs als entscheidend für das Verständnis eines modernen Sozialismus angesehen werden können.

Zu vermeiden ist dabei eine hässliche Krankheit, für die die plurale Linke leider anfällig ist. Für die Neigung, den jeweils eigenen Standpunkt mit Leidenschaft kategorisch gegen andere linke Sichten auf ein Problem zu vertreten. Karl Kraus gab dagegen zu bedenken:

»An die Sucher von Widersprüchen,
mein Wort berührt die Welt der Erscheinungen,
die darunter oft leider zerfällt.
Immer noch meint ihr, es gehe um Meinungen,
aber der Widerspruch ist in der Welt.«

Hinter unterschiedlichen Meinungen steckt oft, dass die Realität selbst widersprüchlich oder zumindest vielseitig ist. Weil es um die Lösung realer Widersprüche geht, sollte der linke Diskurs eher das Gemeinsame und Verbindende im Herangehen an Problemlagen erfassen als das Trennende. Hier werden daher fünf Grundgedanken festgehalten, die von ihren Protagonisten aus guten Gründen als entscheidend für das Verständnis eines modernen Sozialismus angesehen werden. Und zu fragen ist, wie sie der Realität entsprechend produktiv verbunden werden können:

- Erstens: Sozialismus als Weg der Vermittlung von Liberalismus und Kommunismus.
- Zweitens: Sozialismus als Weg zu einer Weltordnung des Friedens und der Bewahrung der Naturgrundlagen menschlicher Existenz.
- Drittens: Sozialismus als Prozess, in dem das Soziale – soziale Sicherheit und sozial gleiche Teilhabe – als Grundbedingung für freie Persönlichkeitsentfaltung, Friedenssicherung und Naturgleichgewichte gilt.
- Viertens: Sozialismus weder erreichbar allein durch Reformen noch allein durch Revolution, sondern durch Verschränkung systeminterner und systemüberschreitender Transformation, also auf dem Weg doppelter Transformation.
- Fünftens: Sozialismus basierend auf hybrider Eigentumsstruktur.

Sozialismus als Vermittlung von Liberalismus und Kommunismus

Dieses Verständnis eines demokratischen Sozialismus hat Michael Brie jüngst in seinem hellblauen Bändchen »Sozialismus neu entdecken« begründet. In der langen Geschichte der pluralen Linken ging es stets um individuelle Freiheitsrechte, um die Überwindung von herrschaftlichen Abhängigkeiten der Einzelnen. »Freie Individualität, gegründet auf die universelle Entwicklung der Individuen« sah Marx als das Bestimmende für eine sozialistisch-kommunistische Gesellschaft an (Marx 2005: 9). Im »Manifest der Kommunistischen Partei« schrieben Marx und Engels: »An die Stelle der alten bürgerlichen Gesellschaft mit ihren Klassen und Klassengegensätzen tritt eine Assoziation, worin die freie Entfaltung eines jeden die Bedingung für die freie Entwicklung aller ist.« (Marx/Engels 1959, MEW Bd. 4: 482)

Die eine Wurzel eines modernen Sozialismus ist der Liberalismus mit seinem ursprünglichen Anspruch auf Freiheit für jeden Einzelnen. Seine starke Beachtung in der praktischen Politik ist eine Grundbedingung für einen Sozialismus mit menschlichem Antlitz. Die fortschreitende Erosion der liberalen Demokratie birgt die starke Gefahr für die Linke, mit der Kritik am Abbau liberalen Denkens und liberaler Institutionen auch gleich in eine Abkehr von der humanistischen Substanz des Liberalismus zu verfallen. Die revolutionäre Linke hatte stets ein gebrochenes Verhältnis zum Liberalismus. Mit seiner pauschalen Ablehnung als bürgerliche Ideologie unterminierte sie ein Selbstverständnis des modernen Sozialismus als libertäre Bewegung. Unbeschränkte Freiheit des Kapitaleigentums und angeblich freier Wettbewerb stehen dem liberalen Versprechen individueller Freiheit für jede und jeden feindlich entgegen und erfordern die Abgrenzung der Linken von einem Liberalismus des Kapitals. Der neoliberale Marktradikalismus hat diese Distanz so dringlich wie nie zuvor gemacht. Aber gerade deshalb muss die Linke mit allem Nachdruck am liberalen Prinzip der Freiheit der Einzelnen festhalten. Sie hat den demokratischen Rechtsstaat zu verteidigen, gerade wenn sie dessen Missbrauch durch die Machteliten anprangert. Sie muss Meinungsfreiheit, Versammlungs- und Demonstrationsfreiheit, individuelle, politische und soziale Rechte sowie Rechte, die die Natur schützen, verteidigen und für ihre Ausweitung eintreten. Der Liberalismus, der die Menschenwürde schützt, gehört zum Selbstverständnis eines modernen Sozialismus. Gerade deshalb wurde hier die Kritik an der Entleerung der Moral so stark betont, die mit den illiberalen Gefährdungen der Gesellschaft einhergeht.

Im bürgerlichen Verständnis beruht der Liberalismus auf dem Privateigentum an Wirtschaftsressourcen und dient dessen Legitimierung. Längst dominiert der Wirtschaftsliberalismus den Gesinnungsliberalismus. Mit guten Gründen wird dagegen Sozialismus als Kampf für Gemeineigentum und Gemeingüter gegen das Übergewicht des kapitalistischen Privateigentums verstanden.

Die andere Wurzel des Sozialismus ist das Kommunistische, das den Einzelnen sozial gleiche Teilhabe an den Grundbedingungen ihrer Persönlichkeitsentfaltung zu sichern vermag. Die Infrastrukturen für Bildung, Gesundheit, Pflege, Betreuung, Wohnen, Versorgung mit Energie und Wasser, Mobilität, Kultur und Information gehören in öffentliche Hand oder zumindest in öffentliche Verantwortung, um den Zugang zu ihnen von individueller Zahlungsfähigkeit zu befreien. Brie hat sie deshalb als Freiheitsgüter bezeichnet.

Als in den staatssozialistischen Gesellschaften gesellschaftliches (de facto in der Verfügung der kommunistischen Staatsparteien befindliches) Eigentum und darauf beruhende Zentralplanung als die entscheidenden Kriterien sozialistischer Gesellschaften angesehen wurden, als das so verfälschte Kommunistische das Libertäre völlig verdrängte, geriet der Staatssozialismus zur Diktatur, verlor die Unterstützung der Bevölkerungsmehrheit und musste zwangsläufig scheitern.

Viele der in der pluralen Linken, speziell in der Linkspartei, virulenten Konflikte hängen mit der Unfähigkeit zusammen, den Widerspruch zwischen Liberalismus und Kommunismus konstruktiv zu bearbeiten: Gegensätze zwischen individuellen, kollektiven und gesamtgesellschaftlichen Interessen, gesellschaftliche Interessen zum Beispiel an der ökologischen Sanierung des Wohnungsbestandes und individuelle Interessen der Mieterinnen daran, nicht durch zu hohe Kosten unzumutbar belastet zu werden; Gegensätze zwischen Betonung sozialer Klassenfragen und Priorisierung von Klima- und Umweltproblemen; Gegensätze zwischen Finanzierbarkeit des Sozialstaats und Solidarität mit Flüchtenden und Asylsuchenden; Gegensätze zwischen denen, die soziale Fragen im Vordergrund sehen, und denen, die sich für Geschlechtergerechtigkeit, Migrant*innen, Solidarität mit der Bevölkerung armer Länder und kulturelle Fragen engagieren.

Bries Arbeit am Begriff des Sozialismus ist daher kein theoretisches Sandkastenspiel. Es geht um ein Grundverständnis der Haltung, mit der die großen Fragen unserer Zeit zu bearbeiten sind: »Um den Begriff von Sozialismus in einem einzigen Satz auszudrücken: Sozialismus ist die sozialistische Austragungsform zwischen den Freiheitsansprüchen der Einzelnen und den kommunistischen Fundamenten in modernen komplexen Gesellschaften mit dem Ziel, Menschen ein erfülltes Leben in Verantwortung füreinander in einer an Möglichkeiten reichen Welt zu ermöglichen.« (Brie 2022: 17)

Anders formuliert: Das Maß sozialistischer Politik sind Würde und freie Entfaltung jedes einzelnen Menschen, ist Menschlichkeit. Und zugleich zielt sozialistische Politik auf die Sicherung der gemeinsamen Grundlagen dafür: Gemeineigentum, öffentliche Daseinsvorsorge, gemeinwohlorientierte Planung. Sozialismus kann verstanden werden als Verwirklichung der Menschenrechte, sozialistische Politik heute als Annäherung an eine Menschenrechtsgesellschaft.

Mit dem Maß der Menschlichkeit ist über Waffenlieferungen an die Ukraine zu entscheiden, wenn die legitime Verteidigung gegen die russische Aggression umschlägt in den Tod und die Verletzung weiterer Hunderttausender. Mit diesem Maß ist im Gazastreifen zu urteilen. Menschlichkeit sollte uns leiten, wenn es um Migration geht.

Ich hebe den Begriff der Menschlichkeit für die Kennzeichnung des Sozialismus hervor und denke dabei daran, dass Ernst Bloch die Bedeutung von Begriffen für gesellschaftliche Diskurse und zielgerichtetes Handeln betonte: »So hat das genaue kategoriale Denken zwar das erste und auf langhin das zeitgemäße wie allemal räumende Wort, aber auftragsgemäß nicht das letzte, welches Handeln heißt, Verändern. Kein Verändern aber geschieht ohne Begriff, dieser ist der Generalstab gerade der Umwälzung und also der möglichen Ankunft, damit sie nicht woanders ankommt als in dem Meinen des Rechten gemeint.« (Bloch 2016: 239)

Sozialismus als Weg zu einer Weltordnung des Friedens und der Bewahrung der Naturgrundlagen menschlichen Lebens

Das Verständnis des Sozialismus als produktive Wechselwirkung der Stärken von Liberalismus und Kommunismus (siehe hierzu auch die Grafik 2 auf der folgenden Seite) betrifft die *Grundfundamente* des Sozialismus. Die Friedens- und Umweltbewegungen und ihre Theoretikerinnen und Theoretiker lenken die Aufmerksamkeit der Öffentlichkeit auf die beiden größten *Überlebensfragen* des Jahrhunderts. Beide Standpunkte zum Erfassen der entscheidenden Herausforderungen auf dem Weg zu einer solidarischen Gesellschaft hängen eng zusammen: die Fundamente des Sozialismus und sozialistische Friedens- und Umweltpolitik.

Sozialismus wird dann die Gesellschaft der Zukunft sein, wenn er das Leben auf der Erde dauerhaft bewahrt. Klaus Dörre hat seinem Buch über Neosozialismus den Titel gegeben: »Die Utopie des Sozialismus. Kompass für eine Nachhaltigkeitsrevolution«, für ökologische und soziale Nachhaltigkeit (Dörre 2021). Christian Zeller denkt über Sozialismus als »Revolution für das Klima« nach, über einen Ökosozialismus also (Zeller 2020). Dörre

Grafik 2: Fundamente des Sozialismus

argumentiert, dass das Überleben der Menschheit davon abhängt, der Zangenkrise zu entkommen, in die der Kapitalismus geführt hat. Nämlich dem Zwang zu entrinnen, die Widersprüche und Probleme des Kapitalismus durch Wachstum lösen zu wollen und dadurch die eigenen Naturgrundlagen zu zerstören. Ein Ausweg ist allein durch eine Gesellschaft möglich, die die wachstumstreibende Konkurrenz um höchstmögliche Profite überwindet. Sozialismus ist daher als nachhaltiger Sozialismus oder Ökosozialismus zu verstehen.

Umweltzerstörung, vor allem Klimakatastrophen und der Artenschwund, beschneiden auf elementarste Weise das Leben jeder und jedes Einzelnen. Die Umweltkrise verschlechtert die Luft zum Atmen, verknappt das Trinkwasser und die Wasserressourcen für jedes Leben auf der Erde. Hunderten Millionen Menschen wird der Boden, von dem sie leben, unter den Füßen weggespült, ausgetrocknet und verdorrt. Feuer vernichten Felder und Äcker als Lebensbedingungen. Natürliche Grundbedingungen individueller Freiheit werden durch die Umweltkrise untergraben oder zerstört. Das betrifft nicht nur die individuellen Lebensgrundlagen der einzelnen, sondern auch gemeinsame Güter, die die Gemeinschaften zusammenhalten: die bereits genannten öffentliche Güter, die sozialen Infrastrukturen, dass potenziell »Kommunistische« in der Gesellschaft.

Umgekehrt wiederum: Kämpfe der Klima- und Umweltbewegungen sind immer Kämpfe, ob nun von den Akteuren ausdrücklich formuliert oder nicht, in denen über die künftigen Bedingungen freier Persönlichkeitsentwicklung – über das Libertäre – und über die Commons (den Zustand der Meere, der Wälder, der Wasserressourcen, der Demokratie, der Rechtssysteme, der kommunalen Wirtschaft und Kultur) entschieden wird.

Der Krieg in der Ukraine wird von westlicher Seite zwar im Namen freiheitlicher Werte geführt. Aber der Krieg deformiert die Menschen. Er lebt von Nationalismus. Er treibt Brutalisierung voran. Gewalt wird verherrlicht, Pazifismus diffamiert. Krieg bringt Denken in Feindbildern und Schwarz-Weiß-Raster hervor. Differenzierendes Denken gilt als Schwäche, wenn

Grafik 3: Überlebensfragen: Sozialismus als Antwort

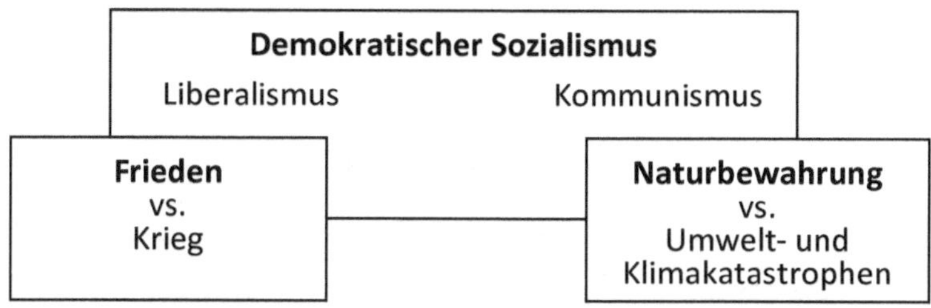

nicht als Verrat. Kritik an einer Regierung wird vielfach als strafwürdiges Delikt verfolgt. Freiheitsrechte werden im Krieg häufig außer Kraft gesetzt.

Krieg zerstört öffentliche Infrastrukturen, die dem Gemeinwohl und den Einzelnen dienen. Er vernichtet Wohnraum, Schulen, Krankenhäuser, Verkehrs- und Versorgungsnetze. Viele Bedingungen individueller Persönlichkeitsentfaltung und öffentlicher Wohlfahrt erleiden im Krieg schweren Schaden. Freiheitsrechte und öffentliche Güter des Gemeinwesens zu bewahren, erfordert umgekehrt, auf Frieden hinzuwirken. Eigenschaften des Menschen, die den einzelnen und zugleich ihrer Gemeinschaft guttun, gedeihen unter Friedensbedingungen: Solidarität, Toleranz, Empathie, Offenheit für rationale Argumente, Differenziertheit des Urteils, Anerkennung des Anderen, Sinn für Zwischentöne im Leben, Freundschaft und Liebe. Demokratische Freiheiten und Demokratisierung der Wirtschaft können eher im Frieden erweitert werden als im Krieg.

Sozialismus ist daher als Weg zur Bewahrung der Naturgrundlagen menschlichen Lebens und ebenso als Prozess zu einer Weltordnung des Friedens zu verstehen.

Sozialismus bedeutet soziale Sicherheit und sozial gleiche Teilhabe

Freie Persönlichkeitsentfaltung ist kein von seinen sozialen Voraussetzungen getrennter Wert an sich. Das Libertäre zur Geltung zu bringen, steckt in den Kämpfen des Pflegepersonals im Gesundheitswesen um eine ausreichende Stellenzahl auf den Stationen, in der Mieterbewegung für bezahlbare Mieten, in Frauenstreiks für Geschlechtergerechtigkeit. Vor allem die Gewerkschaften stehen für das Soziale.

Frieden ist eine *soziale* Herausforderung: Bomben und Raketen zerstören elementare Lebensbedingungen der Menschen. Wenn die Versorgung mit Lebensmitteln, Wasser, Strom und Medikamenten wegbricht, geht es an die soziale Substanz. Das gilt in unserer global vernetzten Welt auch für die Bevölkerung in Ländern, die gar nicht unmittelbar vom Krieg betroffen

Grafik 4: Soziale Gerechtigkeit – Markenkern des Sozialismus

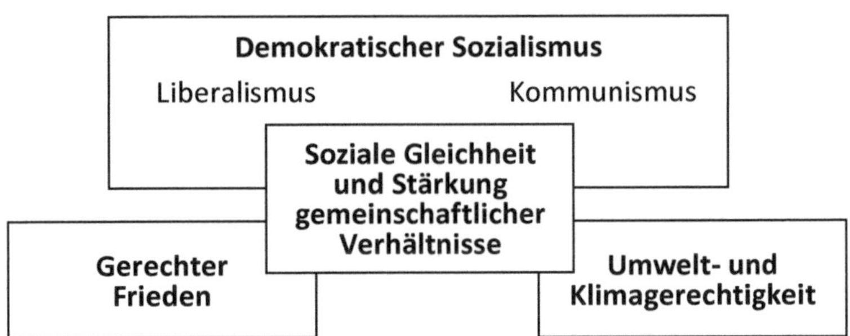

sind. Der Ukrainekrieg wurde den Deutschen zu ihrem eigenen sozialen Problem, als seine Folgen die Inflation massiv verstärkten. Die gewerkschaftlichen Lohnkämpfe sind plötzlich nicht mehr von Friedensdemonstrationen zu trennen. Die Energiekrise ließ die Wellen öffentlicher Diskussionen hochschlagen, als das sogenannte Heizungsgesetz in seiner ursprünglichen Fassung die Haushalte mit Kosten von 20.000 bis 50.000 Euro für Wärmepumpen und Wärmedämmung bedrohte. Für Menschen in armen Ländern, die in der Migration die letzte Ausflucht vor Klimakatastrophen in ihrer Heimat sehen, ist die Umweltkrise schon längst eine unmittelbare soziale Frage. Das Soziale ist die Sphäre, in der die Menschen die Gefahren für Frieden und Natur hautnah erfahren.

Umweltbewegungen und Friedensbewegungen können nicht gesondert von Gewerkschafts- und anderen sozialen Bewegungen erfolgreich sein. Soziale Kämpfe sind dauerhaft nur dann mit Erfolg zu führen, wenn die Gewerkschaften und weitere Akteure in sozialen Bereichen Allianzen mit Friedens- und Umweltkräften suchen. Für feministische, migrantische und andere identitätspolitische Bewegungen ist unverzichtbar, auf Gewerkschaften und andere Träger sozialer Klassenkämpfe zuzugehen.

> Alle zentralen Fragen unseres Jahrhunderts sind mit der Sphäre des Sozialen verbunden. Sozialistische Politik ist – auf welchem Politikfeld auch immer – soziale Politik. Sozialpolitik von Umwelt- und Friedenspolitik zu trennen oder gar gegeneinander zu setzen, schwächt die Gesamtheit demokratischer Kräfte und zumal die plurale Linke.

Sozialismus ist daher als im Sozialen verankerte Bewegung in die Richtung von Frieden und Erhalt der Ökosysteme zu verstehen. Sozialismus ist das Soziale in der alltäglichen Lebenswelt.

Weil die kapitalistischen, patriarchalen, von rassistischen Tendenzen und Ausbeutung des globalen Südens durchzogenen gesellschaftlichen Verhältnisse der Gegenwart sozial ungerecht sind, gekennzeichnet von tiefen Gräben zwischen Arm und Reich, ist sozialistische Politik zwangsläufig mit *Umverteilung* verbunden. Sie muss die permanent stattfindende kapitalistische Umverteilung von unten nach oben zu Gunsten der sozial Schwächeren umkehren.

Sozialistische Politik zielt auf Produktivitätszuwachs, vor allem auf die umweltschonende Steigerung der Ressourceneffizienz. Sozialistische Politik schließt Verantwortung für den sozial-ökologischen Umbau der Wirtschaft ein, damit eine menschenwürdige Zukunft für alle materiell gesichert werden kann. Sie ist also nicht auf Umverteilungspolitik zu reduzieren.

> Sozialismus bedeutet gleichwohl nicht zuletzt gerechte Umverteilung von Lebenschancen und Macht. Gerechtigkeit und also auch Umverteilung gehören zum Markenkern der Linken.

Noch immer wurzelt soziale Ungleichheit in der Produktion. Dort findet die Primärverteilung des geschaffenen Neuwerts, seine Teilung in Löhne und Gehälter einerseits und Kapitalgewinne andererseits statt. Dort müssen sich die Lohnabhängigen der Flucht der Unternehmen aus Tarifbindungen, des Drucks auf ihre Einkommen, steigender Arbeitsintensität, der Ausweitung des Niedriglohnsektors und der Verschlechterung von Arbeitsbedingungen erwehren.

Neben der Produktion ist die Care- oder Sorgearbeit die andere große Sphäre, in der Ungerechtigkeit und Ausbeutung herrschen. In den bezahlten Dienstleistungen werden vor allem Frauen schlecht entlohnt, überlastet durch die Einsparung von Arbeitskräften und herabgesetzt durch mangelnde Wertschätzung ihrer Arbeit. Der größte Teil der unentgeltlichen häuslichen Sorgearbeit entfällt ebenfalls auf Frauen. Ob unterbezahlt in Gesundheitsberufen, Pflege und Betreuung von Kindern, Kranken und Älteren oder ohne Entgelt in der Familie – ein großer Teil der für die gesellschaftliche Reproduktion unverzichtbaren Arbeit wird den Unternehmen kostengünstig oder umsonst zur Verfügung gestellt. Es ist kein Zufall, dass in den letzten Jahren viele der Kämpfe um Arbeitsbedingungen und Umverteilung in Bereichen der Dienstleistungen wie Gesundheit, Erziehung, Bildung, Handel, Kultur und Mobilität stattfinden. Der Ausbau der materiellen und sozialen Infrastrukturen, bessere Arbeitsbedingungen dort und die sozial gleiche Teilhabe aller an den durch die Dienstleistungen bereitgestellten Bedingungen für ein menschenwürdiges Dasein gehören zu den

Wegen zum Sozialismus, die schon heute eingeschlagen werden müssen. Sie werden in Forderungen nach einem neuen erstrangigen Gewicht der öffentlichen Daseinsvorsorge gebündelt und verweisen auf die Perspektive eines Infrastruktursozialismus (Foundational Economy Collective 2019).

Sozial-ökologischer Umbau der Produktion und der Strukturwandel zugunsten eines teilhabeorientierten Care-Sektors erfordern große öffentliche Investitionsprogramme. Diese werden nicht ohne eine Wende in der Finanz- und Haushaltspolitik zu haben sein. Höhere Steuerbelastung von Großvermögen, von monopolistisch überhöhten Unternehmensprofiten und spekulativen Gewinnen aus Finanzgeschäften werden zu dringlichen Formen gerechter Umverteilung gesellschaftlichen Reichtums.

> Zusammengefasst: Der Profit darf nicht der zentrale Maßstab gesellschaftlicher Entwicklung bleiben. Ein anderes Maß muss sein – der Mensch selbst. Mit diesem Ziel gewinnt Umverteilung ihren erstrangigen Platz in einer modernen Erzählung vom Sozialismus im 21. Jahrhundert.

Sozialismus als Resultat doppelter Transformation

Sozialismus ist als Ziel, Orientierung, Bewegung und Prozess zu verstehen. Nicht allein als Reform, nicht allein als revolutionärer Bruch, sondern – wie bereits dargestellt – als evolutionäre progressive Transformation im Rahmen des Kapitalismus, die unter der Voraussetzung veränderter gesellschaftlicher Kräfteverhältnisse für eine systemüberschreitende Große Transformation zu öffnen ist. Für absehbare Zeit allerdings werden Widerstand gegen Rückfälle in der Umweltpolitik, die Verhinderung weiterer Eskalation der Kriege, Verteidigung gegen Sozialabbau und Abwehr der Gefahren von rechts im Vordergrund stehen, um aus der Defensive progressiver Kräfte heraus in die Offensive zu kommen.

Die Verbindung solcher Verteidigung und eines voraussichtlich längeren Prozesses demokratischer sozial-ökologischer Veränderungen im Kapitalismus mit Umwälzungen über den Kapitalismus hinaus eröffnet die Chance, Mehrheiten der Bevölkerung für nachhaltigen Wandel zu gewinnen, ohne dass sie von vornherein in totales Neuland springen müssen.

Natürlich ist die erste Frage, welche Inhalte einen demokratischen Sozialismus ausmachen. Daher hier die Betonung der Einheit von Libertärem und Kommunistischem, des Zusammenhangs von Frieden, Naturbewahrung und sozialen Lösungen aller großen Probleme. Aber diese Inhalte erfordern adäquate Wege.

Eine Beschränkung von Kämpfen auf Reformen allein erlaubt gewiss sozial-ökologische Fortschritte. Deshalb bedeutet Sozialismus, zunächst alle

Grafik 5: Weg zum Sozialismus – doppelte Transformation

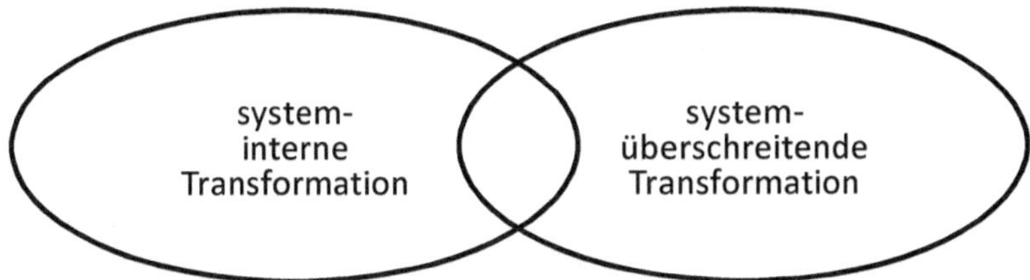

nur verfügbaren Möglichkeiten für progressive Reformen voll auszuschöpfen. Aber zwei Jahrhunderte reformpolitischer Erfahrungen verweisen auf die strukturellen Grenzen des Kapitalismus und führen zu der Einsicht, dass der Kapitalismus janusköpfig bleibt. Stets bleibt seine Verankerung im Rückwärts wirksam. Stets wird das Vorwärtsschreiten durch die in den Eigentums- und Herrschaftsverhältnissen wurzelnden Interessen der kapitalistischen Machteliten gehemmt. Stets drohen Rückfälle in Blockadepolitik. Ungelöst sind die größten Probleme der Menschheit: die Naturgrundlagen ihrer Existenz zu retten, Frieden in der Welt gegen die Gefahr atomaren Untergangs herzustellen, Armut und Hunger zu überwinden und gegen die Ausbreitung von Autokratien unterschiedlichste Gestalten der Demokratie zu erproben.

> Ein tiefer Widerspruch in unserer Zeit muss bearbeitet werden. Noch nie war die Zeit so knapp zur Abwendung existenzieller Gefahren wie der Klimakatastrophe. Das spricht für einen möglichst schnellen, radikalen und umfassenden Bruch mit den herrschenden Verhältnissen. Noch nie waren die alternativen Kräfte so schwach im Verhältnis zu den Herausforderungen. Das spricht für eine realistische Konzentration auf die dringlichsten erreichbaren Veränderungen im Rahmen des Kapitalismus.

Diese Konstellation birgt zwei Gefahren für die Linke. Sich auf das allenfalls noch Machbare – womöglich in Regierungsbeteiligungen – zu konzentrieren, aber den Anspruch auf eine demokratisch-sozialistische Perspektive ausdrücklich aufzugeben, wie dies die neue Bewegung Sahra Wagenknecht (BSW) tut. Oder einseitig »die zeitliche Dringlichkeit eines radikalen Bruchs« zu betonen (Zeller 2020: 179). »Die Klimakatastrophe verlangt *sofortiges* Handeln, und dieses Handeln bedarf eines Bruchs sowohl mit der kapitalistischen Akkumulation so als auch mit der kapitalistischen Herrschaftsweise.« (Ebd.: 205) Sozialismus als sofortiger Bruch mit dem Kapitalismus – diese unrealistische Strategie tendiert dazu, die Linke ins Sektierertum zu führen.

Aus dieser Lage folgt, dass Reformstrategien mit Strategien des Bruchs kombiniert werden müssen. Je komplexer moderne Gesellschaften verfasst sind, desto schwieriger wäre es, sie ohne schon vorangegangene partielle Brüche und ohne Erfahrungen mit emanzipatorischen Reformprojekten von Grund auf verändern zu wollen – und zwar in einer relativ kurzen ereignisartigen Phase des tiefen umfassenden Bruchs. So viele etablierte Institutionen und Mechanismen müssten zerstört werden, so viele von Grund auf neue Institutionen geschaffen, dass die Akteure an der Spitze dieser Umwälzung völlig überfordert wären. Kaum vermeidbar wären ein beträchtlicher Produktionsrückgang und eine Absenkung des Lebensstandards. Je tiefer der Bruch, desto länger würde er sich zwangsläufig mit negativen Folgen hinziehen und zu Verlusten der Akzeptanz des Neuen selbst bei überzeugten Unterstützern einer alternativen Entwicklung führen. »Interessen sind immer innerhalb spezifischer Zeithorizonte wirksam, und wenn die Talsohle eine gewisse Länge aufweist, wird es unwahrscheinlich, dass die meisten Menschen den Übergang als in ihrem materiellen Interesse liegend ansehen.« (Wright a.a.O.: 428) Wachsende Ungeduld und Abkehr größerer Teile der Bevölkerung wären die wahrscheinliche Folge und würden von reaktionären Kräften gegen sozialistische Veränderungen ausgenutzt werden. Es sei daher, so Wright, »unwahrscheinlich, dass sich ein auf Bruch basierender Übergang zum Sozialismus unter *demokratischen Bedingungen* durchhalten ließe« (ebd.: 430).

Gleichwohl, tiefe Brüche werden angesichts der Grenzen, die bloßen Reformprozessen im Kapitalismus gesetzt sind, unvermeidbar. Ihre Erfolgschancen werden jedoch am größten sein, wenn Reformen bereits möglichst viele strukturelle Schranken gegen tiefgreifenden Wandel abgeräumt haben, wenn viele Menschen in Selbstermächtigungsprojekten ihre eigene Veränderungsmacht bereits erprobt haben. Daraus folgt eine Strategie der innersystemischen Transformation und ihrer Öffnung für systemüberschreitende Brüche, eine Strategie doppelter Transformation also. Das wurde in anderen Zusammenhängen bereits dargestellt (Klein 2013; 2019: 154–222).

> Hier kommt es jedoch darauf an, dass der Anspruch des Sozialismus, seine widersprüchlichen Wurzeln im Liberalismus und Kommunismus in ein produktives Wechselverhältnis zu bringen und sich auf diese Weise als friedenssichernde und umweltbewahrende, sozial solidarische Gesellschaft zu bewähren, mit der Wahl des Weges zu einer solchen Gesellschaft zusammenhängt. Die Wesenszüge des Sozialismus werden in der Verschränkung von innersystemischer und systemüberschreitender Transformation deutlich.

Demokratischer Sozialismus wird auf einer hybriden Eigentumsstruktur beruhen

Entwickelt wurde hier also: Sozialismus bringt das Libertäre zur Geltung, die freie Entfaltung der Individuen. Dafür entwickelt er das Kommunistische, das heißt die Gemeinschaft, die öffentliche Daseinsvorsorge und entsprechende öffentliche Infrastrukturen. Er ist eine Friedensgesellschaft, die ihre Naturgrundlagen bewahrt. Er löst diese beiden Menschheitsaufgaben in sozialer Sicherheit bei sozial gleicher Teilhabe aller.

Diese Qualitäten einer solidarischen Gesellschaft sind auf der Grundlage von Kapitaleigentum und Profitdominanz nicht erreichbar. Der Aufbau einer solidarischen Gesellschaft erfordert eine Umwälzung der Eigentumsverhältnisse und der auf ihnen beruhenden Herrschaftsverhältnisse (vgl. Leibiger 2022). Gesellschaften werden sich desto mehr sozialistischen Verhältnissen annähern, je wirksamer die Mehrheit der Bevölkerung über das eigene Leben selbst entscheiden kann.

Marx betrachtete als Voraussetzung dafür die Überführung der Produktionsmittel in gesellschaftliches Eigentum durch Enteignung der Kapitalisten. Aber er meinte damit nicht eine Eigentumsform, die wie in den untergegangenen sozialistischen Staaten im Namen der Vergesellschaftung die einzelnen von strategischen Entscheidungen ausschließt. Zwar erwartete Marx, dass gesellschaftliches Eigentum zentralisierte Verfügung über die Wirtschaftsressourcen »nach einem gemeinsamen Plan« bedeuten würde (Marx 1983, MEW Bd. 42: 91). Was bedeutet dies aber für die Veränderung der Eigentumsverhältnisse? Das heißt vor allem, dass die einzelnen Betroffenen von Entscheidungen auf diese realen Einfluss haben.

Erstens: Wo für jede Bürgerin und jeden Bürger sozial gleiche Teilhabe an Freiheitsgütern (Dingen oder Leistungen) aus Gerechtigkeitsgründen unabhängig von individueller Zahlungsfähigkeit verwirklicht werden soll, versagt privates Kapitaleigentum. In solchen Bereichen ist gesellschaftliches Eigentum vorzuziehen, d. h. öffentliches Eigentum auf verschiedenen gesellschaftlichen Ebenen unter bestimmender Verfügung und Kontrolle seitens der Vertreterinnen von Gemeinwohlinteressen und der direkt Betroffenen. Mit Blick auf diese Verfügungs- und Kontrollmacht der Einzelnen schrieb Marx, zu konstituieren sei »das individuelle Eigentum auf der Grundlage der Errungenschaft der kapitalistischen Ära: der Kooperation des Gemeinbesitzes der Erde und der durch die Arbeit selbst produzierten Arbeitsmittel« (Marx 1962, MEW Bd. 23: 791).

Zweitens: Wirtschaftsressourcen, von deren Nutzung das Wohl und die Entwicklungsrichtung der ganzen Gesellschaft abhängig sind, dürfen nicht in der Verfügung von privatkapitalistischen Eigentümern bleiben. Dort liegt nahe, gesellschaftlichem Eigentum den Vorzug zu geben. Wo strategische Entscheidungen zu langfristigen Entwicklungen und volkswirtschaftlichen Grundproportionen über kurzfristige Maßstäbe dominieren sollen, werden private Eigentumsformen zum Hemmnis und ist gesellschaftliches Eigentum vorzuziehen. Weitsichtige Klimapolitik, Schutz der Böden, der Wasservorräte und Regenwälder sind in den Händen der Gesellschaft besser aufgehoben, als wenn sie kurzfristigen Profitinteressen privater Kapitaleigentümer unterworfen bleiben. Das betrifft beispielsweise Machtzentren des Finanzsystems, den Energiesektor, IT-Monopole, den Militär-Industrie-Komplex und das Agrobusiness.

Gesamtgesellschaftliches Eigentum ist nicht mit Staatseigentum gleichzusetzen. Solange der Staat vorwiegend den Interessen von Machtoligarchien dient, wird das auch für staatliches Eigentum gelten. Realgesellschaftliches Eigentum setzt eine radikale Demokratisierung der Gesellschaft voraus. In Großunternehmen bedeutet es, dass die Aufsichtsräte reale Entscheidungsmacht in strategischen Fragen gegenüber der Geschäftsführung haben, dass in ihnen nicht einzelne Eigentümer bestimmen, sondern zusammen mit der Unternehmensführung Belegschaftsvertreter, Gewerkschaften, Repräsentanten von Umweltbewegungen, Vertreter zentraler gesellschaftlicher Planungsgremien sowie von Ländern und Kommunen. Nachhaltigkeitsräte (Wirtschafts- und Sozialräte) würden gesetzlich gesicherten Einfluss auf gesamtgesellschaftliche relevante Unternehmensentscheidungen haben. Kurz: Gesellschaftliches Eigentum wird auf Wirtschaftsdemokratie beruhen. Reale Mitbestimmung in strategisch entscheidenden Unternehmen setzt kritische öffentliche Diskussionen von Richtungsentscheidungen voraus – bis zu Volksbefragungen und Volksentscheiden. Dies wiederum erfordert ein weit anspruchsvolleres als das gegenwärtige Bildungsniveau, gesellschaftskritisches Denken eingeschlossen. Eine solche öffentliche Diskussion kann nur in einer Gesellschaft geführt werden, in der die Bevölkerungsmehrheit gut informiert über Problemlagen, über das Für und Wider in der Bewertung gesellschaftlicher Widersprüche ist. Das erfordert auch in der Medienwelt einschneidende Machtveränderungen.

Drittens: Privates Eigentum kapitalistischer Unternehmung und kleiner Warenproduzenten hat sich als geeignet für die Regulierung von Feinproportionen in der Wirtschaft, besonders für die flexible Reaktion auf wechselnde individuelle Konsumbedürfnisse und auf kundenspezifische Nachfrage auch nach Produktionsmitteln erwiesen. Es birgt unverzichtbares Innovationspotenzial, das aber auch in staatlichen Unternehmen beheimatet ist und im Falle umwälzender großer Innovationen in der Regel starker staatlicher Förderung bedarf. Untauglich ist Kapitaleigentum dafür, ein erstrangiges Gewicht nicht profitabler materieller und sozialer Infrastrukturen in einer modernen Gesellschaft zu sichern.

Viertens: Genossenschaftliches Eigentum kann die individuellen Interessen der Genossenschaftsmitglieder besonders auf lokaler Ebene, aber auch darüber hinaus erfolgreich mit Interessen jenseits von genossenschaftlichen Interessen verbinden. Aber die genossenschaftlichen Sonderinteressen stimmen keineswegs selbstläufig mit gesellschaftlichen Interessen überein.

Fünftens: Belegschaftseigentum könnte zu einer sozialeren Geschäftsführung als privates Kapitaleigentum führen, ist aber anfällig für eine Art kollektiven kapitalistischen Verhaltens in der Marktkonkurrenz. Dem könnten Kontrollgremien entgegenwirken, in denen die eine Hälfte von Mitarbeiterinnen des Unternehmens, die andere Hälfte aus Vertretern der Öffentlichkeit besteht.

Sechstens: Nichtprivate Eigentumsverhältnisse überwiegen in der Solidarwirtschaft. Dort wird in Projekten der Selbstermächtigung, in gemeinnützigen Vereinen, in lokalen Tauschringen, in der Bereitstellung von Tafeln, in Bürgerinitiativen für lokale Infrastrukturen wertvolle Arbeit geleistet. Vielfach wird diese Sphäre als Non-Profit-Sektor bezeichnet, manchmal als Nischenwirtschaft, in der gemeinwohlorientierte Arbeits- und Lebensformen erprobt werden, die aus der Kommodifizierung von Arbeit und Gütern heraustreten. Ob die Akteure dies mit persönlichen Arbeitsmitteln, als kleine Warenproduzenten oder mit Genossenschaftseigentum tun, ist weniger wichtig.

> So wichtig real gesellschaftliches Eigentum für Grundentscheidungen über die Zukunft der Gesellschaft und für gemeinwohlorientierte materielle und soziale Infrastrukturen ist, so kommt es doch darauf an, die Gesamtheit aller Eigentumsformen sozialen und ökologischen Maßstäben unterzuordnen, privates ebenso wie Gemeineigentum.

Marx schrieb: »Das bürgerliche Eigentum definieren heißt somit nichts anderes, als alle gesellschaftlichen Verhältnisse der bürgerlichen Produktion darstellen. Eine Definition des Eigentums als eines unabhängigen Verhältnisses, einer besonderen Kategorie, einer abstrakten [...] Idee geben wollen, kann nichts anderes [...] sein als eine Illusion der Metaphysik oder der Jurisprudenz.« (Marx 1959. MEW. Bd. 4: 165)

Der Kern einer modernen sozialistischen Eigentumskonzeption besteht in einer solchen Demokratisierung der Gesellschaft, dass über die grundlegenden Entwicklungsrichtungen von Wirtschaft und Gesellschaft unter

Grafik 6: Hybrides Eigentum – Grundlage des Sozialismus

Demokratischer Sozialismus	
Hybride Eigentumsverhältnisse	Gesellschaftliche Bedingungen für demokratischen Einfluss auf die Verfügung über alle Eigentumsformen
Reales Gesellschaftseigentum Kapitaleigentum Eigentum kleiner Unternehmen Genossenschaftseigentum Belegschaftseigentum Solidarwirtschaftliches Eigentum	Wirtschaftsdemokratie/ erweiterte Mitbestimmung Volksbefragungen/Volksentscheide Öffentliche breite Diskurse über Richtungsentscheidungen Informierte Öffentlichkeit Demokratisierung der Medien

dem Druck und bei Beteiligung gesellschaftlicher Kräfte von unten entschieden wird. Dafür wird gesellschaftlicher Planung und Lenkung Vorrang gegenüber dem auch in einer künftigen Regulationsweise unverzichtbaren Marktmechanismus zukommen. Das heißt: Gegenüber Unternehmen aller Eigentumsformen entsprechend der grundgesetzlichen Gemeinwohlverpflichtung des Eigentums übergreifende Interessen an Gerechtigkeit, Sicherheit und sozial-ökologischer Nachhaltigkeit zur Geltung zu bringen. Allerdings, in strategisch entscheidenden Wirtschaftsbereichen, muss sich solche Demokratisierung auf gesellschaftliches Eigentum stützen können. Progressive soziale und ökologische Ziele sind leichter und weitergehender bei real gesellschaftlichem Eigentum als bei Kapitaleigentum durchzusetzen. Die Einschränkung der Verfügungsgewalt von Kapitaleigentümern allein reicht in Überlebensfragen der Gesellschaft nicht aus, notwendig wird gesellschaftliches Eigentum.

In anderen Bereichen wird die mit dem Eigentum verbundene Verfügungsmacht der Eigentümer, auch der Kapitaleigentümer, durch die Sozial- und Umweltgesetzgebung, durch Wirtschafts- und Finanzpolitik, durch Arbeits- und Gleichstellungsgesetze, durch Gewerkschaftsmacht und soziale Bewegungen eingeschränkt. Das Kapitaleigentum wird in solchen Fällen nicht überwunden, aber seine Wirkungsmacht wird beschränkt.

Mit anderen Worten, zu unterscheiden ist zwischen Eigentum und Verfügung über Kapital. Verfügungsrechte können durch Regelungen der Kommunen, Länder, des Bundes und auf EU-Ebene eingeschränkt werden, wenn sie gesellschaftlichen Interessen zu sehr entgegenstehen. Unter prekären Bedingungen wird jedoch die Enteignung großer Kapitaleigentümer zu einer ausgewogenen hybriden Eigentumsstruktur beitragen – etwa in Finanzkrisen, die durch Spekulationsgeschäfte von Finanzunternehmen verursacht werden, wenn der Rückbau von besonders umweltschädigenden Branchen erforderlich ist, in Fällen der Genmanipulierung von Getreide zum Nachteil Hunderter Millionen Bauern oder wenn Finanzinteressen von Wohnungskonzernen zu unerträglich hohen Mieten führen und Profite in Krankenhäusern zulasten der Gesundheit realisiert werden. In anderen Fällen kann die Einschränkung der Verfügungsmacht von Eigentümern ohne deren formelle Enteignung erfolgreich sein.

> Per Saldo, ein demokratischer Sozialismus wird auf hybriden Eigentumsstrukturen beruhen.

Schon die begriffliche Annäherung an das, was ein demokratischer grüner Sozialismus sein könnte, erweist sich als ein schwieriges Unterfangen. Weit mehr gilt dies für den realen Prozess der Bewegung auf den Sozialismus zu.

Die Spannung zwischen der Vision eines modernen Sozialismus und der gegenwärtigen Realität ist riesengroß – auch wenn wir nicht übersehen sollten, dass vielerorts in der Gesellschaft Elemente des Sozialismus bereits rumoren. Diese Spannung zu überwinden ist – in der der Jugend abgelauschten Sprache des schwedischen Autors Frederic Bachman ausgedrückt – »voll schwer in echt«. Die Häufung von Katastrophen in der Gegenwart, die deaktivierende Wirkung der kognitiven Kriegsführung der Herrschenden auf das Bewusstsein der Bevölkerung und die Schwäche der progressiven demokratischen Kräfte führen verbreitet zu Apathie und Resignation.

Aber – als der Dichter Hermann Hesse gebeten wurde, den chinesischen Moralphilosophen und Reformer Kung Fu Tse zu charakterisieren, sprach aus seiner Antwort ein anderer Atem: »Ist das nicht der, der genau weiß, dass es nicht geht. Und es trotzdem tut!«

Heute wissen wir sogar sehr viel darüber, wie es doch gehen könnte. Wir werden ein schier überwältigendes Maß an Veränderungskraft brauchen. Realitätsbewusste Hoffnung, Erdung in der lohnabhängigen Klasse, Ausstrahlung und Anziehungskraft herausragender Akteure und die Konzentration des gesamten emanzipatorischen Handelns auf das Menschliche im Menschen sind das Gebot der Zeit. Rosa Luxemburg schrieb: »Rücksichtsloseste revolutionäre Tatkraft und weitherzigste Menschlichkeit, dies allein ist der wahre Odem des Sozialismus.« (Luxemburg 2000, Werke, Bd. 4: 406)

Literatur

Abelshauser, Werner (2002): Die BASF. Von 1865 bis zur Gegenwart. Geschichte eines Unternehmens. München.

Aktion Sühnezeichen/Friedensdienste (1988): Der Streit der Ideologien und die gemeinsame Sicherheit. Freiburg i. Breisgau.

Appiah, Kwame Anthony (2011): Eine Frage der Ehre oder Wie es zu moralischen Revolutionen kommt. München.

Arendt, Hannah (1978): Hannah Arendt: From an Interview. In: The New York Review vom 26.10.1978; nybooks.com/articles/1978/10/26/hannah-arendt-from-an-interview/ (zuletzt: 19.6.2024).

Baerbock, Annalena (2022): Es wird keinen Weg zurück geben, in: Die Zeit vom 8.9.2022.

Bahr, Egon (1982): Für unsere Sicherheit, in: Meyer Abich, Klaus. M. (Hrsg.), Physik, Philosophie und Politik. Festschrift für Karl Friedrich von Weizsäcker zum 70. Geburtstag. München/Wien.

Bahr, Egon (1986): Gemeinsame Sicherheit. Einführende Überlegungen, in: Bahr, Egon/ Lutz, Dieter S. (Hrsg.), Gemeinsame Sicherheit. Bd. 1: Idee und Konzept. Zu den Ausgangsüberlegungen, Grundlagen und Strukturelementen Gemeinsamer Sicherheit. Baden-Baden.

Bahr, Egon (2015): Ostwärts und nichts vergessen. Politik zwischen Krieg und Verständigung. Hamburg.

Bahr, Egon/Lutz, Dieter S. (Hrsg.) (1986): Gemeinsame Sicherheit, Bd. 1: Idee und Konzept. Zu den Ausgangsüberlegungen, Grundlagen und Strukturelementen Gemeinsamer Sichheit. Baden-Baden

Baier, Walter/Brandt, Peter/Henken, Lühr/Majd-Amin, Barbara/Müller, Michael/Wahl, Peter (2023): Krieg bis zur Erschöpfung? Gegen Aufrüstung und Militarisierung. Hamburg.

Becher, Johannes R. (1983): Der Aufstand im Menschen. Berlin.

Belcher, Oliver/Bigger, Patrick/Neimark, Ben/Kennelly, Cara (2020): Hidden carbon costs of »everywhere war«. Logistics, geopolitical ecology, and the carbon bootprint of the US-military. In: transactions of the British Geographers 1/2020. S. 65-80. Unter: https://doi.org/10.1111/tran. 12319.

Benjamin, Walter (1984): Über den Begriff der Geschichte, in: Benjamin, Walter: Allegorien kultureller Erfahrung. Ausgewählte Schriften 1920–1940. Leipzig.

Bertelsmann-Stiftung (Hrsg.) (2022): Transformation Index BTI. Governance in Industrial Comparision. Gütersloh.

BICC (Bonn International Centre for Conflict Studies)/HFSK – Leibniz-Institut Hessische Friedens- und Konfliktforschung/IFSH – Institut für Friedensforschung und Sicherheitspolitik an der Universität Hamburg/INEF – Institut für Entwicklung und Frieden, Universität Duisburg-Essen (2022): Friedensgutachten 2022. Friedensfähigkeit in Kriegszeiten. Bielefeld.

Birkenbach, Hanne Margret (1987): Psychologische Aspekte Gemeinsamer Sicherheit. Einführung, in: Bahr, Egon/Lutz, Dieter S. (Hrsg.), Gemeinsame Sicherheit. Bd. 2: Dimensionen und Disziplinen. Baden-Baden.

Bloch, Ernst (1969): Thomas Münzer als Theologe der Revolution, in: Gesamtausgabe Bd. 2. Frankfurt a. M.

Bloch, Ernst (1970): Tübinger Einleitung in die Philosophie, in: Gesamtausgabe Bd. 14. Frankfurt a. M.
Bloch, Ernst (1977): Tagträume vom aufrechten Gang. Sechs Interviews mit Ernst Bloch. Herausgegeben von Arno Münster. Frankfurt a. M.
Bloch, Ernst (1985a): Das Prinzip Hoffnung. Bd. 1. Frankfurt a. M.
Bloch, Ernst (1985b): Naturrecht und menschliche Würde. In: Werkausgabe Bd. 6. Frankfurt a. M.
Bloch, Ernst (2016): Experimentum Mundi. Frage, Kategorien des Herausbringens, Praxis. Frankfurt a. M.
Bluhm, Katharina (2023): Russland und der Westen. Ideologie, Ökonomie und Politik seit dem Ende der Sowjetunion. Berlin.
Bolz, Klaus (1987): Gemeinsame Sicherheit und Ost-West-Wirtschaftsbeziehungen, in: Bahr, Egon/Lutz, Dieter S. (Hrsg.), Gemeinsame Sicherheit. Bd. 2: Dimensionen und Disziplinen. Baden-Baden.
Bommert, Wilfried (2012): Bodenrausch. Die globale Jagd nach den Äckern der Welt. Köln.
Brandt, Peter/Braun, Reiner/Hoffmann, Reiner/Müller, Michael (2023): Frieden schaffen! Aufruf, in: Frankfurter Rundschau vom 1.4.2023.
Brangsch, Lutz (2014): Transformationsprozesse und ihre Politisierung in Einstiegsprojekten, in: Brie, Michael (Hrsg.), Futuring. Perspektiven der Transformation im Kapitalismus über ihn hinaus. Münster.
Brangsch, Lutz (2023a): Militarisierung – Konsolidierung – Umorientierung. Die Situation Anfang 2023. Unveröffentlichtes Manuskript. Berlin.
Brangsch, Lutz (2023b): Mobilisierung – Konsolidierung – Umorientierung. Zur aktuellen Entwicklung der Wirtschaft Russlands, in: Z. Zeitschrift Marxistische Erneuerung 133 vom März 2023.
Brie, Michael (Hrsg.) (2014): Futuring. Perspektiven der Transformation im Kapitalismus über ihn hinaus. Münster.
Brie, Michael (2022): Sozialismus neu entdecken. Ein hellblaues Bändchen zu den Widersprüchen einer solidarischen Gesellschaft. Hamburg.
Brie, Michael (2023): Chinas Sozialismus neu entdecken. Ein hellblaues Bändchen jenseits der Froschperspektive auf ein spannendes Experiment. Hamburg.
Braun, Volker (2024): Fortwährender Versuch, mit Gewalten zu leben. Berlin.
Busch, Ulrich/Land, Rainer (2013): Teilhabekapitalismus. Aufstieg und Niedergang eines Regimes wirtschaftlicher Entwicklung am Fall Deutschland 1950–2010. Norderstedt.
Bundesdrucksache 20/1450 (2022): Antwort der Bundesregierung auf die Kleine Anfrage der Abgeordneten Sevim Dagdelen, Andrej Hunko u.a. und der Fraktion DIE LINKE vom 1.4.2022.
Candeias, Mario (2014): Szenarien grüner Transformation, in: Brie, Michael (Hrsg.), Futuring. Perspektiven der Transformation im Kapitalismus über ihn hinaus. Münster.
Cole, August/Le Guyader, Hervé (2020): NATO's Domain of Operations. In: Innovation Hub Online vom Januar 2021; innovationhub-act.org/wp-content/uploads/2023/12/20210113_CW-Final-v2-.pdf (zuletzt: 19.6.2024).
Crawford, Neta C. (2019): Pentagon Fuel Use, Climate Change, and the Costs of War. Boston.

Czempiel, Ernst-Otto (1989): Machtprobe. Die USA und die Sowjetunion in den achtziger Jahren. München.
Crome, Erhard (2021): Russlands ukrainischer Krieg. Die Ursachen und die Folgen. Berlin.
Dahn, Daniela (2022): Im Krieg verlieren auch die Sieger. Nur der Frieden kann gewonnen werden. Hamburg.
Dellheim, Judith/Brangsch, Lutz/Wolf, Frieder-Otto/Spangenberg, Joachim (2012): Den Krisen entkommen. Sozial-ökologische Transformation. Berlin.
Deutscher Bundestag (2023): Nationale Sicherheitsstrategie. Wehrhaft. Resilient. Nachhaltig. Integrierte Sicherheit für Deutschland. Berlin.
Dörre, Klaus (2009): Die neue Landnahme. Dynamiken und Grenzen des Finanzmarktkapitalismus, in: Dörre, Klaus/Lessenich, Stephan/Rosa, Hartmut, Soziologie – Kapitalismus – Kritik. Eine Debatte. Frankfurt a. M., S. 21–86.
Dörre, Klaus (2021): Die Utopie des Sozialismus. Kompass für eine Nachhaltigkeitsrevolution. Berlin.
Dörre, Klaus/Schickert, Christine (Hrsg.) (2019): Neosozialismus. Solidarität, Demokratie und Ökologie vs. Kapitalismus. München.
Dohnanyi, Klaus von (2022): Interview: Russland sollte nicht auf Dauer ein Feind bleiben, in: Neue Zürcher Zeitung vom 22.3.2022.
Duchrow, Ulrich (1994): Alternativen zur kapitalistischen Weltwirtschaft. Biblische Erinnerung und politische Ansätze zur Überwindung einer lebensbedrohenden Ökonomie. Gütersloh.
Elias, Norbert (1976): Über den Prozess der Zivilisation. Soziogenetische und psychogenetische Untersuchungen. Erster Band. Wandlungen des Verhaltens in den weltlichen Oberschichten des Abendlandes. Frankfurt a. M.
Elias, Norbert (1992): Studien über die Deutschen. Machtkämpfe und Habitusentwicklung im 19. und 20. Jahrhundert. Frankfurt a. M.
Engels, Friedrich (1963): Einleitung zu Marx' »Klassenkämpfe in Frankreich«, in: MEW, Bd. 22. Berlin.
Engels, Friedrich (1967): Engels an Joseph Bloch, 21. Sept. 1890, in: MEW, Bd. 37. Berlin.
EU-Kommission (2010): Eine Strategie für intelligentes, nachhaltiges und integratives Wachstum. Brüssel.
Felbermayr, Gabriel (2021): »Europa allein kann nicht so viel ausrichten«. Gabriel Felbermayr im Gespräch mit Katharina Peetz. In: Deutschlandfunk Online vom 11.2.2021; deutschlandfunk.de/neue-eu-sanktionen-gegen-russland-europa-allein-kann-nicht-100.html (zuletzt: 19.6.2024).
Foucault, Michel (2006): Sicherheit, Territorium, Bevölkerung. Geschichte der Gouvernementalität I. Frankfurt a. M.
Foundational Economy Collective (2019): Die Ökonomie des Alltagslebens. Für eine neue Infrastrukturpolitik. Berlin.
Frankopan, Peter (2023): Zwischen Erde und Himmel. Klima – eine Menschheitsgeschichte, zitiert nach: nd DER TAG vom 17.8.2023.
Fraser, Nancy (2023): Der Allesfresser. Wie der Kapitalismus seine eigenen Grundlagen verschlingt. Berlin.
Franziskus (2024): Umkehren, um geheilt zu werden. L'Osservatore Romano vom 15.3.2024.
Fried, Erich (2000): Gründe. Gedichte. Eine Auswahl aus dem Gesamtwerk. Berlin.
Friedman, Milton (2004): Kapitalismus und Freiheit. München/Berlin.

Fücks, Ralf (2013): Intelligent wachsen. Die grüne Revolution. Berlin.
Funke, Hajo (2023): Verhandeln ist der einzige Weg zum Frieden. Berlin.
Giddens, Anthony (1988): Die Konstitution der Gesellschaft. Grundzüge und Theorie der Strukturierung. Frankfurt/New York.
Goldberg, Jörg (2023): Weltordnung zwischen Globalisierung und Nationalstaaten, in: Z. Zeitschrift Marxistische Erneuerung 134 vom Juni 2024.
Gorbatschow, Michail (1987): Umgestaltung und neues Denken für unser Land und für die ganze Welt. Berlin.
Greiner, Bernd (2007): Krieg ohne Fronten. Die USA in Vietnam. Hamburg.
Greiner, Bernd (2021): Was die USA seit 1945 in der Welt angerichtet haben. München
Gröschl, Jasmin/Teti, Feodora (2021): Die Auswirkungen der Russlands-Sanktionen auf Unternehmen. In: ifo Institut Online vom 20.1.2021; ifo.de/publikationen/2021/aufsatz-zeitschrift/die-auswirkungen-der-russland-sanktionen-auf-unternehmen (zuletzt: 19.6.2024).
Grubner, Angelika (2021): Die Macht der Psychotherapie im Neoliberalismus. Eine Streitschrift. Wien/Berlin.
Haas, Richard/Kupchan, Charles (2023): Den Frieden verhandeln. Kiews Sicherheit garantieren. Für einen Plan B im Ukraine Krieg, in: Blätter für deutsche und internationale Politik. Heft 6 vom Juni 2023.
Härtel, André (2023): Wiederaufbau der Ukraine. Dimensionen, Status quo und innere ukrainische Voraussetzungen, in: APuZ. Aus Politik und Zeitgeschichte vom Oktober/November 2023.
Haldeman, Henry Robins (1978): The Ends of Power. New York.
Hanusch, Frederic/Leggewie, Klaus/Meyer, Eric (2021): Planetar denken. Ein Einstieg. Bielefeld.
Hayek, Friedrich (1952): Der Weg zur Knechtschaft. Erlenbach/Zürich.
Herrmann, Ulrike (2022): Das Ende des Kapitalismus. Warum Wachstum und Klimaschutz nicht vereinbar sind – und wie wir in Zukunft leben werden. Köln.
Hirn, Wolfgang (2020): Shenzhen. Die Wirtschaft von morgen. Frankfurt a. M./New York.
Hobsbawm, Eric (1994): Das Zeitalter der Extreme. München/Wien.
Holmes, Stephen/Krastev, Ivan (2019): Das Licht, das erlosch. Eine Abrechnung. Berlin.
Honneth, Axel (2015): Die Idee des Sozialismus. Versuch einer Aktualisierung. Berlin.
Honecker, Erich (1985): Rede vor der 1. Sondergeneralversammlung der Vereinten Nationen in New York am 25.5.1978, in: BPA (Hrsg.), Außenpolitische Korrespondenz 37/1985.
Humboldt-Universität (Hrsg.) (1968): Konjunktur–Krise–Krieg. Internationale wirtschaftswissenschaftliche Konferenz. Vier Vorträge. Berlin.
IPG (2023): Das Ende der Dollar-Vorherrschaft. https://www.ipg-journal.de/rubikon/wirtschaft-und-oekologie/artik...
Jackson, Tim (2017): Wohlstand ohne Wachstum – das Update. Grundlagen für eine zukunftsfähige Wirtschaft. München.
Jonas, Hans (2003): Das Prinzip Verantwortung. Frankfurt a. M.
Jones, William (2022): Eis gebrochen, aber noch kein Tauwetter. Kommentar zum Treffen zwischen Xi Jinping und Jo Biden auf Bali. In: german.chinatoday Online vom 27.11.2022; german.chinatoday.com.cn/ch/leserfavoriten/202211/t20221128_800314678.html (zuletzt: 19.6.2024).

Kagan, Robert (2021): Zur Supermacht verdammt. Warum die Führungsrolle der USA unerlässlich ist, in: Blätter für deutsche und internationale Politik, Heft 4 vom April 2021.

Kagan, Robert (2024): Der Weg in die Trump-Diktatur, in: Blätter für deutsche und internationale Politik, Heft 1 vom Januar 2024.

Kaufmann, Stephan (2022a): »Die Mutter aller Sanktionen«. In einem Wirtschaftskrieg gegen Russland hätte der Westen die schwereren Waffen. In: nd Online vom 4.2.2022; nd-aktuell.de/artikel/1161054.ukraine-konflikt-die-mutter-aller-sanktionen.html (zuletzt: 19.6.2024).

Kaufmann, Stephan (2022b): Wie Russlands Schatz verschwand. Im Konflikt um die Ukraine demonstriert der Westen die Macht seines Finanzsystems – auch in Richtung China. In: nd Online vom 4.3.2022; nd-aktuell.de/artikel/1161882.finanzsystem-des-westens-wie-russlands-schatz-verschwand.html (zuletzt: 19.6.2024).

Kaufmann, Stephan (2022c): Der Preis der Zeitenwende. Mit Wirtschaftssanktionen will der Westen Russland niederringen. Die Folgen sind weltweit zu spüren. In: nd Online vom 29.7.2022; nd-aktuell.de/artikel/1165705.ukrainekrieg-der-preis-der-zeitenwende.html (zuletzt: 19.6.2024).

Kissinger, Henry (1956): Force and Diplomacy in the Nuclear Age, in: Foreign Affairs 3/1956, S. 349–366.

Kissinger, Henry (1959): Kernwaffen und Auswärtige Politik. München.

Kissinger, Henry (1981): Memoiren. 3 Bde. München.

Klare, Michael T. (2021): USA vs. China. Stolpert die Welt in einen großen Krieg?, in: Blätter für deutsche und internationale Politik, Heft 5 vom Mai 2021.

Klein, Dieter (1988): Chancen für einen friedensfähigen Kapitalismus. Berlin.

Klein, Dieter (1991): Globalisierung und »Standort Deutschland«. Unausweichliche Handlungszwänge à la Marx oder Gestaltungsfreiräume in Anknüpfung an Marx?, in: Gerhard, Volker (Hrsg.): Marxismus. Versuch einer Bilanz. Magdeburg, S. 509–540.

Klein, Dieter (2002): Über einen alternativen Umgang mit der ungeheuren Präsenz des totgesagten Eigentums, in: Brie, Michael/Chrapa, Michael/Klein, Dieter: Sozialismus als Tagesaufgabe. Manuskripte der Rosa Luxemburg Stiftung, Nr. 36. Berlin.

Klein, Dieter (2013): Das Morgen tanzt im Heute. Transformation im Kapitalismus und über ihn hinaus. Hamburg.

Klein, Dieter (2016): Gespaltene Machteliten. Verlorene Transformationsfähigkeit oder Renaissance eines New Deal? Hamburg.

Klein, Dieter (2016): »Staatsmonopolistischer Kapitalismus«. Zum Schicksal einer Theorie nach dem Verschwinden der Staatssozialismus, in: Sozialismus, Heft 9 vom September 2016.

Klein, Dieter (2019): Zukunft oder Ende des Kapitalismus? Eine kritische Diskursanalyse in turbulenten Zeiten. Hamburg.

Klein, Dieter (2022): Regulation in einer solidarischen Gesellschaft. Wie eine sozial-ökologische Transformation funktionieren könnte. Hamburg.

Klein, Naomi (2007): Die Schock-Strategie. Der Aufstieg des Katastrophenkapitalismus. Frankfurt a. M.

Kondratjew, Nikolai D. (1926): Die langen Wellen der Konjunktur. Archiv für Sozialwissenschaft und Sozialpolitik. Bd. 56. Tübingen.

Krauthammer, Charles (2001): The Real New World Order, in: The Weekly Standard vom 12.11.2001, zitiert nach: Deller, Nicole/Makhijani, Arjun/Burroughs, John (Hrsg.), US-Politik und Völkerrecht. Münster.

Krüger, Stephan (2019): Machtverschiebungen in der Weltwirtschaft und Weltpolitik. Der Aufstieg der Volksrepublik China, in: Sozialismus, Heft 7 vom Juli 2019.

Kudnani, Hans/Tilford, Simon (2020): Das Ende der Dollar-Vorherrschaft, in: IPG Journal vom 7.8.2020.

Kulow, Karin (2022): Die westliche Wertebasierung und deren Umsetzungsprobleme im geographischen Raum zwischen West- und Zentralasien, in: Seifert, Arne C./Wahl, Achim/Kulow, Karin/Neeelsen, John P.: »Regelbasierte internationale Ordnung« versus post-koloniale Emanzipation – Grenzen und Sackgassen eines globalen Hegemonieprojekts. Welt Trends. Institut für Internationale Politik. IIP-Papiere 32/2022. Potsdam.

Layard, Richard (2009): Die glückliche Gesellschaft. Was wir aus der Glücksforschung lernen können. Frankfurt a. M.

Leggewie, Klaus (2022): Regime Change gegen Putin! Was denn sonst!, in: Blätter für deutsche und internationale Politik, Heft 7 vom Juli 2022.

Lehndorff, Steffen (2022): Auf dem Weg zur klimaneutralen Industrie? Was läuft, wo es hakt, worauf es jetzt ankommt. Ein Überblick über die Studien des Projekts »Sozial-ökologische Transformation der deutschen Industrie«. Online-Studie der Rosa Luxemburg Stiftung. Nr. 10/2022.

Leibiger, Jürgen (2022): Eigentum im 21. Jahrhundert. Metamorphosen, Transformationen, Revolutionen. Münster.

Lenin, Wladimir I. (1959): Louis-Blanc-Politik, in: Werke. Bd. 24. Berlin, S. 19.

Lenin, Wladimir I. (1960): Der Imperialismus als höchstes Stadium des Kapitalismus, in: Werke. Bd. 22. Berlin, S. 300f.

Lenin, Wladimir I. (1960): Über die Losung der Vereinigten Staaten von Europa, in: Werke. Bd. 21. Berlin, S. 345.

Lenin, Wladimir I. (1962): Die Differenzen in der europäischen Arbeiterbewegung, in: Werke. Bd. 16. Berlin, S. 356.

Lenin, Wladimir I. (1971): Entwurf eines Beschlusses des ZK der KPR(B), in: Werke. Ergänzungsband 1917–1923. Berlin, S. 423.

Lis, Julia (2021): Schuld und Erlösung. Überlegungen zum Verhältnis von Ökonomie, Politik und Moral im Neoliberalismus, in: Füssel, Kuno/Ramminger, Michael (Hrsg.), Kapitalismus: Kult einer tödlichen Verschuldung. Walter Benjamins prophetisches Erbe. Münster.

Lüders, Michael (2023): Moral über alles? Warum sich Werte und nationale Interessen selten vertragen. Rottenburg.

Lutz, Dieter S. (1986): Sicherheitspartnerschaft und/oder Gemeinsame Sicherheit? Zur Entstehung und Entwicklung der Begriffe und ihrer Inhalte, in: Bahr, Egon/Lutz, Dieter S. (Hrsg.), Gemeinsame Sicherheit. Bd. 1: Idee und Konzept. Baden-Baden.

Luxemburg, Rosa (1985): Werke. Bd. 5. Berlin, S. 426–428.

Luxemburg, Rosa (2000): Eine Ehrenpflicht, in: Werke. Bd. 4. Berlin, S. 406.

Lutz, Burkart (1989): Der kurze Traum immerwährender Prosperität. Frankfurt a. M./New York.

Maaser, Lucas/Verlaan, Stephanie (2022): Big Tech zieht in den Krieg. Einsichten in die wachsende Rolle US-amerikanischer und europäischer Technologiefirmen im Militärisch-Industriellen Komplex, in: Studien 4/2022 der Rosa Luxemburg Stiftung.

Mahnkopf, Birgit (2022): Der Kampf um Eurasien. In: Blätter für deutsche und internationale Politik. Heft10

Masala, Carlo (2022): Weltunordnung. Die globalen Krisen und Illusionen des Westens. München.

Marx, Karl (1959): Das Elend der Philosophie, in: MEW. Bd. 4. Berlin.

Marx, Karl (1959): Die deutsche Ideologie, in: MEW. Bd. 3. Berlin.

Marx, Karl (1961): Rede auf der Jahresfeier des »People's Paper« am 14. April 1856 in London, in: MEW. Bd. 12. Berlin.

Marx, Karl (1961): Zur Kritik der Politischen Ökonomie. Vorwort, in: MEW. Bd. 13. Berlin.

Marx, Karl (1962): Das Kapital. Bd. 1., in: MEW. Bd. 23. Berlin.

Marx, Karl (1962): Lohn, Preis und Profit, in: MEW. Bd. 16. Berlin.

Marx, Karl (1968): Ökonomisch-philosophische Manuskripte, in: MEW. Ergänzungsband. Erster Teil. Berlin.

Marx, Karl (1983): Grundrisse der Kritik der politischen Ökonomie, in: MEW. Bd. 42. Berlin.

Marx, Karl/Engels, Friedrich (1959): Manifest der Kommunistischen Partei, in: MEW. Bd. 4. Berlin.

Mausfeld, Rainer (2023): Hybris und Nemesis. Wie uns die Entzivilisierung von Macht in den Abgrund führt – Einsichten von 5000 Jahren. Neu-Isenburg.

Messner, Dirk (2022): Taumelnde Weltordnung. Die Zeitenwende und die globale Klimapolitik, in: Blätter für deutsche und internationale Politik. Heft 7 vom Juli 2022.

Michalitsch, Gabriele (2006): Die neoliberale Domestizierung des Subjekts. Von den Leidenschaften zum Kalkül, in: dies. (2015): Regierung der Freiheit. Die Formierung neoliberaler Subjekte. In: Grundrisse. Zeitschrift für linke Theorie und Debatte Online; grundrisse.net/grundrisse46/regierung_der_freiheit.htm (zuletzt: 20.6.2024).

Miller, Chris (2023): Der Chip-Krieg. Wie die USA und China um die technologische Vorherrschaft auf der Welt kämpfen. Hamburg.

Müller, Albrecht von (2022): Strukturelle Stabilität für Europa, in: Nida-Rümelin, Julian/Kumm, Mattias/Vad, Erich/Müller, Albrecht von/Weidenfeld, Werner/Vollmer, Antje: Perspektiven nach dem Ukraine Krieg. Europa auf dem Weg zu einer neuen Friedensordnung? Freiburg/Basel/Wien.

Müller, Erwin (1986): Gemeinsame Sicherheit: Profil eines Konzepts alternativer Sicherheitspolitik, in: Bahr, Egon/Lutz, Dieter S. (Hrsg.), Gemeinsame Sicherheit. Bd. 1: Idee und Konzept. Baden-Baden.

Müller, Michael/Brandt, Peter/Braun, Reiner (2022): Selbstvernichtung oder Gemeinsame Sicherheit? Unser Jahrzehnt der Extreme: Ukraine-Krieg und Klimakrise. Frankfurt a. M.

Müller, Wolfgang (2023a): Der Krieg um Zukunftstechnologien. Die US-Chip-Sanktionen gegen die Volksrepublik China, in: Sozialismus, Heft 1 vom Januar 2023.

Müller, Wolfgang (2023b): Europa muss in der Chipindustrie aufholen – aber wie? Die globale Halbleiterindustrie, der Chipkrieg der USA gegen China und eine abgehängte EU. Online-Publikation der Rosa Luxemburg Stiftung.

Neelsen, John P. (2022): Die »wertebasierte internationale Ordnung«. Ein neo-imperialistisches Hegemonialprojekt, in: Sozialismus, Heft 5 vom Mai 2022.

Neelsen, John P. (2022): Indien – Die größte Demokratie in der regelbasierten (westlichen) Weltordnung, in: Seifert, Arne C./Wahl, Achim/Kulow, Karin/Neelsen, John P.: »Regelbasierte internationale Ordnung« versus post-koloniale Emanzipation – Grenzen und Sackgassen eines globalen Hegemonieprojekts. Welt Trends Institut für Internationale Politik. IIO-Papiere 32/2022. Potsdam.

Neuneck, Götz (2014): Die neuen Hightech-Kriege, in: Blätter für deutsche und internationale Politik. Heft 8 vom August 2014.

Neuneck, Götz (2018a): Nukleare Rüstungskontrolle vor dem Kollaps? Zusammenfassung eines Vortrags im Willy Brandt Kreis am 8.7.2018 und Kurzfassung eines eingeladenen Beitrags für die Zeitschrift Außen- und Sicherheitspolitik. Hamburg.

Neuneck, Götz (2018b): Neue Eskalation in Europa oder Chancen für Gemeinsame Sicherheit. Unveröffentlichtes Manuskript.

Nida-Rümelin, Julian (2022): Perspektiven nach dem Ukrainekrieg. Europa auf dem Weg zu einer neuen Friedensordnung? Freiburg/Basel/Wien.

Paech, Niko (2012): Befreiung vom Überfluss. Auf dem Weg in die Postwachstumsökonomie. München.

Paech, Norman (2021): Völkerrechtsnihilismus mit Tradition. Busch, Obama, Trump und die langen Linien der US-amerikanischen Außenpolitik, in: Blätter für deutsche und internationale Politik. Heft 1 vom Januar 2021.

Palme-Kommission/Unabhängige Kommission für Abrüstung und Sicherheit (1982): Palme-Bericht. Berlin.

Paqué, Karl-Heinz (2010): Wachstum! Die Zukunft des globalen Kapitalismus. München.

Paqué, Karl-Heinz (2022): Das Ende des Pazifismus. www.freiheit.org/de/krieg-europa-das-ende-des-pazifismus?utm_source=newsletter&utm_medium=email&utm_campaign=Newsletter+202.

Parkinson, Stuart/Cottrell, Linsey (2021): Under the Radar: Europe´s military sectors dodge scruting under European Green New Deal. CEOBS/SGR/The Left.

Parsons, Talcott (1969): Das Problem des Strukturwandels. Eine theoretische Skizze, in: Zapf, Wolfgang (Hrsg.), Theorien des sozialen Wandels. Königstein.

Pfeiffer, Hermannus (2012): Banken finanzieren die Atombombe, in: nd vom 5.5.2012.

Poulantzas, Nicos (2002): Staatstheorie, Politischer Überbau, Ideologie, Autoritärer Etatismus. Hamburg.

Putin, Wladimir (2001): Rede im Deutschen Bundestag vom 25.9.2001. In: Deutscher Bundestag Online; bundestag.de/parlament/geschichte/gastredner/putin/putin_wort-244966 (zuletzt: 20.6.2024).

RAND (2023): Avoiding a Long War. U.S. Policy and the Trajectory of the Russia-Ukraine-Conflict. O.O.

Randers, Jorgen/Maxton, Graeme (2016): Ein Prozent ist genug. Mit wenig Wachstum soziale Ungleichheit, Arbeitslosigkeit und Klimawandel bekämpfen. München.

Reißig, Rolf (2009): Gesellschaftstransformation im 21. Jahrhundert. Ein neues Konzept sozialen Wandels. Wiesbaden.

Reißig, Rolf (2019): Transformation von Gesellschaften. Eine vergleichende Betrachtung von Geschichte, Gegenwart und Zukunft. Marburg.

Rifkin, Jeremy (2000): Access. Das Verschwinden des Eigentums. Frankfurt a. M./ New York.

Sablowski, Thomas (2023): Von der amerikanisch-chinesischen Rivalität zur Deglobalisierung?, in: Z. Zeitschrift Marxistische Erneuerung 134 vom Juni 2023.

Saito, Kohei (2023): Systemsturz. Der Sieg der Natur über den Kapitalismus. München.

Schirrmacher, Frank (2013): EGO. Das Spiel des Lebens. München.

Schneidewind, Uwe (2018): Die Große Transformation. Eine Einführung in die Kunst gesellschaftlichen Wandels. Frankfurt a. M.

Schumann, Harald/Grefe, Christiane (2008): Der globale Countdown. Gerechtigkeit oder Selbstzerstörung – die Zukunft der Globalisierung. Köln.

Schumpeter, Joseph A. (1987): Kapitalismus, Sozialismus und Demokratie. Tübingen.

Schweppenhäuer, Gerhard (2021): Grundbegriffe der Ethik. Frankfurt a. M.

Schmidt, Helmut (1978): Rede vor der 1. Sondergeneralversammlung der Vereinten Nationen in New York am 25.5.1978, in: BPA (Hrsg.), Stichworte zur Sicherheitspolitik. Bonn.

Sen, Amartya (1999): Ökonomie für den Menschen. Wege zu Gerechtigkeit und Solidarität in der Marktwirtschaft. München/Wien.

Skinner, Burhuss Frederic (1973): Jenseits von Freiheit und Würde, Reinbek bei Hamburg.

Slouka, Mark (1995): War of the Worlds. Cyberspace and the High Tech Assault on Reality. New York.

Soros, George (1998): Die Krise des globalen Kapitalismus. Offene Gesellschaft in Gefahr. Berlin.

State Department Policy Study (1948): Washington.

Statista (2024): Die Länder mit den weltweit höchsten Militärausgaben im Jahr 2023 (in Milliarden US-Dollar). In: Statista Online vom 5.5.2023; de.statista.com/statistik/daten/studie/157935/umfrage/laender-mit-den-hoechsten-militaerausgaben/ (zuletzt: 20.6.2024).

Stiglitz, Joseph/Bilmes, Linda (2008): Die wahren Kosten des Krieges. Wirtschaftliche und politische Folgen des Irak-Konflikts. München.

Streeck, Wolfgang (2015a): Wie wird der Kapitalismus enden?, in: Blätter für deutsche und internationale Politik. Heft 3 vom März 2015.

Streeck, Wolfgang (2015b): Wie wird der Kapitalismus enden?, in: Blätter für deutsche und internationale Politik. Heft 4 vom April 2015.

Streeck, Wolfgang (2016): How will capitalism end? Essays on a Failing System. London/New York.

Streeck, Wolfgang (2019): Der alltägliche Kommunismus. Eine neue Ökonomie für eine neue Linke, in: Blätter für deutsche und internationale Politik. Heft 6 vom Juni 2019.

Streeck, Wolfgang (2021): Politische Ökonomie im ausgehenden Kapitalismus. Zwischen Globalisierung und Demokratie. Berlin.

Thomas, Michael/Busch, Ulrich (Hrsg.) (2015): Transformation im 21. Jahrhundert. Theorien – Geschichte – Fallstudien. Berlin.

Tögel, Jonas (2023): Kognitive Kriegsführung. Neueste Manipulationstechniken als Waffengattung der NATO. Frankfurt a. M.

Tooze, Adam (2022): What at the end of history. Will Putin´s invasion of Ukraine lend to a new world order, or an era of grinding compromise? (www.newstatesman.com/idea/2022/04/war-at-the-end-of-history)

Urban, Hans-Jürgen (2023): Krise. Macht. Arbeit. Über Krise des Kapitalismus und Pfade einer nachhaltigen Gesellschaft. Berlin.

Urban, Hans-Jürgen (2024): Das Ende eines Erfolgsmodells. Der fossile Wohlstandskapitalismus und die Gewerkschaften, in: Blätter für deutsche und internationale Politik. Heft 3 vom März 2024.

U.S. Government Publishing Office (2021/2022): The United States global leadership role, Congressional Bills 117 the Congress, Statement of Policy, Bills.

Vad, Erich (2022): Gelernte Lektionen und strategische Perspektiven, in: Nida-Rümelin, Julian/Kumm, Mattias/Vad, Erich/Müller, Albrecht von/Weidenfeld, Werner/Vollmer, Antje: Perspektiven nach dem Ukrainekrieg. Europa auf dem Weg zu einer neuen Friedensordnung? Freiburg/Bader/Wien.

Vercueil, Julien (2023): Die Herausbildung des rentenbasierten Akkumulationsregimes in Russland, in: Z. Zeitschrift Marxistische Erneuerung 133 vom März 2023.

Vitali, Stephania/Glattfelder, James B./Battiston, Stefano (2011): The Network of Global Corporate Control. In: Plos One Online vom 26.10.2011; journals.plos.org/plosone/article?id=10.1371/journal.pone.0025995 (zuletzt: 20.6.2024).

Vollmer, Antje (2023): Vermächtnis einer Pazifistin: Was ich noch zu sagen hätte, in: Berliner Zeitung vom 26.2.2024.

Wagner, Jürgen (2022): Im Rüstungswahn. Deutschlands Zeitenwende zu Aufrüstung und Militarisierung. Köln.

Wahl, Achim (2022): Lateinamerika und die »wertebasierte internationale Ordnung«, in: Seifert, Arne C./Wahl, Achim/Kuhlow, Karin/Neelsen, John P.: »Regelbasierte internationale Ordnung« versus post-koloniale Emanzipation – Grenzen und Sackgassen eines globalen Hegemonieprojekts. Welt-Trends/Institut für Internationale Politik. IIP-Papiere 32/2022. Potsdam.

Wallerstein, Immanuel/Randall, Collins/Mann, Michael/Derlugian, Georgi/Calhoun,Craig (2014): Stirbt der Kapitalismus? Frankfurt a. M.

Weber, Max (1988): Gesammelte Aufsätze zur Wissenschaftslehre. Tübingen.

Weber, Max (1991): Die protestantische Ethik I. Eine Aufsatzsammlung. Herausgegeben von Johannes Winckelmann. Gütersloh.

Weidenfeld, Werner (2022): Der Kontinent der Fragezeichen: Europapolitische Aspekte, in: Nida-Rümelin, Julian/Kumm, Mattias/Vad, Erich/Müller, Albrecht von/Weidenfeld, Werner/Vollmer, Antje: Perspektiven nach dem Ukrainekrieg. Europa auf dem Weg einer neuen Friedensordnung? Freiburg/Basel/Wien.

Welzer, Harald (2013): Täter: Wie aus ganz normalen Menschen Massenmörder werden. Frankfurt a. M.

Westphalen, Andreas von (2019): Das Feature. Die Wurzeln des Misstrauens. Russland und die Verhandlungen zur Deutschen Einheit 1990, in: Deutschlandfunk vom 20.12.1990.

Wilkinson, Richard/Pickett (2010): Gleichheit ist Glück. Warum gerechte Gesellschaften für alle besser sind. Berlin.

Winker, Gabriele (2015): Care Revolution. Schritte in eine solidarische Gesellschaft. Bielefeld.

Winker, Gabriele/Degele, Nina (2009): Intersektionalität. Zur Analyse sozialer Ungleichheiten. Bielefeld.

Wright, Eric Olin (2017): Reale Utopien. Wege aus dem Kapitalismus. Berlin.
Zelik, Raul (2020): Wir Untoten des Kapitals. Über politische Monster und einen grünen Sozialismus. Berlin.
Zeller, Christian (2020): Revolution für das Klima. Warum wir eine öko-sozialistische Revolution brauchen. München.
Zimmermann, Moshe (2024): Niemals Frieden? Israel am Scheideweg. Berlin.
Zuboff, Shoshana (2018): Das Zeitalter des Überwachungskapitalismus. München.
Zudeick, Peter (2012): Fortschritt, in: Dietschy, Beat/Zeilinger, Doris/Zimmermann, Rainer E. (Hrsg.), Bloch-Wörterbuch. Leitbegriffe der Philosophie Ernst Blochs. Berlin/Boston.

VSA: Russland und China

Felix Jaitner
RUSSLAND: Ende einer Weltmacht
Vom autoritär-bürokratischen Staatssozialismus mit Ressourcenextraktivismus und Kriegswirtschaft in die Zukunft?
296 Seiten | Hardcover | € 29.80
ISBN 978-3-96488-190-8

Eine detaillierte Studie zur Entwicklung des Landes von dem Versuch einer »nachholenden Entwicklung« der Sowjetunion bis hin zu den neuen Auseinandersetzungen um das ressourcenextraktivistische Entwicklungsmodell in Russland.

Wolfgang Müller
China: neuer Hauptfeind des Westens?
Nach 100 Jahren Erniedrigung will das Land der Welt auf Augenhöhe begegnen
160 Seiten | € 14.80
ISBN 978-3-96488-174-8

Zwischen 1978, dem Beginn der Reformpolitik Deng Xiaopings, und dem Amtsantritt Xi Jinpings im Jahr 2013 ist das Bruttoinlandsprodukt Chinas um mehr als das 64-fache gestiegen. Mehr als 800 Millionen Menschen wurden aus der Armut geholt. Diese Erfolgsgeschichte weckt das Misstrauen westlicher politischer und wirtschaftlicher Eliten. Das Land will mit »gemeinsamem Wohlstand« im Inneren »der Welt auf Augenhöhe begegnen«. Aber ist China deswegen eine neue imperialistische Macht, die nach der Weltherrschaft greift und jetzt mit der »neuen Seidenstraße« den Globalen Süden ausplündert?

Prospekte anfordern!

VSA:

VSA: Verlag
St. Georgs Kirchhof 6
20099 Hamburg
Tel. 040/28 09 52 77-0
Fax 040/28 09 52 77-50
Mail: info@vsa-verlag.de

www.vsa-verlag.de